「山月記」はなぜ国民教材となったのか

佐野幹
Sano Miki

大修館書店

「山月記」はなぜ国民教材となったのか——目次

序・「山月記」の歴史の旅へ　9
本書の目指すところ／本書の構成および意義

第一章　小説「山月記」の掲載　17
1　「古譚」の中の「山月記」　18
2　切り離された「山月記」　20

第二章　教材「山月記」の誕生　29
1　検定教科書制度の成立と「山月記」の掲載　30
教材価値の今昔／「山月記」の掲載／国定教科書と検定教科書との連続性／検定制度の内実
2　『中島敦全集』との関わり　41

漢文の人、中島／毎日出版文化賞／昭和二〇年代の出版界と毎日出版文化賞

3　読書指導と「良書」としての「山月記」　54
学習指導要領の概観／資料としての教科書／「付表　資料としての図書一覧表」
／「山月記」教材化と民主主義の模索

第三章　「山月記」の授業——増淵恒吉の「山月記報告」を読む——　79

1　テキストの仕掛けから　80
問題の発端／テキストが持つ仕掛け

2　「李徴」の「欠けるところ」をめぐって——増淵恒吉の業績とその授業——　84
先導者・増淵恒吉／増淵恒吉の「山月記」の授業／実施時期・対象・生徒観について
／報告内容と「課題学習」／「課題学習」とは何か

3　歴史的状況から——「国民文学論」と増淵の「生活」観——　94
「国民文学論」／作品・教材重視の教育観——「人虎伝」との比較——
／「課題学習」の中に「生活」を組み込んだ例から

4　なぜ「人間性の欠如」としたのか――資本主義社会を支えるエートス――　114
増淵は「能力主義」か／「人間性」というキーワード／もう一つの目的／「山月記報告」とは何だったのか

第四章　「現代国語」と「山月記」――主題・作者の意図への読解指導――　141

1　「現代国語」誕生とその目的　142
問題の所在／「現代国語」について／「現代国語」設置の背景／時枝誠記の意志

2　動揺する教師たち　156
「読解指導」への信奉／「現代国語」への反対意見／「現代国語」がもたらしたもの

3　教師用指導書のはらむ問題　165
「山月記」授業批判／「読解」の六項目

4　ドキュメント・指導書を用いた正解到達型の授業　179
正解到達型授業の実態／一方的な伝達の果てに

第五章　国民教材「山月記」の誕生——切り捨てるものと追究し続けるもの——　201
1　国民教材「山月記」の誕生　202
定番・安定・国民教材へ
2　国民教材としての「山月記」への批判　208
浴びせられる批判／批判の外的要因
3　「語り論」による「読み」の系譜　213
「語り論」の展開／相対化の学習へ
4　読者論や単元による「山月記」の授業　218
「山月記」と読者論／「石垣報告」以降の試み／高校国語教育の課題
第六章　「山月記」の音声言語とナショナリズム　231
1　「山月記」受容の新しい展開　232

メディアミックスへ／新たな「古典」としての「山月記」
2　音声言語教材「山月記」の可能性と問題　238
音声言語教育の「山」と「谷」／「音読・群読」の可能性／その問題点
3　近代学校教育が抱えるジレンマ　246
「日本語」ブームの背景／浮上するナショナリズム
終章　問題解決の糸口　251
モノローグ／ダイアローグと読書／文学・言語体験／今日的課題と私たちの世界
付録
1　「学習の手引き」調査結果　262
（1）設問別頻度率の推移
（2）頻出設問ランキング
（3）主な設問と解答例

（4）希少設問一覧
（5）「現代文B」に見る新年度の傾向
2　教師用指導書「山月記」の「主題」一覧　277
3　授業実践のヒント20選　283
あとがき　301
索引　311

【凡例】

1　本文中の引用文では、原典の旧字体は新字体に直した。また、難読と思われる語句にはルビを付したところがある。なお、引用文中の〔　〕内は引用者の注を示す。

2　引用において、書籍類は『　』、論文、雑誌名は「　」で記した。

3　地の文における「山月記」本文の引用については、高等学校国語教科書『精選現代文』〈現文038〉（大修館書店）によった。

4　年号の表記は基本的に「西暦（元号）」とした。ただし、適宜どちらか一方を使用している場合もある。また、西暦の、一九七〇年以降は、元号と混同される恐れがないため、「七〇」のように「一九」を省いたものもある。

序・「山月記」の歴史の旅へ

本書の目指すところ

二〇一一年四月、私は岩手県の釜石高校に着任した。校舎は釜石港から八キロほど離れた山間に位置していたため、東日本大震災による津波の直接的な被害を受けていなかった。四月だというのに小雪が舞っていたと記憶している。校庭には深緑色のテントが連なり、校舎の隣にあるグラウンドは緊急ヘリの発着場となっていた。そして、体育館は避難所となり、家を流された多くの人たちが生活していた。釜石高校は震災復旧の拠点だった。

「新年度の教科書、津波に流されたので、対応おねがいします」

これが、着任後、初めて言いつけられた仕事であった。普段なら教科書販売日は終業式のあたりに設定される。けれどもこの時は、教科書は問屋ごと流されてしまい、新学期が始まっても教科書が無い状態であった。私は教務課の教科書担当として流失教科書・副教材の業務にあたることになった。

震災対応は遅れを指摘されることが多いが、文科省や教育委員会の対応は素早かった。四月の下旬には、教科書は届いたのである。それまで、教師たちはプリントを作り、工夫して授業を行っていたが、それも数週間の間だった。四月二六日、業者の協力を得て、教科書販売を行った。この時の生徒たちの表情は今でも忘れられない。教科書が届いて安心したのは教師たちだけではなかったのだ。誰もが震災前の生活を求めていたのだと思う。津波で大切なものを失った生徒たちにとって、教科書を手に取ることは日常に戻るための大切な手続きを意味していたのだ。私は、教科書が、彼らの日常を形作ってきた重要なメディアであったことに改めて気づかされた。

教科書を手にした最初の授業で、新しい教科書に折り目をつけたあと、教材の説明をすることにした。生徒たちは目次に目をやっている。目次には「山月記」の名があった。私は次のように言った。

「中島敦の「山月記」は戦後からずっと教科書に掲載されていて、今では国民教材と呼ばれたりもしているんだ」

言いながら、思った。この子たちに「山月記」は何をもたらしてくれるのか、と。

以上は私の経験談であるが、教科書は、個々の教室で教師や学習者と様々な出会いを重ねてきた。教科書というメディアは、私たちの生活を形作る大きな役割を担っている。

本書ではその教科書の教材、「山月記」の歴史を取り上げる。ねらいは、「山月記」が学校や社会で受容されてきた歴史を追うことで、現在に通じる国語教育の問題を浮き彫りにすることにある。対象が「山月記」であるのは理由がある。「山月記」は長年にわたって教科書に掲載され続け、文学作品の中では高校の教科書で最高掲載回数(1)を記録している。現在、漱石の「こころ」、芥川の「羅生門」、鷗外の「舞姫」と並んで多くの教科書に採用され、「安定教材」、「定番教材」、「国民教材」などと呼ばれており、国語教育に大きな影響を与えているからだ。本書では、「山月記」の「国民教材」としての地位がつくられていく過程を明らかにしていくと同時に、様々な問題を指摘している。

現在に通じる問題の一つに、「教材観」がある。「山月記」が定番教材となったのは学習者に親しまれ、教師に支持されてきたからであり、教師たちが「山月記」に見出した教材価値は、李徴《りちょう》の生きざまを通して、生き方を反省できる点にあった。しかし、文学研究者たちは、文学作品をこのように扱ってきたことを批判した。道徳的内容主義だと言うのだ。事実、教室現場においては、「山月記」を読解し、生徒に生き方を反省させるような授業ばかりが一律になされてきたのであった。

しかし、私たちは本書の歴史を潜りぬけることで、これとは異なった教材価値が「山月記」に見出されていた時代があることを発見する。「山月記」が読書指導の教材として、あるいは「我が国の伝統や文化」を身につける教材として評価される時代があったのだ。

このように、私たちが自明視している教材観は「山月記」の受容史を辿ることで相対化されることになる。新たな歴史認識による相対化は、現在における国語教育の様々な問題を明らかにしていく。

本書の構成および意義

問題が表出するのは物事の転換点であり、ここに焦点を当てて論じている。章の構成は、「山月記」が「文学界」に掲載されてから、「国民教材」としての地位が確立し、現在に至るまでを、各時代に表れた問題を基にテーマを設け、時系列に並べてある。次の表は、「山月記」が受容された特質を参考にして、時代の傾向を示したものである。一九四二（昭和一七）年からの約七〇年間を、六つの章で区切り、最後に「終章」を設けた。当然、このような時代区分が現実にそのままあったわけではない。あくまで本書を読みすすめるためのアウトラインとして参考にしていただきたい。

では、章立てに沿って論点を簡潔に説明しよう。

一章では、「山月記」が「文学界」に掲載された際の扱われ方を問題にしている。「山月記」は「古《こ》譚《たん》」四篇の内の一つなのだが、一般には独立した作品と考えられている。「山月記」をなぜ「古譚」として読んでこなかったのか。次章以降への問題提起の章となっている。

二章では、「山月記」教材化の背景を社会的な角度から考察した。一九四八（昭和二三）年、新制高等学校が誕生し、一九四九（昭和二四）年から検定教科書の使用が認められることになる。その同

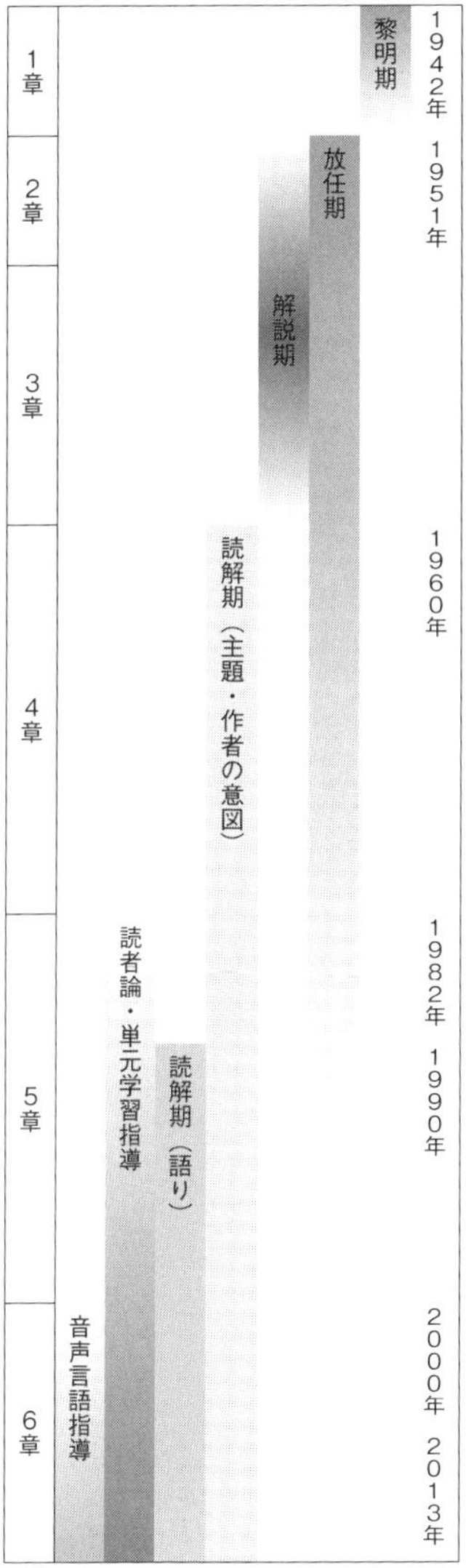

「山月記」の受容時代区分

時期に、『中島敦全集』は毎日出版文化賞を受賞する。実は、「山月記」の採用はこの検定制度や毎日出版文化賞と密接な関係がある。「山月記」教材化への秘密に迫った。

三章では、戦後高校国語教育界の先駆者、増淵恒吉《ますぶちつねきち》が行った「山月記」の授業報告を対象にしている。李徴人間性欠如説は、増淵報告から始まっており、「欠けるところ」を「人間性の欠如」とした、その背景を批判的に検討する。国語教育の根幹に関わる重要な章である。

四章では、一九六〇（昭和三五）年以降、主題到達型の指導が確立された背景を探った。読解指導が席巻するようになる過程を「現代国語」や「教師用指導書」との関係で考察し、教師たちが読解技術を信奉していく構造を明らかにしている。

五章では、一九八二（昭和五七）年以降、「山月記」「こころ」「舞姫」「羅生門」といった定番教材が確立していく様子を描いている。読解指導も一層固着化する中で、一九九〇年代に教材「山月記」やその授業方法が批判に曝される。この章では「山月記」が支持され、国民教材となった理由を整理し、一九九〇年代以降の批判や新たな授業の取り組みを紹介する。

六章では、二〇〇〇年以降を対象にしている。新たな受容を見せる「山月記」は音声言語教材として扱われるようになる。音読指導の可能性と、問題点を社会的な知見から考察した。

以上のように、私たちは「山月記」の歴史の旅を歩む中で、様々な問題と出会うことになる。問題かどうかの判断は、民主的であるかどうかで決めている。本書では、個を尊重する民主的な教育であっても、伝達型の思考から抜け出せない困難さを描き出している。しかし、そんな中でも、問題に立ち向かおうとした先人たちがいた。彼らは、困難さを解体する手掛かりを私たちに教えてくれる。終章では、問題を解決するための糸口を提示したい。

なお、高等学校学習指導要領について、本文中では、その歴代の適応期間を一期から八期として示した。一期（—一九五一）、二期（昭和二六年度版・三〇年度版、一九五二—一九六二）、三期（昭和三五年度版、一九六三—一九七二）、四期（昭和四五年度版、一九七三—一九八一）、五期（昭和五三年度版、一九八二—一九九三）、六期（平成元年度版、一九九四—二〇〇二）、七期（平成一一年度版、二〇〇三—二〇一二）、八期（平成二一年度版、二〇一三—）、となる。

また、今回の研究では、特に「学習の手引き」の調査において、一九五一年から二〇一三年までの、「山月記」が掲載された二〇三種類の教科書を調査した。

ところで、本書を手にした読者の中には教師の方もいるはずである。そこで、そっと教えてほしいのだが、授業をしていて、ふと、今、自分が何をしているのか分からなくなる瞬間がないだろうか。意識が遠ざかるということではなく、教師としての存在に関わることである。例えば、「山月記」の授業で「なぜ、李徴は虎になったのでしょうか」と発問したとしよう。その発問内容や方法が、これまでの教育の歴史の中でどのような意味や価値があったのか、などと思ったりはしないだろうか。創意工夫を凝らした授業を展開しているつもりでも、過去に問題があったことをしているのではないか、とか。

教師である私はそのように考え込んでしまう瞬間がある。その時には、なにか、時計を忘れて旅に出てしまった時のような落ち着かない気持ちになるのだ。

本書の問題意識には、私たちの言動の背後にあるものをなんとかしてつかまえたい、という思いがある。「山月記」の受容史を辿ることで手にすることができるのは、私たちの「立ち位置」である。各時代の問題と向き合うことで、私たちの「今」を歴史的文脈の中に位置づけてみたい。本書を読者の「今」を再構成するための一助にしていただければ幸いである。

注

（1） 阿武泉監修『読んでおきたい名著案内　教科書掲載作品13000』日外アソシエーツ、二〇〇八年四月。

第一章

小説「山月記」の掲載

1 「古譚」の中の「山月記」

一般的に「山月記」は、一つの短編小説だと思われている。ある時期を中心に「自尊心のために虎になった人間の悲劇」として主題化され、長い間、「なぜ李徴は虎になったのか」をめぐって論じられてきた。この読み方は「山月記」をそれだけで完結した作品と見なしている。しかし、しばしば文学研究者が指摘してきたように、「山月記」は「古譚《こたん》」四篇のうちの一篇である。「古譚」の中の「山月記」として読むならば、これまでの主題や論点は唯一のものではないことに気づかされる。

「古譚」とは「狐憑《きつねつき》」「木乃伊《ミイラ》」「山月記」「文字禍《もじか》」の総題である。これらの作品は、主人公たちの奇怪な運命だけでなく、佐々木《ささき》充《みつる》が早くに指摘したように[1]「〈文字・言葉〉」が題材となっていると見ることができる。「狐憑」では、ネウリ部落のシャクが弟の死をきっかけに、聞き手の要望に応えながら物語の語り手となっていく。「言葉共」によって創造の世界を繰り広げたシャクは、憑き物が落ち、物語らなくなると部族の者たちに煮て喰われてしまう。この話は確かに、言語芸術の「両面価値」[2]を寓意しているかのようである。「木乃伊」では、パリスカスは埃及《エジプト》語に誘われるように自らの木乃伊に出会い、前世の記憶が蘇る。結末部分「明らかな狂気の徴候を見せて、あらぬ譫言《うはごと》をしやべり出した。その言葉も、波斯《ペルシヤ》語ではなくて、みんな埃及語だつたといふことである」からは、言葉と主体との主従関係を考えさせられる。「山月記」では、詩人として名を残すことに執着した李徴は、虎となり、人語（声）は操れるものの詩（文字）を書き残すことができないと嘆く。「文字禍」では、「文字の霊の人間に対する作用」を研究したエリバ博士は、文字（言葉）で世界を了解することによる災いを発見する。そのため文字の霊から復讐を受け、書籍の下で圧死してしまう。

もっとも、「古譚」は「〈文字・言葉〉をめぐる話」という、すっきりとしたテーマのみに収まるものではない。例えば、小沢秋広は、「古譚」四篇には共通して「時間とか記憶とか伝えられること」に対する中島の眼差しがあるとして、テーマを「書かれたもののかたわらにあるもの」としている(3)。この他様々な読み方がある。しかし、「古譚」の文脈の中に「山月記」を布置させたとき、論点が「悲劇性」や「虎になった原因」などとは異なったものとなるのは明らかである。

古譚

中島敦

山月記

隴西の李徴は博学才穎、天宝の末年、若くして名を虎榜に連ね、ついで江南尉に補せられたが、性、狷介、自ら恃む所頗る厚く、賤吏に甘んずるを潔しとしなかつた。いくばくもなく官を退いた後は、故山、虢略に帰臥し、人と交を絶つて、ひたすら詩作に耽つた。下吏となつて長く膝を俗悪な大官の前に屈するよりは、詩家としての名を死後百年に遺そうとしたのである。しかし、文名は容易に揚らず、生活は日を逐うて苦しくなる。李徴は漸く焦躁に駆られて来た。この頃から其の容貌も峭刻となり、肉落ち骨秀で、眼光のみ徒らに炯々として、曾て進士に登第した頃の豊頬の美少年の俤は、何処に求めやうもない。数年の後、貧窮

「文学界」に掲載された「古譚」
（県立神奈川近代文学館所蔵）

言うまでもなく、国語教育は「ことば」を取り扱う学習である。「古譚」を「〈言葉・文字〉をめぐる話」として読むことが可能であるならば、「山月記」は「ことば」そのものをメタレベルで扱える絶好の文学教材となりえるはずだ。

しかし、これまで私たち国語教師は「古譚」との関係で「山月記」を読んでこなかったのではないか。

教科書教材の後には「学習の手引き」と呼ばれる学習の方向を指示する文が付されているが、この「学習の手引き」において、過去に、李景亮《りけいりょう》撰の「人虎伝」

やカフカの「変身」と比較する提案はあるが、「古譚」との関係で「山月記」を読むことを指示するものは一つも見当たらない。「人虎伝」とくらべ読みするのは、「山月記」のプレテクストであったという理由からだろうし、「変身」は、中島がカフカを愛読した、あるいはどちらも「変身譚」であるという理由からだろう[4]。では、どうして、「山月記」と他の「古譚」の作品とを並べて読まないのだろうか。どう考えても不自然である。かといって、私は一つの短編小説として「山月記」を読むことを否定したいのではない。問題としたいのは、なぜ「山月記」が「古譚」から切り離され、一つの短編小説として読まれ続けてきたのか、である。ここに本書で考察すべき問題の端緒がある。

本書では「山月記」が切り離された契機として、三つの力の働きがあったと見る。

一つ目は「文学界」掲載である。二つ目は『中島敦全集』の編集であり、三つ目は「毎日出版文化賞」の受賞である。本章では、手始めに「文学界」掲載時（一九四二、二）に何があったのかを歴史的状況から確認し、次章以降の足掛かりとしたい。

2　切り離された「山月記」

中島敦は戦時中の作家である。「山月記」が掲載された二か月前の一九四一（昭和一六）年一二月には真珠湾攻撃が行われ、太平洋戦争が開始している。

個々の戦争体験に応じて書かれた作品よりも、むしろ間接的に、おそらく無意識の内に戦時中の空気を伝えている作品の方に優れたものがある。中島敦（一九〇九〜四二年）が戦争作家という観点から論じられたことは絶えてないが、彼の代表作は、いずれも戦時中に書かれた。(5)

ドナルド・キーンが言うように、「古譚」は戦争の真っ直中で「文学界」に掲載されたのである。したがって、「古譚」を「権力と戦争と宗教との関係性を問う(6)」小説とする読み方があってもおかしな話ではない。「文学界」もこの時世と無関係ではなかった。そもそも、「文学界」は「文芸復興」の気運のもとに、一九三三（昭和八）年一〇月に創刊された文芸雑誌であった。武田麟太郎《たけだりんたろう》、林房雄、小林秀雄、川端康成、深田久弥《ふかだきゅうや》、広津和郎《ひろつかずお》、宇野浩二を編集同人として、文化公論社から発刊された。当初は「芸術派、転向文学者、既成リアリズム作家の三派がここに拠って、擡頭するファシズムと、その文化破壊から、文学、芸術をまもろうとする姿勢を示した(7)」が、幾度も同人が入れ替わり、出版会社も変わると「それは同人たちひとりひとりの意図と行動とをこえて抵抗と微妙にないまぜになった権力への協力の論理を内包するものに転化していった(8)」という。一九四二（昭和一七）年九・一〇月には、悪名高い座談会「近代の超克」が「文学界」誌上で企画されている。ナショナリズムが圧倒する「文学界」の中で、「古譚」を含む「創作」の三作品は時勢の激しさから一歩退いたような印象を受ける。

では、どのような経緯で「古譚」は掲載されたのか。

一九四一（昭和一六）年、中島は八年間勤務していた横浜高等女学校を辞め、喘息の転地療養を目的にパラオ南洋庁の職員となる。国語教科書編集者として、約一年間、働くことになるのだが、南洋に行く前に、師匠であり「文学界」の同人でもあった深田久弥に託した原稿が、「古譚」と「ツシタラの死」であった。(9) それまで文壇ではほとんど無名であった中島だったが、この「古譚」四篇のうち、「山月記」と「文字禍」の二篇が「文学界」に掲載されることになったのである。深田は「中島敦の作品と私」の中で、掲載の経緯を次のように回想している。

半年もたったある夜半、どういう動機であったか、私はふと君の二篇の原稿を思いだして、その一つを読みにかかった。私はたちまちその中に引込まれた。読み終った時、溜息に似た感歎の声を洩らした。それは君が置いて行った、先の方の原稿で、一番上の用紙の中央に『古譚』と記されてあった。

『古譚』は、シナ及び近東の古い話を題材に採った四つの短篇から成っていた。私はすぐ自信をもって、その傑作を『文学界』に推薦した。当時編集の任にあった河上徹太郎君に、もし四つとも掲載不可能なら、そのうちの若干篇でも採用してくれるように頼み、その四つの短篇に私の標準で順番をつけた。たしか『文字禍』を第一席に置いたと記憶する。河上君も『古譚』の価値を認めて、そのうちの二作『山月記』と『文字禍』を取上げて『文学界』に掲載した。これが中島敦君のデビューだった。『古譚』は好評だった[10]。

河上が、「能力ある新人作家が現れた[11]」と高く評価するものの、「古譚」は四篇で掲載されることはなかった。「古譚」が四篇で掲載されず、「山月記」と「文字禍」の二つしか掲載されなかったのは、戦時下の影響で用紙が足りなかったという物質的な理由であった。

しかし中島は、あくまで「古譚」を四篇で一つと考えていたようだ。

中島敦が自ら編んだ第一創作集、『光と風と夢[12]』の中には「古譚」が含まれている。編集にあたって、中島は「文学界」に掲載された「山月記」に手直しを加えている。深田に手渡した「山月記」の原稿は現在存在していないが、中島家には「文学界」の「切り抜き」が残されていたという。この

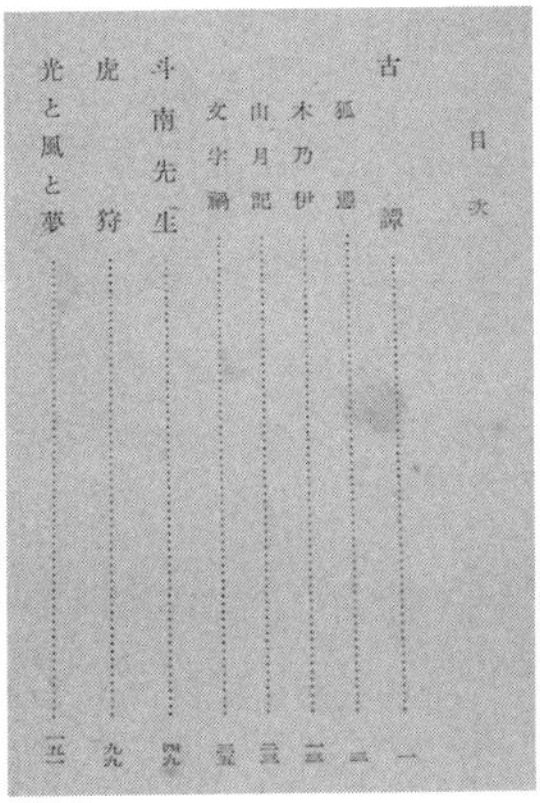
目次

古譚……一
狐憑……三
木乃伊……一五
山月記……二四
文字禍……三五
斗南先生……四九
虎狩……九九
光と風と夢……一五一

『光と風と夢』の目次

「切り抜き」には、「中島敦の筆跡で訂正がなされて[13]」おり、その訂正は、「『光と風と夢』に収録する為の作業[14]」と言われている。校異を見ると振り仮名や助詞など、細かな部分まで気を配り、訂正しているのが分かる。また、『光と風と夢』の目次は上のようになっており、「古譚」の括りで「狐憑」「木乃伊」「山月記」「文字禍」を並べている。このことから、中島が、「山月記」を独立した作品として考えていたのではなく、「古譚」の中の一篇として考えて

いたことが推測できる。

しかし、「文学界」で一度切り離されてしまった「山月記」は、「文字禍」との関係で評価されることはあっても、他の三篇との関係で語られることはなかった。「山月記」が「古譚」の括りで論じられるのは、佐々木充の論考まで待たなくてはならなかったのである。「文学界」に掲載された時点で「山月記」は中島の手を離れ、歴史的関係性の中へ一人旅を始めていたのである。

これまで、教室の中で「山月記」が読まれる時、歴史的な文脈や隣接作品との関係はほとんど考慮されてこなかった。その表面的な理由として、今回確認したように、「文学界」で「古譚」が分離されて掲載されたことや、『中島敦全集』編集時に「山月記」が中国物として括られたために、それ以後しばらく「山月記」が単体で論じられてきたことが挙げられる。

しかし、先に述べたように、佐々木充が「〈文字・言葉〉をめぐって展開される」と指摘したのは、一九六五（昭和四〇）年である。佐々木の指摘以後も、教師たちは「古譚」との関係を知らなかったのだろうか。そうではあるまい。教師たちは、「山月記」が「古譚」の中の一篇であったことを知っていたに違いない。というのも、一九六四（昭和三九）年の時点で既に、教師用指導書には「十七年二月号の「文学界」に『古譚』（この時発表されたのは『山月記』と『文字禍』の二篇）として発表され、文壇の注目を集めた作品である[15]」と、しっかり書き記されているからだ。つまり、知ってはいたが「古譚」の枠組みで読もうとしてこなかったのである。

ここで、一つ、仮説を立てよう。

教師たちが「古譚」の枠組みではなく「山月記」単体で読み続けてきたのは、「山月記」だけから得られる意味や、「人虎伝」や「変身」と比較することから生じる意味に、ある種の教材価値を見出したからではないか。

「山月記」が、戦時中に発表されたことや、「古譚」の中の一篇であることを括弧に括ることで、得られるものは何か。「山月記」にいったい何が期待されたのだろうか。

注

(1) 佐々木充「「山月記」論――『古譚』の世界――」「国語国文研究」第三一号、北海道大学国文学会、一九六五年九月、五六―六五頁。

(2) 山下真史は、『中島敦とその時代』(双文社出版、二〇〇九年一二月)一二五・一二六頁で、シャクの物語る内容が、原始芸術から、現実に密着した形になっていくことを指摘し、「狐憑」のテーマを差し当たり、次のように言う。「「狐憑」は人間にとって物語(芸術)が必要な所以と同時に、その架空の世界に現を抜かす危険があること、すなわち、芸術の両面価値を寓意する作品とひとまずは言えよう。」また、もう一つの寓意として、シャクの題材が動物から人間社会へと変化し、現実に密着したところで憑き物が落ち、語ることを止めてしまうところから、「〈写実〉の行き詰まり」としている。

(3) 小沢秋広『中島敦と問い』河出書房新社、一九九五年六月、八四・八五頁。

(4) 例えば『精選現代文』(東京書籍、二〇一一年二月)二五頁のとびらの言葉には次のように書かれている。「中島敦は、唐の李景亮撰の「人虎伝」をもとに「山月記」を書いた。両者を比べると、敦の創作部分が分かる。また敦は、「変身」で有名なカフカの小説を愛読していたという。敦は、伝奇的な寓話である「人虎伝」を、時を超え国境を越えて昇華し、近代的な小説に飛躍させた。」

(5) ドナルド・キーン『日本文学の歴史　⑭近代・現代篇5』中央公論社、一九九六年七月、一六三頁。

(6) 小森陽一『〈ゆらぎ〉の日本文学』日本放送出版協会、一九九八年九月（勝又浩・山内洋編『中島敦「山月記」作品論集　近代文学作品論集成⑩』クレス出版、二〇〇一年一〇月、三七一頁より）

(7) 小田切進編『日本近代文学大事典　第五巻』講談社、一九七七年一一月、三六二頁。

(8) 久松潜一編『増補新版日本文学史7　近代Ⅱ』至文堂、一九七五年一一月、一〇二二頁。

(9) 事実関係には議論がある。勝又浩は「解題」（中島敦『中島敦全集1』筑摩書房、一九九三年一月）の中で、「このとき一緒に預けられたものかどうかは不明。二つの小説の質の違い、更に合わせた分量からみて、同一の日に持参したとは想像しにくいからである」と述べている。

(10) 深田久弥「中島敦の作品と私」『昭和文学全集35　中島敦・武田泰淳・田宮虎彦集』月報、角川書店、一九五四年四月三〇日（高橋英夫・勝又浩・鷺只雄・川村湊『中島敦全集　別巻』筑摩書房、二〇〇二年五月、一八四頁より）

(11) 河上徹太郎「古典の発想――文芸時評」「文学界」一九四二年六月（高橋英夫・勝又浩・鷺只雄・川村湊『中島敦全集　別巻』筑摩書房、二〇〇二年五月、二六八頁より）

(12) 中島敦『光と風と夢』筑摩書房、一九四二年七月。高橋英夫・勝又浩・鷺只雄・川村湊『中島敦全集　別巻』（筑摩書房、二〇〇二年五月）五〇九頁には、発行日について、「実際の刊行は一カ月近く遅れて八月十日頃」とある。

(13)「シンポジウム「山月記」をめぐって」「国文学　解釈と鑑賞」一九九〇年四月（勝又浩・山内洋編『中島敦「山月記」作品論集　近代文学作品論集成⑩』クレス出版、二〇〇一年一〇月、二四二頁より）

(14) 濱川勝彦は「シンポジウム「山月記」をめぐって」（「国文学　解釈と鑑賞」一九九〇年四月）の中で、表を示し、以下のように語っている。「それは、単行本『光と風と夢』に収録する為の作業だったと思います。大小十一ヶ所直してあり、その内五ヶ所が赤鉛筆で訂正されています。」

(15) 西尾実編著『現代国語　学習指導の研究』筑摩書房、一九六四年四月、七七頁。

第一章

教材「山月記」の誕生

1　検定教科書制度の成立と「山月記」の掲載

教材価値の今昔

国語教師は教科書を選ぶとき、教科書のどこを見るだろうか。表紙のデザイン・口絵・編集者名・出版社名等、いろいろ見るものはあるが、「目次」を挙げる人も多いだろう。「現代文」の教科書の目次に「鷲田清一」の名前があれば、進学校の先生は満足するかもしれない。「山崎正和」の名前、あるいは「水の東西」のタイトルを見ると、その教えやすさに安心感を抱いたり、「檸檬」はかつて文学青年だった頃を偲ばせたりする。「村上春樹」「よしもとばなな」の名は、教材化当初の新鮮さを思い出させ、「川上弘美」は、新しい時代の到来を感じさせる。そして、なにより中島敦の「山月記」がなければ、落ち着かない。生き方について考えることのできる「山月記」はどうしても必要に思えるのだ。いつの間にか「山月記」は、なくてはならない教材となり、私たち国語教師の身体に染み込んでいると言える。そもそも「山月記」はいつから教科書に掲載されたのだろうか。

読者の中には、高校生の時に「山月記」に出会ったという方も多いはずである。「山月記」は何十年も前から教科書に掲載されており、教科書の歴史を遡れば、なんと六〇年以上前の教科書にも掲載されている。一九五一（昭和二六）年度に使用された、二葉の『新国語六』と三省堂の『高等国語二上』が「山月記」掲載の最古の教科書である。もちろん、昔の教科書であっても虎となった李徴が自らの煩悶を語るといった、話の筋は現在掲載されている「山月記」と変わりない。しかし、いささか気になる違いがある。二葉の教科書では、李徴が朗唱した漢詩が削除されており、「快々」「炯々」等の漢語が「ひらがな」表記となっている。また、三省堂の教科書の単元名は「小説の味わい方」であり、指導目標は「小説の読み方を学ぶ」「小説の選び方を学ぶ」「読書の習慣を養う」となっている。現在であれば、「小説に描かれた場面、作中人物の言動、心理を、表現に即して読み取る」「小説の虚構を通じて、人生の真実や人間の生き方について考える態度を養う[1]」といった指導目標に落ちつくのだが、当時はどうやらそうではなかったらしい。「山月記」の漢詩が省略されていたり、「山月記」で小説の選び方を学んだりするというのは、現在の私たちの感覚からすると、何かがズレているようにも思われる。

教科書は時代を映し出す鏡である。一九五一年、すなわち、戦後間もない頃に「山月記」は教科書に掲載されたわけだが、この頃日本の教育は、民主主義教育へと大きく舵を切ろうとしていたのだった。「山月記」が教科書に採用されたのも、民主主義教育の理念と深い関係がある。現在、なくてはならない教材となった「山月記」は、そもそもどのような由縁で教材化されたのか。そして、その教材価値はどこにあったのか。私たちが感じている魅力以外のものを当時の教科書編集者は見つけ出していたのかもしれない。「山月記」教材化の背景を調査することは、当時の教育観や教材観を照らし出すと同時に現在の私たちが自明のものとして考えている教育観や教材観をも相対化することになるかもしれない。

1947（昭和22）年	3月	「教科書制度改善協議会」
		「学校教育法」
	9月	「教科用図書の検定公開について」
1948（昭和23）年	4月	「教科用図書検定規則」等
1949（昭和24）年	4月	検定教科書使用開始
1950（昭和25）年	4月	高等学校検定教科書使用開始
1951（昭和26）年	4月	「山月記」掲載

表1　検定制度と「山月記」掲載年表

「山月記」の掲載

「山月記」が教科書に掲載された理由には、教科書検定制度の導入が関わっている。戦後、検定教科書制度の歴史をひもといてみよう。

一九四九（昭和二四）年から高等学校においても、国定教科書ではなく、民間で作成する、検定教科書が使用されることになり、文部省は検定制への準備を迅速に進めていた。一九四七（昭和二二）年三月二八日、教科書制度の抜本的改善のために「教科書制度改善協議会」を設置し、広く意見や資料を求め、同月三一日、「学校教育法」やその施行規則（五月）によって、高等学校においても検定制をとることが示された。そして、九月には「教科用図書の検定公開について」において、検定教科書制度の実施が発表され、検定の基準や方法の方向性が明らかにされたのである。一九五一年（昭和二六）年、この検定制度の下で初めて「山月記」は教科書に採用されたのだった（表1）。

ここで押さえておきたいことがある。それは、「山月記」は検定制が適応された初年度（一九四九）とその次年度（一九五〇）には掲載されず、三年目に掲載された、ということである。

もっとも、制度的には一九四九（昭和二四）年度から検定教科書が使用されることになったのだが、実際に高校で検定教科書が使用されたのは、一九五〇（昭和二五）年度からだった。初年度に検

1949（昭和 24）年度使用	なし
1950（昭和 25）年度使用	教育図書『国語』 秀英出版『われわれの国語』 成城国文学会・市ヶ谷『現代国語』 三省堂『新国語（ことばの生活）』『新国語（われらの読書）』
1951（昭和 26）年度使用	教育図書『国語』 秀英出版『われわれの国語』 成城国文学会・市ヶ谷『現代国語』 三省堂『新国語（ことばの生活）』『新国語（われらの読書）』 **三省堂『高等国語』（「山月記」）** 新泉書房『高等国語』 **二葉『新国語』（「山月記」）**
1952（昭和 27）年度使用	教育図書『国語』『高等総合国語』『国語　文学編』 秀英出版『われわれの国語』 成城国文学会・市ヶ谷『現代国語』 三省堂『新国語（ことばの生活）』『新国語（われらの読書）』 『高等国語』（山月記）『新国語　文学』『新国語　言語』 新泉書房『高等国語』 **二葉『新国語　文学』（「山月記」）** **中研『新選国語』（「名人伝」）** **好学『高等文学』（「弟子」）『高等言語』**

表２　戦後初期高等学校検定教科書（国語）一覧（太字は中島敦作品が掲載されたもの）

定教科書が使用されなかった理由については後で述べるが、一九五〇年に検定制に合格し、世に出回った国語教科書は、『国語』（教育図書、一九五〇）、『われわれの国語』（秀英出版、一九五〇）、『現代国語』（成城国文学会・市ヶ谷、一九五〇）、『新国語（ことばの生活）』『新国語（われらの読書）』（三省堂、一九五〇）の四社から五種類だけであった。この中には「山月記」はまだ含まれていない。その次年度、つまり、検定教科書使用開始後三年目から「山月記」は教育の舞台に登場することになる（表2）。

国定教科書と検定教科書との連続性

島内景二は、中島の親友、釘本久春《くぎもとひさはる》

の力で「山月記」が教科書に掲載されたとしているが、(2) 本章では別の角度から検証してみたい。「山月記」が教材化された理由として考えられるのは、最後の国定教科書、第六期国定教科書（文部省著作教科書）との連続である。中島敦の「弟子」は「山月記」以前に文部省著作の『中等国語』に掲載されていた。芦沢節《あしざわせつ》の紹介で、生徒の理解を助けるために孔子の解説教材として用いられていたのである。(3) この国定教科書に中島の作品が掲載されていたことが、「山月記」の採用につながったと考えられる。もちろん、これは私の独断ではない。先行研究において、国定教科書と検定教科書との連続性が指摘されており、検定教科書は、国定教科書の影響を受けつつ作成されたことが明らかになっているのだ。(4) ただし、先行研究では、小説教材の繋がりについては調査されていない。そこで、今回独自にこれらの教科書における小説教材の重複を調査した。調査対象は、文部省が作成した『高等国語』『中等国語』と、「高校検定教科書（一期）」の全てである。調査事項は、『高等国語』『中等国語』に掲載された作家と作品が「高校検定教科書（一期）」に重複して掲載されている数である。

『高等国語』および『中等国語』の作家と作品は表3・4の通りである。『高等国語』に掲載されたものと同じ作品が、「高校検定教科書（一期）」に掲載された数は、「高校検定教科書（一期）」における全小説作品四七あるうち、八件、作家が一致するのは、一九件である。『中等国語』に掲載された作品を加算すると、作品が一致するのは九件、作家が一致するのは二七件である。したがって、作家の一致は「27／47」の割合となり、実に、およそ半数以上が『中等国語』『高等国語』と同じ作家の作品が取り入れられていることになる。また、表5のように、「高校検定教科書（一期）」に引き継が

『中・高等国語』の作家	志賀直哉	4
	森鷗外	4
	島木健作	3
	島崎藤村	3
	夏目漱石	3
	橋本英吉	3
	芥川龍之介	2
	中島敦	2
	アンデルセン/森鷗外	1
	ゲーテ/高橋健二	1
	ロマン・ロラン/豊島与志雄	1
	小計	27
『中・高等国語』に掲載されていない作家	井伏鱒二	3
	谷崎潤一郎	3
	有島武郎	2
	横光利一	2
	大鹿卓	1
	菊池寛	1
	倉田潮	1
	佐藤春夫	1
	徳冨蘆花	1
	中勘助	1
	林芙美子	1
	ヴィリエ・ド・リイル＝アダン/伊吹武彦	1
	オノレ・ド・バルザック/水野亮	1
	ナサニエル・ホーソン/福原麟太郎	1
	小計	20
合計		47

表５　高校検定教科書採用数（一期）

※ゲーテの作品について、『高等国語』には「ファウスト」(戯曲）があり、検定教科書（三省堂 1951 年）には「ミョンの思い出」（小説）がある。そのため作家の一致としてカウントしている。

東海道五十三次	岡本かの子
うさぎ	志賀直哉
赤がえる	島木健作
寒山拾得	森鷗外
ジャン＝クリストフ	ロマン＝ローラン/豊島与志雄訳
富士山頂	橋本英吉
柱時計	島崎藤村

表３　『高等国語』フィクション作家一覧

おもちゃは野にも畑にも・書籍	島崎藤村
かくれんぼう	志賀直哉
みかん	芥川龍之介
非凡なる凡人	国木田独歩
リヴィングストンとスタンリー	豊島与志雄
わがはいはねこである	夏目漱石
少年の日の思い出	ヘルマン＝ヘッセ/高橋健二訳
菜種圃	長与善郎
支那イソップ物語	坂井徳三　編訳
支那神話伝説集神話と伝説	松村武雄
揚子江風土記	小田獄夫・武田泰淳
支那童話集	池田大伍
弟子	中島敦
小人国	スウィフト/野上豊一郎訳
レ-ミゼラブル	ビクトル＝ユゴー/水野葉舟訳
即興詩人	アンデルセン/森鷗外訳

表４　『中等国語』フィクション作家一覧

れた『中等国語』『高等国語』の作家とその作品の数は志賀直哉・森鷗外四件、夏目漱石、島木健作、橋本英吉、島崎藤村三件、中島敦、芥川龍之介二件となっていた。

以上、調査の結果は検定教科書の小説教材も文部省著作教科書の影響を受けた可能性が高いということを示している。「民主主義に基づいた自由な精神」を標榜していた検定制度にとって、この数は多いと言うべきだろう。教科書編者が自由に教材を選べるようになったとはいえ、編者は何らかの規制を受けていたと考えられる。戦後、教科書は自由発行自由採択にならず、検定制に落ちついたのだが、この検定制度の内実を調べる必要がありそうだ。

検定制度の内実

国定教科書と検定教科書が断絶することなく連続した理由を考えてみよう。

一つ目は、当時まだ、検定基準が定まっていなかったことが挙げられる。検定教科書は検定基準に準拠して審査が行われるわけだが、検定基準が定まったのは一九四九（昭和二四）年二月である。それまでは「学習指導要領、文部省著作の教科書などによって基準を考え[5]」なくてはならなかったのである。戦後初の検定教科書となる、昭和二四年度使用の教科書は、暫定基準である、「教科用図書検定要領」（一九四八、二）に基づき、検定教科書の出願を受けつけたのである（表6）。その中には、「教科用図書の検定はその図書の内容が学習指導要領の主旨に適するか否か、その図書の構成、印刷、頁数、用紙、定価等が適当か否かを審査するものとする。但し、学習指導要領の主旨により難いときは、現

年	月	検定制度ができるまでの段階	内容
1948(昭和23)年	2	教科用図書検定要領	暫定基準。「学習指導要領」「文部省著作」によることを指示。これを基に受けつける。1949(昭和24) 年度使用のための検定教科書を受け付ける。
	3	教科書検定に関する新制度の解説	「1、絶対的条件、2、すべての教科書に共通して求められる条件、3、ある種の教科書に求められる特殊条件」を暫定の基準とする。
	4	教科用図書検定規則	第一条に、「教科用図書の検定は、その図書が教育基本法及び学校教育法の趣旨に合し、教科用に適することを認めるものとする」と目的を定めた。
	7	教科書の発行に関する臨時措置法	
1949(昭和24)年	2	教科用図書検定基準	教科書の正式な検定基準

表6　教科書検定制度ができるまで

に発行されている文部省著作教科用図書又は文部省検定済教科用図書の例による」（傍線引用者）とあり、国定教科書を見本とするように示されていたのだ。当時教科書局庶務課長だった、近藤唯一は一九四八年二月の「文部時報」の中で「今日、内容上の一つの基準と見なされるのは、前述の「学習指導要領」や現在発行されている教科書であるから、これによってだいたいの方向を知るのも当分のうちは止むを得ないことであろう(6)」と伝えている。したがって、文部省著作教科書と新検定教科書の教材の類似は、基準ができるまでの空白期の埋め合わせのためであったと指摘できる。

二つ目は、検定が要求したレベルの

使用年度	申請数	合格点数	合格率
1949（昭 24）	584	180	31％
1950（昭 25）	584	336	58％
1951（昭 26）	867	667	77％
1952（昭 27）	1339	1082	81％

表7　検定教科書合格率
（平田宗史『教科書でつづる近代日本教育制度史』北大路書房，1991，137 頁を基に作成）

高さが国定教科書の影響を強めたと考えられる。第一回の審査（一九四九年度使用）は申請が五八四種に対して、合格が一八〇種であり（表7）、その内、高等学校国語は申請が三一に対し合格は、たったの一件のみであった。一学年分まとまらないものは除外された[7]ため、唯一合格した教科書も使用されることはなく、一九四九年度は国定教科書が使われたのである。この厳しい審査の内容と方法は、一九四八（昭和二三）年三月に出された「教科書検定に関する新制度の解説」に書かれている。

そこには、公正・客観的な基準が必要であり、「教科書の検定基準は目下その作成を急いでいる」と断りを入れた上で、「教科書がどうあるべきかの条件を示しているのであるから、これは同時に編修の基準として考えることができる」と述べている。そして、検定基準となる三つの条件を挙げている。すなわち「1、絶対的条件、2、すべての教科書に共通して求められる条件、3、ある種の教科書に求められる特殊条件」である。「絶対的条件」は「少しでも欠けば」不合格であり、「これに合致しないものは、他の条件を満すことの如何に拘わらず不合格」と記されている。「絶対的条件」をクリアしても、後には二段階の審査（共通条件・特殊条件）が待っており、その上、英訳した原稿を作成し、GHQのCIE（民間情報教育局）の検査を通過しなくてはならなかったわけであるから、不況時の就職試験を思わせるような、篩にかける厳しい審査であったといえる。

厳しい審査を手伝ったものに、基準の曖昧さ、もあった。最重要視される「絶対的条件」は「1、教育の目的と一致しているか、2、立場は公正であるか、3、その教科の目標と一致しているか」から成っているが、例えば「教育の目的」は、教育基本法に示された「平和の精神」、「真理」、「正義」に反してはならない、といった理念的な問題を持ち出しており、具体的にイメージできるような指標とは言いにくい。

この結果、初年度の検定は前述の通り、教科書会社にとって厳しいものとなった。あまりの不合格数に教科書会社が「画料が払えない」という問題も起きたほどであった[8]。教科書会社は、この厳しい検定と結果に戸惑いを隠せなかったようだ。各社の対応を社史から見てみよう。

中教出版は、当時「多角経営」を推し進めており、七九冊もの教科書を申請した。しかし、「結局八月の展示会に日の目を見るように各学年そろったものは英語と家庭科だけであった。この不成績は役員会でも深刻な問題としてとりあげ、不合格教科書を検討し、原因をたしかめ、さらに諸方面から情報を確実に入手すべきことが決議された[9]」という。

また、三省堂は、用意万端であったはずの、金田一京助の『中等国語』が不合格となり、検定に合格した文寿堂に一念発起して研修に出かけている。文寿堂の教科書は、従来のものとは違い、「単元設定」で構成されており、驚きを隠すことができなかったという。その後、三省堂は「文部省のCIE図書の閲覧」や「文部省在籍の先生がたから」教えを被ったと記している[10]。

教育出版では、編集長であった橋本氏は、「検定基準の精神」を守り、「検定の結果は割合によかった。しかし、私には私なりの反省があった。能力が足りない、勉強が不足だ[11]」と語っている。

これらの社史に書かれた当時の回想を読むと、編集に携わった人々が社運をかけて取り組んだ様子が伝わってくる。教師の立場からは見えにくい教科書会社の苦労の一端が読み取れる。しかし、気になるのは、自らが教科書を作成するのだ、という強い意気込みが表現されている一方で、検定審査の成績を気にするあまり、内容を独自に充実させることよりも、如何にして検定を通過するかに関心が集中しているように思えることだ。もう少し進めて言うと、初年度の検定の厳しさは、文部省側の意向を反映した教科書作りに作成者の態度を向かわせたのだ。このことは、後に西尾実《にしおみのる》の、「検定を通そうということから終戦後の文部省の教科書が手本になったらしい事情が認められますね[12]」といった発言から裏付けられる。文部省の近藤は、「検定の門を広く、自由に開いたことによって、教科書の制度は根本的に、民主的、地方分権的転回を始めた[13]」と述べているが、実際文部省は、検定を厳しくすることで、自由に走り出す前の教科書に枷を掛けておいたと言えるだろう。

その後、検定合格率が上昇し、四年目からＣＩＥの検閲もなくなると、検定よりも教科書展覧会や宣伝活動に各社の力点がシフトする。教科書を編纂するに際して、教師とのやり取りが重要になってくるのである。

さて、これまでのことを併せて考えると、当時ほとんど一般に無名だった中島の作品が検定教科書に採用されたのは、先立って国定教科書に「弟子」が掲載されていたことが影響した、と推測できる。文部省の意向に倣う検定制度であったことが、「山月記」に優位に作用したのかもしれない。もちろん、これだけでは「山月記」教材化の理由を説明したことにはならないし、読者も納得しないだろう。「山月記」を採る、積極的な意義がまだ分かっていない。編纂者は「山月記」のどこに教材価値を見出したのか。次節では、当時の社会情勢から「山月記」が採用された理由を探ってみる。

2 『中島敦全集』との関わり

漢文の人、中島

私たちの頭の中では「中島敦」と「漢文体」が強く結びついている。中島=「漢文の人」なのだ。しかし、知られているように中島の作品は漢文体で書かれたものだけではない。にもかかわらず中島を「漢文の人」として分類してしまうのは、『中島敦全集』の影響が大きかったのだ。

この時期の教科書教材「山月記」の出典は全て『中島敦全集』となっている。[14] どれもが、中島自らが編んだ、単行本『光と風と夢』ではなく、『中島敦全集』から本文を採ったことになっている。『中島敦全集』は、中島が死んだ後、一九四八（昭和二三）年、親友の釘本久春を中心として編まれたものであり、その中で「山月記」は「古譚」から切り離されている。「山月記」は、第一巻に「李陵　弟子　名人伝　牛人　盈虚　山月記　悟浄出世　悟浄歎異　狐憑　文字禍　木乃伊　幸福　夫婦」と

『中島敦全集』

いう構成で配置されたのだった。このように、「中国の古典に取材した作品」として「山月記」を括る習慣は、中島敦研究の基礎論文とされる、中村光夫の「青春と教養——中島敦について[15]」の言説から始まっている。中村論文以後、中島は「漢文の人」として受容されていくのであるが、中島作品を「中国もの」「南洋もの」などに分類するのも、既にこの時期から始まっている。教科書に掲載された中島作品は、「弟子」「李陵」「山月記」等、「中国もの」に限定されている。「文学界」掲載時から「山月記」は一人歩きを始めていたが、「山月記」が「中国もの」として受容されるようになったのは、全集で漢文脈に「山月記」を布置したことが大きな要因である。そして、この全集が「山月記」の教材化に貢献したと考えられるのだ。

それにしても、『中島敦全集』がそれほど重要な意味を持つのだろうか、という疑問の声が聞こえてきそうである。

実は、教材「山月記」の出典が、『光と風と夢』ではなく『中島敦全集』であることには、わけがある。『中島敦全集』でなくてはならない事情があるのだ。釘本久春は編集後記に、「私どもは、この「全集」を、若くして去つた作家の作品の集成であると共に、できればその作家の持つ可能性を十分に開示し得る書物にしたいと思ふ」と、早世した親友へ希望を与えようと語っている。この釘本の語りの行為の通りに、この全集が中島敦の可能性を開き、死後七〇年、彼の「名を残す」のに大きく寄与するのである。

毎日出版文化賞

『中島敦全集』は一九四九（昭和二四）年、毎日出版文化賞を受賞する。

世間一般では、「芥川賞」「直木賞」を始め、多くの文学賞が「作家のためにある[16]」ものと考えられている。例えば、読売新聞社が一九四九（昭和二四）年に創設した「読売文学賞」は、「戦後の文芸復興の一助とする目的で」始まり、「小説、戯曲、評論・伝記、詩歌俳句、研究・翻訳の五部門について前年の最も優れた作品に授賞[17]」される。つまり、文芸と作品のため、あるいは、作家のためにある賞である。それに対して毎日出版文化賞は、作家だけでなく読者や社会のために設けられた賞である。その社会的価値について、近代出版の通史を書いた、岡野他家夫《おかのたけお》は以下のように述べている。

毎回十点内外が受賞され現在までに百数十点、その著訳、編者は百余名いずれも厳正な審査を経て選定された優良図書である。それらの著書は各部門にわたってそれぞれ一般の教養書として最も優れたものであり、同時にそれはまたわが国の文化に輝かしい光彩をそえるものである。終戦前の、出版会《ママ》による推薦図書、表影図書制度などのなくなった現在、これは各界の権威によって出版物に下された最高の審判ともいうべきもので、まことに有意義な行事である[18]。

この記述は一九六二（昭和三七）年のものであり、「わが国の文化に輝かしい光彩をそえる」「最高の審判」といった言葉からは、いささか誇張した感じを受けるかもしれない。しかし、当時の出版界の事情を知れば、妥当な表現だと理解してもらえるはずである。『中島敦全集』が毎日出版文化賞を受賞することは、重要な意味があったのだ。それでは、次に、毎日出版文化賞について確認するためにも、賞が設定された当時の出版業界をめぐる社会的状況を概観しよう。

昭和二〇年代の出版界と毎日出版文化賞

一九四五（昭和二〇）年九月、「言論及新聞の自由に関する覚書」が出される。これは、自由が保障されると同時に、GHQによる事前検閲が開始されることを意味していた。情報局がGHQに取って代わっただけのように思われるが、一〇月に「戦時統制令たる出版事業令」が廃止され、これにより、戦時中の言論出版に対する取り締まりの法令は全て廃止となったのである。そのため出版業は、占領政策への批判を取り締まる「プレス・コード」を遵守する限りにおいて、比較的自由になったと言われている。

戦時下に抑圧された活字文化を求める読者の購買意欲は急激な需要を生み、出版界では新聞、雑誌が次々と創刊、復刊し、一時期「出せば売れた時期」が到来する。日本の侵略戦争を伝えた森正蔵の『旋風二十年』は戦後初のベストセラーとなり、初版は一〇万部売れ、その後、四五万部出たという。

また、翻訳刊行も盛んとなり、中でも『共産党宣言』『資本論』などのマルクスの著作が読めるようになったことは、思想の自由が認められた象徴的な出来事だっただろう。

しかし、出版界は、インフレや出版社の増加による過剰生産がたたって供給過多となり、一九四七(昭和二二)年、不況に陥ることになる。この出版界の不況を手伝ったものに用紙事情があった。戦後、用紙配給量が低下していたため、GHQは一九四五（昭和二〇）年「用紙配給に関する新聞及び出版統制団体の統制の排除に関する覚書」を出した。政府には「用紙割当委員会」が設置されてはいたが、出版社や出版物の増加は用紙不足に拍車をかけ、用紙が高騰し、本の値段が高くなったのである。用紙の不足は教科書作成時も大きな問題となり、新聞社が昭和二二年度版教科書発行のために、三か月間週二回のタブロイド判を発行した[19]ことからも逼迫した様子が想像できる。『日配時代史』には当時の状況が次のように記されている。

> 本年度〔一九四七年度〕における平均定価の推移をみると、書籍は、一月期に平均一四円九〇銭だったものが六月期は二八円四二銭、十二月期には五六円三九銭となり、年初に比し年末では約四倍近い値上がりを示した。雑誌は、一月期平均五円三〇銭だったものが、六月期には一二円四一銭、十二月期には一八円二〇銭となり、これも約三、五倍の上昇である（日配調）。
>
> 次に、日配扱い書籍の部数を部門別にみると哲学、政治、社会、理学、工学各部門の点数が著しく増加している。文学部門が年間最多の比重を占めているのは従来通りだが、依然として旧作

新版のリバイバルものか、大衆的迎合出版物がほとんどで、新味に乏しかった。

雑誌面では、題名変更、休刊復刊の形式で、新興業者による時流に投ずる大衆誌の刊行が多かった。下期においては、ページ数制限の実施で、内容本位を訴える雑誌も少なからず出てきたが、雨後の筍のように新雑誌の創刊があいつぎ、中でも統制外の仙貨紙に頼る俗悪なカストリ雑誌は、その名の如く、二、三号で消え去るものが少なくなかった。

日配扱いの雑誌は、定価総額では書籍のそれに及ばないが、冊数では書籍の約二倍半に達する増加ぶりだった。が、定価の高騰は購買力に悪影響を与えたことは否めず、用紙難にもかかわらずドン栗の背くらべのような同類誌の氾濫は、やがて来る雑誌界の淘汰を忍ばせるに充分であった[20]。


この当時の状況から毎日出版文化賞との関連で二つのことを指摘しておきたい。一つは、用紙不足による出版界の混乱である。もう一つは、大衆雑誌やカストリ雑誌[21]が蔓延してきたという見方である。当時、出版界をリードしていた人々は、大衆雑誌やカストリ雑誌が不況をもたらしているという見方をしていたのである。カストリ雑誌は、統制外の仙花紙を使用し、大量出版によって読者層を奪い、大衆雑誌は用紙を大量に消費し、書籍の値を押し上げる。読者を奪われ、その上、物価が上がってしまい、自分たちの商品は売れなくなると考えていたのだ。

自分たちに不利な状況を打破するために、練られた対策が「良書主義」、あるいはその裏面の「悪書追放運動」である。良書主義を採った出版社は、部数を減らし、「粗雑なものから、本格的な装幀のもの[22]」を作成するようになった。一九四八（昭和二三）年二月には、用紙割当委員会は俗悪出版物に用紙の割り振りを拒否し[23]、同年五月には、低俗出版物対策のため出版綱領実践委員会が発足している。

戦前から行われ、戦時中、中断されていた「読書週間」が復活したのも、この不況対策が背景にある。日本出版協会やその他、出版組織が中心となって、一九四七（昭和二二）年一一月一七日に、「文化国家の建設」を名目として、戦後第一回の「読書週間」が行われたのだ。そして、この「読書週間」の時期に合わせ、同年一一月に毎日新聞社は毎日出版文化賞を設立したのである。

ところで、『中島敦全集』が出版された時期は、全集ブームが興ろうとしていた。『夏目漱石全集』から始まり、『西田幾多郎全集』『宮沢賢治全集』など、多くの全集がこの時期に出版されている。一九四九（昭和二四）年以降は、さらに多くの全集が出回ることになる。ドッジ・ラインによる不況のため、多くの出版社が倒産し、そのため、今度は逆に用紙事情が好転したのである[24]。デフレ経済の中、各出版社は、比較的安価になった用紙を用いて、円本並みの全集を編集し、出版不況を打開する方法を選んだのである。

さて、毎日出版文化賞の理念と目的は、当時の毎日新聞の社説に詳しく書かれている。次の引用は、第一回の受賞作が決定した昭和二二年一一月二二日の社説である。

出版賞の決定

終戦以来二ヵ年余のわが国出版界をかえり見るとき、それは文字どおりの混乱を重ねて来た。用紙の生産は一向にふえぬため、依然戦時中と同様の配給統制が行われながら、そのうらをかくヤミ取引が行われ、統制外を奇貨とする粗悪紙が横行して、無秩序に近い様相を露呈した。また出版物の内容を検討するならば、戦後の人心のし《ママ》緩、たい《ママ》廃、動揺に乗じて、いかがわしいものが時を得顔にはん《ママ》濫したのである。かくてすぐれた出版物が俗悪なものに圧倒され、たまによいものが刊行されても、なかなか入手できず、値段はあがるばかりで善良にして貧乏な読書階級は、良書難と購読難の悩みをかこつているというのが実相である。これでは折角文化国家としての更生を希望しても、国民の精神的な糧は、食料と同様不足がちで、この面においても耐乏を余儀なくされている。

この文化的危機を打開するためには、用紙の増産、配給の改善、価格統制の強化という一連の措置が促進されねばならないが、他面窮屈な用紙事情の中でできるだけ俗悪低級な図書の流出を、国民的良識をもつて駆逐し、健全にして高しよう《ママ》なる出版物の刊行が助成されねばならぬ。本社はここに鑑みるところあつて、過去一ヵ年のうちに出版された図書のうち、もつとも出版文化の向上に役立つものについて、毎年出版文化賞を贈つて、筆者と出版社を表彰し、文化国家建設の一助とすることとしたのであり、その第一回が別項のごとく発表された。

この出版文化賞の授賞決定には、人文科学、自然科学、文学芸術、生活文化、児童文化に関する権威卅大氏をもつて委員会が組織され、各委員は単に専門部門にこだわることなく、広く各分野についても良書選定に参加し、十一の著述が初の受賞に輝くこととなつたのである。(中略)いずれにしても、この出版文化賞の制定が、混乱期から整理期に入ろうとしている出版界の反省を促し、さらに良書の出版と普及に刺激を与える機会となるならば、その意義決して少しとせぬだろう。われわれが現下の出版界に希望するところは、いくたの困難な条件が横わつているが、そのワクのなかででも、内容において、装幀において、できうる限りの努力と工夫を傾けて、良書の刊行により国民の知識を高め情操を豊かにし、一歩でも二歩でも文化の向上と、精神生活の充実をはかつてほしいことである。インフレの高進によつて生活がますます貧窮化してくれば、いわゆる手から口への生活に追われて、文化的生活などいつておれなくなりがちだ。それだけ、著作家はもちろん、出版業者が、良心ある出版物を廉価に公平に、刊行するよう、その責任の重大を自覚すべきである。しかし何を受容れ何を拒否するかは、結局国民大衆の良識が決定することを忘れてはならない。

毎日出版文化賞とは、要するに、良書を選定することで、文化国家建設がなされるというヴィジョンから設定された賞である。大きな使命を背負った賞であり、岡野他家夫が、賞の社会的重要性を強調するのも理解していただけたと思う。ただし、このヴィジョンの背後には、「低級俗悪」な図書が用紙難、購読難を引き起こしている、といった現状認識がある。「俗悪な」著作家や出版業社を牽制するために、良書選定という方法がとられた、という言い方をすることもできるだろう。

『中島敦全集』が毎日出版文化賞を受賞したことは、つまり、『中島敦全集』が俗悪でない、良書の代表である、という社会的な価値が付与されたことを意味しているのである。

毎日出版文化賞に輝く良書

立体的な美しさ

中島敦全集 全員一致で推す

啓蒙的歴史書

不屈の努力の結晶

日本農業技術史

古い型から脱皮

毎日出版文化賞の決定を知らせる新聞記事

一九四九（昭和二四）年一〇月二六日の「毎日新聞」には、一面と二面に毎日出版文化賞に関する記事が載っている。一面には受賞図書とその著者名が載っており、二面には毎日出版文化賞に輝く良書と題され、サブタイトルに「立体的な美しさ　中島敦全集全員一致で推す」と大きく書かれている。記事のリード文には、今年度は、「〝一般向きの良書、啓発書〟ということに特に留意して」選考し、厳正に良書を審査したことが強調されている。特に『中島敦全集』への書評は好意的であった。吉川幸次郎と桑原武夫の書評は次の通りである。

> 日本文学に欠けやすいものの一つは、立体的な結晶の美しさである。李陵、山月記その他、中島敦氏の小説は、この乏しさをみたすものである。それは情熱と共に意志と理智とが、文学の成

立に必須の条件であることを忘れない文学である。無意味なカオスにおぼれずして、コスモスの美しさに敏感な文学である。透明と緊張の文学である。しかもその小説性はゆたかである。R・L・スティヴンスンを主人公とする小説は、〝光と風と夢〟と題されているが、ちようどその題名のようにフィクションの色糸は、透明な世界の中に、きらきらとゆらめいている。

中島氏を芥川龍之介の亜流であるとする批評は、おそらくあたらない。芥川氏に何かしらついてまわるデカダンスの影、それが中島氏にないということは決してこの作家の弱点ではない。もしその透明と緊張の世界のひろがりが、十分でないことを恨むとするならば三十四で夭折したこの作家の肉体の弱さを、悼しまねばならない。この本へ授賞することは、全員のほとんど一致した意見であった。

（吉川幸次郎・桑原武夫）

中島敦氏　東大文学部国文学科卒、横浜高女教諭、パラオ南洋庁文部省国語編集書記等をしながら創作、昭和十七年十二月四日卅四《ママ》歳で死去

「美しさ」が強調され、中島の文学性を「透明と緊張の文学」として評価している。ここでは、デカダンな芥川の亜流という従来の見方から、クリアな中島像への転換が見られる。この日以来「中島敦」「李陵」「山月記」の名は、良書の澄んだイメージとともに、一般に広く知れ渡ったと思われる。

また、この受賞は当時経営難に苦しんでいた筑摩書房にとっても価値のある出来事だった。『筑摩書

房の三十年』の中に受賞した時の様子が描かれている。

昭和二十三年十月から翌年六月にかけて、「中島敦全集」全三巻を刊行した。これで第三回の毎日出版文化賞を受けた。筑摩書房から刊行されたものの中で、これが最初の受賞作品になった。受賞に喜びいさんで、二千部ずつ増刷したら、それまでの在庫が売れただけで、増刷分がそっくり残った。「やっぱり素人だなあ」と気の毒がりながらも、中野好夫が大きな声を出して笑った。

名作といわれる「山月記」などが教科書にはいるようになり、中島敦の名が広く知れわたって、「中島敦全集」が古本値を呼んだのは、倉庫に眠っていた返品を断裁してのちのことである。この頃、筑摩書房の経営は、かなり困難になっていた。この事情を知っている出版人のあいだで、「中島敦全集」の造本に少しも手を抜かなかった筑摩書房の良心ぶりが、今も語り草に残っている。(25)

受賞後に、「二千部づつ増刷」したが「増刷分がそっくり残った」という、筑摩書房にとっての惨事が教えてくれるのは、毎日出版文化賞に寄せる出版社側の期待の大きさである。事実、第一回受賞の宮本百合子の『風知草』『播州平野』や谷崎潤一郎の『細雪』はベストセラーとなっている。特に『細雪』はロングセラーを記録し、戦後の教科書にも二〇件採用されている(最も早いのは一九五〇年度使用の教育図書からのものである)。つまり筑摩書房にとって、毎日出版文化賞の受賞は会社存亡の危機を脱するかもしれない大きなチャンスと考えられたのである。それほど毎日出版文化賞の社会的価値は大きかったのだ。

それでは、話を教科書掲載に戻そう。教科書に掲載された中島作品は全て『中島敦全集』が出典となっていた。これは、全集が毎日出版文化賞を受賞したことが影響しているのではないだろうか。二葉教科書の「山月記」の本文の前のリード文には、「その全集三巻は、昭和二十四年度毎日出版文化賞を受けた」と、しっかり書かれている。[26] また、真っ先に高等学校で採用された作品が、「古譚」でも「木乃伊」でもない「山月記」だったことも、毎日出版文化賞受賞時に名前が挙げられたことと関係しているのかもしれない。

本章の初めに確認したことを思い出していただきたい。確か、「山月記」は検定制が適応された初年度(一九四九)とその次年度(一九五〇)使用の教科書には掲載されていなかった。検定教科書使用開始後三年目に採用されたのである。『中島敦全集』の受賞が決まったのは、一九四九(昭和二四)年一〇月であるから、それ以前に検定を受けた教科書には掲載されていないことになる。「山月記」が初めて掲載された教科書が検定を済ませたのは、一九五〇(昭和二五)年八月一二日である。してみれば、丁度、編者が教材を選ぶ時期と、『中島敦全集』が文化賞を受賞した時期が重なっていることになり、編者は、毎日出版文化賞から良書としての価値を中島の作品に見出し、選んだ、と推測できないだろうか。

右の考察は、しかし、国語教育における良書の価値が明らかにされなければ、推測の域を出ない。そのため、次に「良書」の名を冠した中島作品が、当時の国語教育界においてどのような意味を帯びたのかを学習指導要領を中心に考察してみたい。

3 読書指導と「良書」としての「山月記」

学習指導要領の概観

学習指導要領と言われてもピンとこないかもしれない。文科省が一方的に好き勝手なことを言っている文例集だと思っている読者もいるはずである。しかし、指導要領はもともと、学習者を中心に捉え、学習の道筋を用意するために作成された、極めて民主的な産物である。これを見ることで、当時の教育の方向性が知れるため、しばらくお付き合いいただきたい。「山月記」教材化に関係するのは、昭和二六年度版学習指導要領である。

一九五一（昭和二六）年に発行された学習指導要領は高等学校としては初めての指導要領であり、中高で一冊にまとめられた。冒頭には、知識の伝授よりも、学習者の興味・必要を中心にした言語経験を与える方向性が記されている。教科書は資料集としての扱いとなり、言語経験を与えるために教科書自体が単元的に編集されることが要求されている。近年の研究では、この指導要領は、経験主義の教育課程の一つの到達点として考えられ高く評価されている。[27] ちなみに経験主義の教育課程とは、学習者の生活経験の場に立ち、彼らの興味・関心を中心とした活動を組織し、社会的経験を与えようとするカリキュラムのことである。具体的には単元学習や問題解決学習などの方法をとり、教科書を中心として知識を教授する伝統的な方法と対置される。

はじめに確認したいのは、教科書編纂者にとって、この指導要領がどのような意味を持っていたかである。指導要領の「まえがき」には、「教科書の検定制度が実施されて、教科書が自由に作られるようになった。教科書の筆者は教科書を作る場合、すでに一般に認められた理論に基いて作らねばならないが、その理論の多くは、本書に示されている」[28]と記されている。つまり、この学習指導要領は、教師だけでなく教科書編纂者にも向けられて書かれているテキストなのである。二六年度版学習指導要領は「試案」であり、法的根拠を持たず、参考に供するものと考えられているが、右の文言のような内容は指導要領の二八〇・二八一頁にも繰り返し示されている。

われわれは、筆者たちが本書をよく研究して、新しい国語科の目標と計画とに合致した、いろいろのよい教科書を作ることを望んでいる。

教科書編纂者に向けられたこのような発言行為は、指導要領を教科書検定の基準として強く機能させたと考えられる。

次に「読むことの教育」がどのように記されているかを見てみよう。

田近洵一《たぢかじゅんいち》は、「国語科教育課程史上の転換点——「読む」の教育を中心に」の論考の中で、二六年度版指導要領における「読むことの教育」で注目すべき点として、

（1）読書技術を視野に入れていること。

（2）広く、かつ文化的な読書活動領域を提示していること。(29)

の二つを挙げている。田近の指摘の通り、この時期には、アメリカ経験主義の影響により、「読む」の教育は、これまでの読解中心の「読み方」から、「読書」という考え方に広く捉え直されたのである。このことは、指導要領の中にある「読む」の表記が、「読み方」ではなく、「読むこと」とされていることに象徴されている。

では、指導要領には具体的にどのように書かれているのか。「（一）高等学校における読むことの学習指導の意義」を引用する。

（一）高等学校における読むことの学習指導の意義

1　読むことは、聞くことともに、人間として成長するために欠くことのできない経験である。この二つを欠いては、学習が成り立たず、生活の根拠が失われる。高等学校の生徒は、教科

書・参考書のほかに、新聞・雑誌・単行本など、いろいろな読み物をいろいろな目的によって、いろいろな読み方で読んでいる。高等学校の生徒は、生徒としての読書もすれば、社会人として、成人としての読書もしている。そして、よい影響を受けると同時に、悪い影響も受けている。知識欲の盛んな感受性の鋭い生徒たちであるから、特に読書指導の必要が強く認められる。
2　高等学校の生徒は、学習上からも生活上からも、いよいよ読書の必要が増してきている。しかし、その読書技術・読書趣味・読書習慣は、個人によってははなはだしい違いがある。そして、能力のふじゅうぶんな者、好ましくない傾向の者、よい影響よりもむしろ悪い影響をより多く受けている者、極端にその能力を欠いている者も少なくない。
　読書能力のいかんは、ただちに学習の効果を左右する。その能力の低い者に、豊かな生活や、将来の成功を期待することはできない。

この指導要領は、現在の私たちが抱く、よそゆきの「指導要領」のイメージとは異なり、民主主義の精神に基づいて熱い教育論が語られている。「その能力の低い者」等、首をかしげたくなる表現はあるが、読み物としても楽しめるため「指導要領」の文体を苦手とする読者にも一読をお勧めしたい。特に読書指導に力を入れている教師にとっては示唆に富む内容となっているはずである。
　右の引用部分からも一読して「読書指導重視の思想」[30]が表れていることが分かるだろう。この指導要領に示された「読むことの教育」の部分を整理すると、次の表8のようになる。本書の文脈にとっ

<table>
<tr><td colspan="3">1　読むことの学習指導の意義</td></tr>
<tr><td colspan="3">①　人格的な成長のための読書指導
②　学習・生活のための読書能力</td></tr>
<tr><td colspan="3">2　学習・指導事項（読む経験の種類）</td></tr>
<tr><td rowspan="2">①読書技術の指導</td><td colspan="2">読書技術の種類</td></tr>
<tr><td colspan="2">ア　注意の集中・持続
イ　読んだ事がらを組織だてる力（再組織）
ウ　その他
1　中心思想をとらえる
2　重要な事項とそうでないものとを見分ける
3　拾い読みをする
4　速く読む
5　批判的に読む</td></tr>
<tr><td rowspan="3">②読書内容の指導</td><td colspan="2">文学の指導の種類</td></tr>
<tr><td>ア　読書領域を広く深くする</td><td>1　現代文学の理解と鑑賞
2　古典の理解と鑑賞
3　世界文学の理解と鑑賞
4　映画や劇の理解と鑑賞</td></tr>
<tr><td>イ　正しい読書習慣を確立させる</td><td>5　よい書物の選び方
6　正しい読書習慣の確立</td></tr>
</table>

表８　読むことの教育

て重要なのは、「読書内容の指導」に「文学の指導」が充てられていることである。文学は、読書技術指導の対象であるとともに「読書領域を広げ深める」、または、「正しい読書習慣を確立させる」ための方法として考えられているのである。古典や文学作品を、解釈・鑑賞すべきものとして扱っていた戦前に比べると読書領域を広げるために用いるというのは、非常に思い切った分類であったはずだ。

　さて、結論をここで言ってしまえば、この二六年度版学習指導要領における「読むことの教育」が「読書指導中心[31]」になっていることが、「山月記」採用に影響している、ということである。「良書」の「山月記」が正しい読書習慣の格好の教材として考えられたのではないか。もちろん、先に述べたように、「山月記」はこの指導要領が発表される前に採用されたのであり、直接影響を受けたということはできない。しかし、指導要領にも現れた、当時の読書指導推進運動の渦中で『中島敦全集』が良書として定位したことを考慮すれば、決して無関係とは考えられない。もう少し、指導要領を見てみよう。

資料としての教科書

次に着目すべきは、読書指導を中心化したことによる、教科書の周辺化である。「第十一章」では「中学校・高等学校の国語科において使用に適した資料」として、「国語科において使用しうる資料」を九つ挙げている。

1 教科書
2 辞書・参考書
3 生徒の作文や制作物
4 図書館の蔵書
5 新聞・雑誌・記録類
6 幻燈・写真・絵画・図表
7 ラジオ

8　レコード
9　映画・演劇

このように、教科書と新聞・雑誌・ラジオなどが資料として同列に並んでいることからも、教科書が一資料集として扱われていることを見てとれる。他にも脱教科書主義の思想が表れている文言を指導要領からいくつか抜き出してみる。

・「これらの資料をいろいろに組み合わせて、興味のある学習指導を行うことがたいせつである」
・「教科書を活用するとともに、教科書のみにたよらず、それぞれの状況にふさわしい各種の資料を求めなければならない」
・「教師がめいめいの生徒の発達段階や、国語教育の広い目標に照らして検討してみると、いかによい教科書であっても、いろいろな点において、資料として教科書だけにたよっているのではじゅうぶんでない」

これらの記述に見られるように、教科書が一資料となれば、教科書以外の図書資料が必要になってくるのである。換言すれば、教科書が一資料として周辺化することで、これまで教科書の背後に追いやられていた言語教材が公の舞台に登場することになるのである。読書指導を中心に考えれば、当然の流れとして、何を選択すべきか、という問いが生じてくる。指導要領の「付録」の「三　中学校・高等学校の生徒に適する読み物」には、四ページにわたって読書指導の使命、方法、発達に応じた読書傾向、図書選定の基準について書かれている。そこでは「中学校・高等学校の国語科において、読書指導は重要な分野を占めている」として、「人間形成の上からいっても」「良書の選択を誤らない人が育てられなければならない」と良書選択能力の必要性を説いている。そして教師と教科書の在り方について、以下のように書いている。

特に国語教師はその中心となって、生徒の読み物の選定の基準についての研究を進めなければならない。国語教科書特に文学編は、そうした読書指導の基準であって、その学年にふさわしい読み物を資料として供給できるように、読み物選定に対する深い考慮が払われるべきである。

昭和二六年度版学習指導要領が教科書編纂者にも向けて書かれているテキストであり、「国語科の資料としての教科書を編集するために基準を提供しようとする」性格である以上、編纂者はこれに従わなくてはならない。そして、右の文言のように、教科書教材は、「ふさわしい読み物」の基準であるる必要があるわけであるから、編纂者は読書指導の範を示すような図書から教材を採用する必要が出てくるのである。

ここで問題となるのは、範を示すような「基準」は何か、ということであろう。誰がどのように決めるのか。指導要領のページを繰っていくと、最後に「付表　資料としての図書一覧表」として、「生徒に読み物として適当と思われる図書や使用に適する図書」（以下「図書一覧」と呼ぶ）が掲載されている。これが文部省の意図する、範を示す図書であることは間違いない。そして、この中に中島敦の名がしっかりと書き記されているのだ。作品は「（李陵・山月記など）」となっており、毎日出版文化賞で称えられた二つの作品である。また、『わが西遊記』も「図書一覧」に載っている。中島敦が「図書一覧」に記されたことは教育の側から注目されるようになった証であり、「山月記」は文部省から、教育に相応しい読み物として公認されたということになる。

ところで、府川源一郎は『「ごんぎつね」をめぐる謎』の中で、一九五六年から教科書教材となった「ごんぎつね」が、教科書に掲載される経緯を追っている。(32) 昭和二六年度版小学校指導要領の巻末にある「国語科の使用に適した資料一覧表」に「ごんぎつね」はなかったものの、『新美南吉童話名作選』等の名前があり、「「ごんぎつね」が直接に話題にされなくとも、「新美南吉」という作家の作品に、教育の側から光が当たり始めた」と述べている。新美南吉も中島敦もどちらも、この指導要領のリストを潜って現在の定番作家となったことは興味深い。

それにしても、「図書一覧」とは、一体何だろう。

「付表　資料としての図書一覧表」

この時期の子ども向けの図書や雑誌の表紙は、しきりに「～協会選定図書」と銘打たれ、教育書の巻末には「選定図書の一覧」が付されているのを目にする。出版界が良書を選定することで「文化国家」を建設しようとしたことは先に述べたが、図書館関係者の間でも、良書を子どもに与えて人格形成を図ろうとする運動がこの頃盛んに行われたのだった。

日本図書館協会は図書の入手に困難な地方の図書館の要望に応える目的で、図書選定事業を一九四九（昭和二四）年から開始している。同様に、東京都学校図書館協議会（のち全国学校図書館協議会）も一九五一年から図書選定事業を開始する。「図書一覧」は、日本の図書館を組織するこの二つの団体が文部省の依頼を受けて作成したものであり、当時過熱した選定図書事業による目録作りの一片である。

戦後、文部省において選定図書の計画は早くからあった。文部省で戦後の学校図書館改革の先導的な役割を果たした深川恒喜《ふかがわつねのぶ》は、一九四七（昭和二二）年一二月の「文部時報」で以下のように述べていた。

ところで、このようなくふうをしてみても、今日の事情の下では、思つたほどのはかばかしい成果は得られないであろうと思われる。何よりも、本のないこと、本の手に入らないこと、これが一番の悩みである。そこでなんらかの共同機関を設けて、良書を選定して、これを学校に配給するとか、良書と推薦されたものは増刷しうるように適当な方法を講ずるとかの手を、どうしても打つ必要がある。将来、出版文化も向上し、またその資材の方面もゆとりが出てきたときは別として、今日の場合としては、どうしても、このような措置がとられる必要があると思う。そうでもしなければ、学校には、いつまでたって《ママ》も、よい本が集まらないであろう。これは今日の大きな問題である。(33)

戦後、読書環境が麻痺した中で、経費や整備のない学校に良書を少しでも与えたいとする思いが伝わってくる。後に、学校教育法によって、教科書以外の資料が活用できるようになると、学校図書館の環境整備は一層切実な問題となる。深川は「教科書のあり方の面からも、新しい教科課程や学習指導の要求するところからも、学校としては、どうしても、豊富な図書その他の資料を整備しなければ、新しいねらいをもつ学習指導は、望ましい形においては行われがたい」として、「貧弱な」学校の読書施設の現状を憂えて、読書環境の整備の必要性を主張するのである。彼は主に、「社会科」や「自由研究」を想定して述べているのだが、単元学習を推進する国語科においても、読書環境の整備は必要であった。深川が言うように、「固定した教科書がないかわりに、いろいろの参考用図書が豊富に準備されることが必要となる(34)」学習指導においては、「教科書以外にいろいろの図書をそろえ、その利用を促してゆくことは学校(学級)経営上欠くことのできない大きい問題であ」ったのである。

このように、文部省は図書整備という視角から選定図書を考えていた。すなわち、CIEの指導のもとになされた学校図書館改革の方向から推し進められたのである。戦後、学校図書館の方向を定めようと作成された資料に『学校図書館の手引(35)』(一九四八)がある。『学校図書館の手引』は、深川恒喜や滑川道夫《なめかわみちお》、坂本一郎等の当時の読書指導のエキスパートによって書かれ、日本の学校や学校図書館に大きな影響を与えたものである。(36) 本書の「図書選択の資料」には、「良書目録や参考文献目録の作成、良書の推薦や重版のあっせん、優先配給など、学校図書館を充実させるためになされなければならないことははなはだ多い」として、戦後中断されていた、良書選定事業を再開する必要性が説かれている。『学校図書館の手引』が発行された、一九四八(昭和二三)年の時点では、まだ選定事業は黎明の状態であったが、一九四九(昭和二四)年には、出版界の良書普及運動と連動して活発になっていく。「日本教育新聞」(37) によれば、この年には、日本図書館協会、学徒図書組合、東京文理科大学PTAライブラリー、日本教職員組合文化部、青少年文化懇談会、児童文学者協会、日本読書サークル、児童出版文化連盟、日本読書組合、図書教育研究協議会、青少年読書研究会、教科用図書調査会や各県教育委員会など多くの団体が良書の推薦事業を展開したことになっている。

このような流れの中で、文部省の指示により、二六年度版学習指導要領の「図書一覧」の目録作成のために、「小中高等学校教育用参考図書資料調査委員会」が「日本図書館協会」「東京学校図書館協議会」と文部省関係者で組織されたのである。目録作成事業が始まったのは、一九五〇(昭和二五)年一月二七日からであった。(38) このリストの中に、中島が入ったのは、毎日出版文化賞がプラスに働いたのは間違いない。図書資料調査委員会の副委員長であり、日本図書館協会の常任理事でもあった、弥吉光長《やよしみつなが》は、『図書の選択』の「第4章　学者が選んだ良書」の中で、毎日出版文化賞について次のように述べている。

毎日新聞はこの〔世評を迅速に決定する〕運動に大きい貢献をしている。毎年一一月三日の文化の日に其年度の出版の最高峰を推薦して、今年は第三回目である。昨年までは学術思想芸術等の最高峰を推薦することになつていた。今年度は『一般向きの良書、啓蒙書』を目標として推薦された。(39)

と大いに評価した後、弥吉は、受賞作について、一言ずつ書評をするのだが、『中島敦全集』については、「この全集に佳品「光と風と夢」「李陵」「山月記」の外の未発表の作品を集めて、歴史小説の水準を高めた(40)」と述べ、受賞作はみな、「第一流の図書であることには異論があるまい」と言い切っている。「良書の条件」の箇所でも、「『中島敦全集』も歴史小説の技巧にすぐれた面を見せている(41)」と歴史小説として高く評価している。ちなみに、ここで言う「歴史小説」とは、通俗的とされる時代小説と対照的に、鷗外や芥川の流れを汲む、歴史に素材を採り、近代人の心理を描いた小説の意味である。つまり、弥吉は、通俗的とされる時代小説と一線を画すものとして、中島の作品を、いわゆる「純文学」（＝良書）として評価しているのである。弥吉のお墨付きでもある中島作品が、日本図書館協会が関係した、「図書一覧」に掲載されることは疑問の余地がない。

考えてみると、「図書一覧」と「山月記」の教科書採用は関係がないのかもしれない。というのも、前にも書いたように、二六年度版指導要領が出される以前に「山月記」の採用は決定しているからである。しかし、教科書教材と「図書一覧」の文学作品との一致を調べてみると、一九五〇・一九五一年度で採用された高等学校における文学教材の六八％以上が「図書一覧」の中に挙げられているものであった。作家別では、四七ある教科書教材中、四三人までが「図書一覧」に明記されている作家であり、実に九一％が一致していることが判明した。したがって、「図書一覧」と教科書編集者の考える「ふさわしい読み物」の基準は同一の方向性を示していることになり、「図書一覧」に挙げられた中島の作品が教科書教材となるのは必然的な帰結と言える。

「山月記」教材化と民主主義の模索

言語経験を重視し、「読むこと」の指導が教科書中心から読書中心に転換することで、教科書以外の資料が広く求められるようになった。文学教材は、読書領域を広げ、読書習慣を確立するために用いられることになり、「長編小説のおもしろさ」や「短編小説の鑑賞」といった単元のための材料として用いられることになったのである。こうした中で、毎日出版文化賞を受賞した「優良な」中島作品は、読書指導の模範教材として歓迎されたのである。先にも書いたが、『高等国語』（三省堂、一九五一）の「山月記」の指導目標は「小説の読み方を学ぶ」「小説の選び方を学ぶ」「読書の習慣を養う」となっている。他の教科書の単元名をみると、「小説の味わい方」「短編小説」等、小説がメタレベルで学習するための教材として配置されていることが分かる（表9）。「山月記」は、「正しい読書習慣を確立させる模範」としての教材価値がある、と当時考えられていたのであり、登場人物の言

学習指導要領	使用開始年度	「山月記」の単元名
1951年度版（昭和26年度版）	1951（昭26）	小説の味わい方（三省堂）／なし（二葉）
	1952（昭27）	なし（二葉）
	1953（昭28）	短編小説（秀英）／長編小説と短編小説（三省堂）
	1954（昭29）	
	1955（昭30）	
	1956（昭31）	長編と短編（三省堂）
	1957（昭32）	近代小説（中央図書）
	1958（昭33）	短編の小説（績文堂）
	1959（昭34）	小説の鑑賞（三省堂）
	1960（昭35）	近代の小説（中央図書）
	1961（昭36）	
	1962（昭37）	
1960年度版（昭和35年度版）	1963（昭38）	
	1964（昭39）	心の姿（教図研）／小説２（大原）／小説１（筑摩）
	1965（昭40）	小説（東書）／小説１（好学）／小説２（明治）
	1966（昭41）	
	1967（昭42）	近代の小説２（秀英）／心の姿（教図研）／小説１（筑摩）／小説１（尚学）
	1968（昭43）	小説（東書）／小説（大日本）／小説２（明治）
	1969（昭44）	
	1970（昭45）	
	1971（昭46）	心の姿（教図研）／小説１（筑摩）／小説１（尚学）
	1972（昭47）	小説（東書）／小説（大日本）／小説２（明治）

表９「山月記」単元名の変遷

動や心理を読み取り、生き方を考えることができる、という現在の教材観とは違った視点から「山月記」を捉えている。

確かに、現在においても「山月記」を読解した後に中島の他の作品を読むという方向での読書指導は見られるが、高校生の読書領域を広げることを第一の目的にした大胆な取り組みはほとんど見られない。やはり私も「山月記」を「小説の選び方を学ぶ」材料として用いることに戸惑いを感じる。李徴の生き方にこそ、読者は心を動かされるし、そこに教材の価値があるのではないか。日本中の他の教師たちも同じように考え、「山月記」を教えているのではないか。「山月記」のような文学作品をただの一資料として扱うことに後ろめたさを感じ、他の教師たちと違ったことをすることに不安を感じてしまうのだ。「山月記」が掲載されていない教科書を選べない理由の一つもここにあるだろう。日本中の高校生が「山月記」から生き方を読み取っているのに、それをやらなくてよいのか、と。

しかし、そもそも、文学の読みが個々の読者の中に立ち現れると考えるならば、「山月記」から読み取れる内容は、李徴の生き方や心理だけではないはずである。「山月記」の教材化の背景は、現在における教材価値を相対化し、「山月記」を読解しなければならないという強制された考え方から私たちを解放してくれる。教材中心ではなく、学習者の言語経験を豊かにするという考え方から「山月記」をもう一度捉え直すことはできないだろうか。人間の心理や生き方が学べるという、現在想定されている価値以外にも、読書指導、あるいは言語活動のきっかけとして「山月記」の価値を見直してもよいだろう。教科書掲載をめぐる歴史は、教材中心の「「山月記」を教える」という考え方以外にも、学習者の言語経験を考慮した「「山月記」で教える」という民主的な考え方があることに気づかせてくれるのである。

しかし、「山月記」の教材化の歴史から見えてくるのは民主的な可能性ばかりではない。問題点も指摘しておかなくてはならない。一つ目は、「図書の選び方」、つまり、良書だけを読ませようとする姿勢である。親や国語教師であれば、子どもに良い本を読んでもらいたいというのは切実な願いであるだろう。しかし、えてしていつの時代であっても、私たちが望むような本を子どもたちは読んでくれない。ケータイ小説の『王様ゲーム』やホラー作家の「山田悠介」に熱中するのである。そんなものである。それでもあきらめきれない場合は、図書のリスト（目録）を作り、導いてやろうとするのだ。これ自体は悪いことではないだろう。ある程度の道筋を示してやることは教育に必要なことである。しかし、それが高ずると子どもたちの興味関心を制御してしまいかねない。

先に述べたように、当時の良書選定運動は、悪書追放運動と表裏の関係にあった。指導要領の「図書一覧」の調査委員会の規約には、「教育上使用することが望ましい図書資料を各単元または教育上の重要な主題の別に調査選定(42)」すると書かれているが、「教育上使用することが望ましい図書資料」とは誰が決めるのか。調査委員会が判断するのだとすれば、彼らの価値観によって、読むべき図書が決まってしまうことになる。増田信一は、当時の読書指導の実態を調査しており、久米井束《くめいつがね》（当時、全国学校図書館協議会会長、調査委員会副会長を務める）が、次のように発言していたと言う。

現在の学校図書館には、閑古鳥が鳴いているとし、その原因を、児童が興味をもつ図書を退けて、良書のとりでをきずいているのが学校図書館であるとし、その対策として「俗悪書」、くわしくいえば怪奇探偵探検冒険痛快熱血悲傷哀憐等々の読み物を、そっくり学校図書館の書だなに収めておくということには飛躍があり、独断があるように思われます。

たしかに興味ということは、読書に限らず何事にとっても重要なことです。しかし、この興味ということが、どこから生まれてくるかということは、大切な問題点です。俗悪書に児童が現実的な興味をもつからといって、学校図書館の書だなをそのような書物によって埋めるということにはわたくしは賛成しかねます。わたくしは、学校図書館には、やはり雑草は植えておかない方がよいと思います。ここで俗悪書ということと、児童が興味をもつ本ということとは区別しておかなければなりません。

このような排他的な考え方は、彼だけでなくこの時代の「学校図書館関係者の平均的な見方」であった。[43]当時の図書館関係の文献を見ると、冒険小説やマンガは、青少年犯罪と関係が深いものとして論じられ、排除の対象とされているのである。「良書／悪書」といった二項対立の概念は、彼らがよく使う「良書選定でもって悪書を駆逐する」という論理が示しているように、内なるものと外なるものを分け、外なるものを排除する構造に他ならない。日本図書館協会が行った、中央が地方のために図書を選ぶという一見親切な行為も、内なるものを外に押しつけるものであることは否定できない。[44]

戦後、マンガや冒険小説、カストリ雑誌など図書館関係者たちが、「俗悪書」と名付けるものは、人々が好んで読んでいたものであった。要するに、良書選定運動は人々が読む本を歓待し、取り入れ、読書の在り方を変容させていく方向ではなく、あくまで戦前と同じように啓蒙思想（目録という「権威」）によって導こうとした運動だったのである。先程の例で言えば、『王様ゲーム』や「山田悠介」から出発して、国語の授業を構想するのではなく、それらを否定し、教師の好きな「芥川」「漱石」ばかりを読ませるようなものだろう。

以上を踏まえて、「図書一覧」を再度見てみると、道徳的な内容のものや「レ・ミゼラブル」に代表される教養小説が多いことに気がつく。「山月記」も良書として選ばれた時点で、道徳的な任務を背負わされたのかもしれない。

問題点の二つ目は、「読ませ方」である。二葉の教科書の「山月記」は漢詩が省略されており、そのリード文には、「とらの中の人間李徴は、何を反省し何を語ったか」「心理過程を明確にとらえて、この作品の象徴するものを探求しなくてはならない」と記されている。その上、「学習の手引き」でも李徴の心理や性格を読み取らせることを指示している。漢詩を省略し、文体を易しくすることで、李徴の生き方や心理を前景化させ、反省的に読ませようとしているのだ。現在に通じるこの読み方[45]にも、戦前の思考が居座っている。国定教科書の教材が検定教科書に受け継がれてきたことは先に述べたが、修身的に生き方を一方的に教え込もうとする戦前の国定教科書の性格も、ここに受け継がれているのである。

正しい書物があるように正しい生き方もある。それ以外のものは排除し、汚れのない道を用意してやる。そんな大人たちの思惑が透けて見えてくる。

教材「山月記」は、戦後民主主義の「新教育」の文脈から検定制や読書指導との関わりで誕生した教材であった。教科書中心の「教授」を改め、学習者の言語経験を育てようと模索する中で教材化したのである。しかし、根っこの部分では、「検定」や「目録」などの権威を利用し、一方的に「教授」しようとする姿勢が見られた。

「山月記」教材化の背景には、民主主義を掲げてはいるものの、その実際は戦前の思考を残した、いわば、「与えられた民主主義」の当時の日本の社会があったのである。

注

(1) 東京書籍『精選現代文』指導資料、東京書籍、二〇〇八年。
(2) 島内景二『中島敦「山月記伝説」の真実』文藝春秋、二〇〇九年一〇月。
(3) 佐野幹「中島敦「弟子」の教材史研究――『中等国語二(4)』を中心に」「全国大学国語教育学会発表要旨集」全国大学国語教育学会、二〇一〇年一〇月、一九四―一九七頁。
(4) 幾田伸司「教科書教材から見た昭和二〇年代前期の詩教育」「国語科教育」第四十五集、全国大学国語教育学会、一九九八年三月、二三―三二頁、吉村三和子「戦後中学校国語科教科書の研究――昭和二〇年代から三〇年代を中心として」(修士論文)二一頁、吉田裕久『戦後初期国語教科書史研究』風間書房、二〇〇一年三月、六六四頁、には検定教科書への国定教科書の影響が指摘されている。
(5) 「教科用図書の検定公開について」一九四七年九月。
(6) 「文部時報」文部省、一九四八年二月、一三頁。
(7) 「文部時報」文部省、一九四九年三月、九頁。
(8) 日教組の「研究協議会」が出願した教科書のうち、合格したのは音楽五点と国語二点だけだったとして、二〇〇人の画家に支払いができないという記事が一九四八(昭和二三)年一二月二日の「日本教育新聞」に出ている。
(9) 『中教出版十年史』中教出版、一九五三年三月、七九頁。
(10) 『三省堂の百年』三省堂、一九八二年四月、二四八―二五〇頁。「文部時報」(文部省、一九四九年三月)一〇頁

に近藤は、「(一)昨年の展示会後、教科用図書検定調査会が主催して、直接原稿の審査採点に当った調査員、検定申請発行社、著作者などが参集し、その筋の係官も列席の上、検定基準や検定に関する共通的な問題から各科目にわたるいろいろな重要問題について、意見の開陳や質疑応答が行われた。これは、新検定制度について、直接の関係者には非常に有効な企てとして喜ばれた」と言う。また、「最後に付け加えたいのは、教科書の採択に当って「教科用図書検定基準」は、相当参考になるということである。(中略)この意味において、去る二月九日の官報に発表された文部省告示第十二号を参照せられることをお奨めする」とテスト前対策プリントをやらせる教師のようなことを言っている。

(11)『教育出版十五年史──検定教科書とともに──』教育出版、一九六三年五月、二五・二六頁。

(12)「文学」第二〇巻第八号、岩波書店、一九五二年八月、一─一五頁。また、増淵恒吉は「確かにあれがモデルだったと思うのです。民間の検定教科書が作られる頃から、単元的な考え方が導入されてきたわけです。教材には国定のものとかなり似かよったものがあって、組合わせの上で単元的方法を導入した教科書ができるようになってきた」と言っている。

(13)「文部時報」文部省、一九四九年三月、一〇頁。

(14)三省堂『高等国語二上』「山月記」の本文末に「(「中島敦全集」による)」とある。二葉『新国語六』『新国語文学下』「山月記」の本文末には「──「中島敦全集第一巻」による──」とある。

(15)中村光夫「青春と教養──中島敦について」一九四八年四月(中村光夫・氷上英廣・郡司勝義編『中島敦研究』筑摩書房、一九七八年一二月、五一─一五頁より)

(16)大森望・豊崎由美『文学賞メッタ斬り!』筑摩書房、二〇〇八年一月、三六三頁。

(17)http://info.yomiuri.co.jp/culture/bungaku/

(18)岡野他家夫『日本出版文化史』春歩堂、一九六二年一〇月、四八八頁。

(19)『日本新聞年鑑』日本新聞協会、一九四七年一〇月、五四・五五頁。

(20) 荘司徳太郎・清水文吉編『資料年表日配時代史——現代出版流通の原点』出版ニュース社、一九八〇年一〇月、七一頁。

(21) 田所太郎は『戦後出版の系譜』(日本エディタースクール出版部、一九七六年一二月)一〇—一二頁で、「カストリ雑誌」について、「カストリ雑誌のカストリというのは低級焼酎のことで、その連想から、おそらくは雑誌の正統派ではないという自嘲をこめて、編集者たちがつけたものであろう。この名称には、一合(一号)から三合(三号)くらいまでなら大丈夫だが、それからさきは危ないという〝凝った意味〟もあったらしい。用紙難の時代の産物で、統制外(用紙は昭和二五年一月一日まで割当統制だった)の仙花紙というチリ紙転用の粗悪な機械抄き和紙をつかい、また、エロ・グロを内容としたということで発禁や悪書追放の対象とされ、世間から蔑視され厄介もの扱いされたが、カストリ雑誌の代表のようにいわれる『りべらる』は、もともとは知識人を対象とする中間読物誌だった。昭和二十一年一月の創刊号をみると、「自由に就て」武者小路実篤、「恋愛の復活」亀井勝一郎、対談「アメリカと日本を語る」前田多門文相・菊池寛、随筆に大佛次郎、舟橋聖一、小説に小島政二郎、モーパッサン、などという構成である」と述べ、さらに「カストリ雑誌は戦後風俗資料として、今日、貴重なものになっているが、媚びをふくんだ女の顔や裸を表紙にあしらったそれらの読み捨て雑誌をみると、昭和三十一年から今日につづく週刊誌ブーム、中間小説雑誌ブームの一つの祖型がそこにあったように思われる」と言う。

(22) 『日本出版年鑑』昭和二十二・三年版、日本出版協同、一九四八年、四五—四八頁。

(23) 『出版データブック1945~1996』出版ニュース社、一九九七年九月、一〇頁。

(24) 小森陽一『日本語の近代』岩波書店、二〇〇〇年八月、二九一頁。

(25) 『筑摩書房の三十年』筑摩書房、一九七〇年一二月、六〇頁。

(26) 三省堂『高等国語二上』には、書かれていない。しかし、教師用指導書には、「【出典】「中島敦全集」第一。昭和二十三年十月筑摩書房刊。なお、本全集三巻は、昭和二十三年から昭和二十四年にかけて刊行され、毎日出版文化賞を受賞」と記されている。

(27) 坂口京子『戦後新教育における経験主義国語教育の研究――経験主義教育観の摂取と実践的理解の過程』風間書房、二〇〇九年二月、三一一頁。
(28) 文部省『昭和二十六年（一九五一）改訂版　中学校　高等学校　学習指導要領　国語科編（試案）』一九五一年一〇月、北陸教育書籍、二頁。
(29) 田近洵一「国語科教育課程史上の転換点――「読む」の教育を中心に　経験主義・総合主義から能力主義・系統主義への転換」「国語教育史研究」第一号、国語教育史学会、二〇〇二年三月、六七―七九頁。
(30) 望月久貴『国語科読書指導の理論――読書体験創造読みの実地研究――』明治図書出版、一九七一年五月、三九頁。
(31) 望月久貴は『国語科読書指導の理論――読書体験創造読みの実地研究――』（明治図書出版、一九七一年五月）一七―四五頁で、「国語科『読書』の歴史」を明治から昭和四三年まで概観している。戦後の昭和二六年頃を「読むこと（経験）実践期」として、内向面（読解指導中心〈文字・語句・文・文章〉―教室内）から外向面（読書指導中心〈興味・材料・選択・習慣〉―教室外）重視の時期としている。
(32) 府川源一郎『「ごんぎつね」をめぐる謎　子ども・文学・教科書』教育出版、二〇〇五年五月、九六頁。
(33) 「文部時報」文部省、一九四七年二月、一二頁。
(34) 一九四八年四月の「日本教育新聞」でも「学校図書館の問題」を連載して、深川は図書館改革の必要性を繰り返し述べている。
(35) 文部省『学校図書館の手引』師範学校教科書、一九四八年一二月。
(36) 学校図書館改革や『学校図書館の手引』については、中村百合子『占領下日本の学校図書館改革――アメリカの学校図書館の受容』（慶應義塾大学出版会、二〇〇九年三月）に詳しい。
(37) 「日本教育新聞」一九四九年一〇月二七日。
(38) 「図書館雑誌」第四四年、第五号、日本図書館協会、一九五〇年五月、一二頁。

(39) 弥吉光長『図書の選択』理想社、一九五〇年九月、七六頁。
(40) 前掲、弥吉『図書の選択』七三頁。
(41) 前掲、弥吉『図書の選択』八五頁。
(42) 前掲、「図書館雑誌」第四四年、第五号、一二頁。
(43) 増田信一『読書教育実践史研究』学芸図書、一九九七年四月、一五九頁。
(44) 東條文規の『図書館の近代――私論・図書館はこうして大きくなった』(ポット出版、一九九三年三月) 三一・三二頁を読むと、日本図書館協会が作成する「図書目録」は、戦前の「図書館書籍標準目録」の回帰であることが分かる。東條は、戦前に作成された「標準目録」は、地方図書館を「図書目録」という権威によって統制し、国民教化、思想善導の機関とすることで、社会主義的な図書を取り締まる目的で作成されたものであることを指摘している。
(45) このことは、先に川村湊が『狼疾正伝　中島敦の文学と生涯』(河出書房新社、二〇〇九年六月) 一七頁で指摘している。

第三章

「山月記」の授業 ——増淵恒吉の「山月記報告」を読む——

1　テキストの仕掛けから

問題の発端

初めて「東京モーターショー」[1]が行われた一九五四年、日比谷高校では一人の教師が「山月記」の授業を行っていた。教室は熱気にあふれ、生徒たちはグループで活発に話し合っていた。一方で教師はあまり口を開かず、生徒たちの自発的な活動を見守っている。

この教師が、戦後、高校国語教育界をリードしてきた増淵恒吉《ますぶちつねきち》（一九〇七―一九八六）である。増淵は、一九五六（昭和三一）年、「日本文学協会」でこの時の授業を報告している。

戦後初期、「山月記」の授業がどのように行われたのかは、正直よく分かっていない。この時期に「山月記」の授業を扱った文献がほとんど存在しないからだ。「山月記」研究が本格化していなかったことや国語教師が発信できるメディアの数が限られていたこともある。現在では人気教材の「山月記」も、どうやら登載当時は扱いにくい教材として考えられていたようである。[2]そのような時に増淵恒吉は、「山月記」の授業を「文学における形象の問題」と題して報告していたのだ。「山月記」の教材史上、最も早くになされた授業実践報告の一つである。

この章では、この「文学における形象の問題」（以下「山月記報告」と呼ぶ）を考察する。なぜか。「山月記」には、李徴が朗唱した旧詩に対して、袁傪が「このままでは、第一流の作品となるのには、どこか（非常に微妙な点において）欠けるところがあるのではないか」と評価を下す場面がある。これまで「山月記」論では、この部分（以下「欠けるところ」と呼ぶ）について、「一体何が欠けていたのか」という問いが繰り返し発せられ、李徴の人間性との関連で論じられてきた。この「欠けるところ」を扱った「山月記」論の数は膨大な数に上る。論者たちは、「人間性の欠如」[3]「中島の〈自己批評〉」[4]「自己認識の欠如」[5]「詩に没入する、詩人になりきる、そういうところが欠けている」[6]「詩の鬼にこそならなければいけなかった」[7]「辻褄合わせ」[8]「理屈で言えぬ」[9]「作品に書いていないのだから、わからない」[10]など多種多様に論じてきたのだ。「欠けるところ」は研究者を魅了し続け、一九八八（昭和六三）年には文学研究者によって行われた「シンポジウム「山月記」をめぐって」の議題[11]にもなっている。また、小森陽一のように「人間性の欠如」「愛の欠如」と「意味づけ」てきた戦後の国語教育を批判するもの[12]や、「欠けるところ」の原因を問うこと自体を問題にするものなど、半世紀前から現在に至るまで「山月記」論はこの解釈をめぐって発展してきたと言っても過言ではない（もちろん、本書もその一つである）。

「山月記」の授業を受けたことのある読者には、高校時代「欠けるところ」をどう教わってきたかを思い出してもらいたい。私は授業でここを通るたびに、冷や汗をかく。多様な解釈が生じる箇所であり、生徒の意見が予期できないのだ。ここをどう扱うかが腕の見せどころなのだが、ついつい、教師用指導書に頼ってしまうのである。おそらく、教室の中では「人間性の欠如」と似たような説明がなされてきたと思われる。長年、教師用指導書には「人間性の欠如」と類似した言葉が「欠けるところ」の解答として用意されていたからだ。

そして、問題の発端が増淵恒吉の「山月記報告」にある。「欠けるところ」の原因を李徴の「人間性の欠如」にあると最初に発表したのが、増淵恒吉だったのだ。この増淵の解釈が今日まで引き継がれていることに対する批判は多くの論者からされてきた。「山月記」で道徳教育が行われ続けてきたことに対する批判である。しかしなぜ、増淵恒吉は「人間性の欠如」と解釈したのか。この問題に向き合った者は誰もいない。けれども、ここに今日まで潜伏する大きな問題が横たわっているのである。以下、「山月記報告」を考察し、増淵が「人間性の欠如」とした理由を明らかにしていこう。

テキストが持つ仕掛け

まず考えられるのは、テキストが持つ仕掛けである。読み手に「欠けるところ」を「人間性の欠如」と思わせるように、テキストが働きかけてくるということだ。李徴の語りを聞くとき、読み手は袁傪と同化して読むため、李徴の告白内容の中に真実を見出すという考え方である。(13) 石垣義昭《いしがきよしあき》は、読者がテキストと対話することによって、李徴の生き方・人物に対する「問い」が生まれるという。

この時の李徴の詩「長短およそ三十編」は、作品の中には紹介されていない。従って、読者は見ることはできない。つまり、読者は袁惨《ママ》の感想を受け入れるほかない仕組みにこの作品は作られている。その袁惨《ママ》という人物は、峻峭な李徴とは対照的で、温和な性格に加え、かつての李徴の親友であり、理解者でもあった。こういう人物の感想であるから、それは読者にも客観的なものとして受け入れられ易く、その点作者は、実に周到に袁惨《ママ》という人物を設定しているといえる。こうして袁惨《ママ》の感想は、読者の心の中にごく自然に取り込まれ、それは、李徴の詩に対する批評であると同時に、自分の生涯をかけてまで、ひたすら詩に執着し続けた（芸術家）李徴の生き方・人物に対する問いとして読者の中に反響する。「（非常に微妙な点において）欠けるところがある」のは、何故かと。[14]

確かに、私たちは袁傪とともに李徴の語りを聞く。増淵が「山月記」というテキストに誘われて「問い」を設定したことは容易に想像がつくだろう。しかし、「テキストの仕掛け」だけでは説明できないのではないか。まず、増淵以外の論者が「人間性の欠如」以外に多種多様な解釈をしていることが説明できない。さらには袁傪の感想に納得できない読み手も存在すると考えられる。武田泰淳などは、「私は、彼（中島）にそれが欠けていたとは考えない[15]」と袁傪の感想をきっぱり否定している。武田は、中島敦と李徴とを同一視した上で、中島（＝李徴）の作品に欠けるところはないと断言したのである。

したがって、私たちの読みがある程度テキストに規定されるにしても、全ての人に「問い」が発生し、「人間性の欠如」が導かれるとは限らないということである。読者の関心により、「欠けるところ」の解釈は大きく異なる。となれば、増淵が「欠けるところ」を「人間性の欠如」としたのは「テキストの仕掛け」以外にも理由があることになる。テキスト以外に理由を求めるならば、それは、増淵のものの考え方やそれを反映した授業方法、さらには、彼を囲む当時の社会的・文化的・政治的状況を見てみなければならないだろう。

2 「李徴」の「欠けるところ」をめぐって——増淵恒吉の業績とその授業——

先導者・増淵恒吉

増淵恒吉は一九〇七（明治四〇）年、栃木県那須郡烏山町に生まれた。東京帝国大学文学部国文学科を卒業した後、全国各地で教鞭をとった。戦後は、一九四六（昭和二一）年、東京都立第五中学校（一九四九年、都立新制第五高等学校、一九五〇年、都立小石川高等学校と改称）、一九四九（昭和二四）年、東京都立第一新制高等学校（一九五〇年、都立日比谷高校と改称。以下「日比谷高校」と呼ぶ）で勤務。この間、高校教育の実践・研究を精力的に行った。「山月記報告」は一九五四（昭和二九）年にこの日比谷高校で実施した内容をまとめたものである。戦後は教育施策にも積極的に携わるようになり、高専・大学の教員をしながら、一九五七（昭和三二）年、東京都教育委員会指導主事となり、学習指導要領の作成には、一九五一（昭和二六）年度版から一九七〇（昭和四五）年度版まで、実に三期にわたって関係している。

戦後高校国語教育界における先導者としての増淵の位置は近年の研究で固まりつつある。日本国語教育学会、全国大学国語教育学会等でも多くの発言を残し、行政面、学術面において、高等学校国語教育界に大きな影響を及ぼした[16]。実践家としても、その先進的な取り組みは「増淵教室」と呼ばれ、高く評価されている。田近洵一は増淵の「読みの領域の指導に関する業績」を、「1 能力主義的国語教育観 2 要素的能力分析 3 厳密な教材分析 4 文体分析と言語感覚の重視 5 課題方式の開発 6 国語学習のための単元学習 7 学習者の実態および主体的学習活動の重視[17]」と七つの視点で整理している。私たちが何気なく受けてきた（行ってきた）高校の授業は、自覚する、しないにかかわらずこの「増淵教室」の影響を受けていると言っていい。その一つが「5」の「課題方式」、いわば「課題学習」であり、この「課題学習」のルーツを辿れば増淵に行き着く。「山月記報告」でもこの「課題学習」が問題となる。というのは、この「課題学習」から設定された「設問」により、「人間性に欠けるところがあった」とする見解が導き出されたからだ。

それでは、増淵の「山月記報告」がどのようなものであったのかを概観しよう。

増淵恒吉の「山月記」の授業

「日本文学」（日本文学協会編、一九五六〈昭和三一〉年一一月）誌上の一八ページに掲載された増淵の実践報告のタイトルは、正式には「ことばと文学の教育Ⅱ（高等学校）文学作品における形象の問題――「山月記」の取扱い方について――」である。「授業報告」と、それを受けた文学研究者や教育実践家でなされた「討論」とで構成されている。

タイトルに「形象の問題」と記されているが、「形象の問題」が主に扱われるのは、「討論」の場においてであり、彼の意図は「学習指導の方法」の提示にあった。増淵は、冒頭で、「中島敦の「山月記」を高等学校の教室で取扱うには、どんな学習指導の方法が考えられるか、その試案めいたものを報告したい」と述べている。見逃せないのは、教材分析が緻密に行われており、授業実践報告であると同時に教材研究の要素が強いという点だ。後の著書『国語科教材研究』で「生れ出づる悩み」や「伊豆の踊り子」とともに、自らの報告部分のみを「「山月記」――教材研究1――」と題して再録していることからも[18]、増淵自身「山月記報告」を教材研究報告として自認していたと思われる。私たちは後で、教材重視の増淵の教育観について検討することになるだろう。

実施時期・対象・生徒観について

報告されたのは一九五六（昭和三一）年であるが、実際の授業は一九五四（昭和二九）年度に行ったものと考えられる。対象は日比谷高校の二年生である。当時増淵は、「日比谷高校の二年生を主として担当して」[19]おり、『日比谷高校百年史』[20]によれば、「23ルーム」（二年三組）の担任で学年主任も務めていた。「人生の花の時代でした。生徒がいいものですから、どんどん自主的にやってくれる。ちょっとヒントを与えると、なんでも実行できた」[21]と本人は回想しているが、当時、日比谷高校は、随一の進学校として、成績が優秀な学生が集まってきており、なおかつ戦後学制改革の中、新制高等学校のモデル校として、先進的な教育を実施していた。混合縦割制ホームルーム、教科自由選択、教科学級・教科教室体制、二期制、百分授業、二週制（二週間単位で時間割を組み、第二週の土曜が自宅学習になる）など全国の先頭に立った取り組みは県外から視察のための参観が相次いだという。また、生徒会活動も活発であり、学校側は「特別課程」として、生徒会、ホームルーム、クラブ活動、文化祭など生徒の「自主的自発的」な活動を推し進め、「教科課程」と同様に重んじた。弁論大会や「木曜午後のロングホームルーム」では生徒の間で盛んに話し合いがなされた。一方で、日比谷高校と改称しても「府立一中」の進学校としての威信を受け継ぎ、一九五四年の入試では東大合格者が一〇〇人を超えるようになる。[22] 増淵の次の体験談が当時の日比谷高校の生徒の実態を物語っている。

学習指導においても社会科や国語科においては発表形式を採用していた。二四年には高校三年生を主として受持った。「枕草子」の「頭中将のすずろなるそら言」の章段を発問を投げかけながら進めていたところ、二週間目に、あるクラスの生徒が立上って、「先生、こんな一方的な授業には耐えられない。ぼくたちに発表させてください。」と発言した。もちろん、都立五高ですでに私の試みていた実践を生徒たちは知らない。新任の私をとっちめてやろうとの魂胆からであったことを、そのクラスの生徒だった湊吉正《みなとよしまさ》氏から最近伺った。「待っていました」とばかり、「次の時間から発表してもらう。」とその生徒の提案を受け、早速、生徒に割当てて、講義形態から発表形態に切り換えたのであった。[23]

また、一九五五（昭和三〇）年の卒業生である、化学者の田隅三生《たすみみつお》は次のように当時を振り返る。

今から思うと、当時の日比谷は随分思い切った教育方法を採っていた。百分授業、二週間単位の時間割、隔週の土曜休日、生徒の発表を中心とした授業、選択科目によるクラス編成、ホームルーム、生徒総会、行政委員会、生徒議会等々、そこには一つの時代の理想に根ざした何かがあった。生徒の発表を中心とした国語や社会科の時間は、能率的とはいえなかった代りに、しばしば議論が沸騰し、珍説も飛び出すなど実に愉快であった。生徒総会なども同様で、予算案や決議案をめぐる討論が延延と続き、挙句の果てに定足数を割って流会となったこともある[24]。

増淵教室の特徴は、戦後初期の民主政策を促進した日比谷高校の雰囲気と深い関係にある。増淵単元学習の有名な指導方法である「課題学習」や「グループ学習」はこの時期に成熟したものである。戦後民主化の方向でなされた教育改革は、昭和二〇年代後半の日比谷高校では理想的な形で実現していたのだ。増淵や生徒たちはこの空気を享受しており、「山月記」の授業もこのような環境の中でなされたものだった。

報告内容と「課題学習」

「山月記」の授業の手順をまとめると、①通読、②読後感想の発表、③構成把握、④内容の概観、⑤主題指導、⑥授業後の感想発表、の順序となる。学習活動として「読後の感想発表」「授業後の感想発表」「グループ学習」「話し合い」が取り入れられ、「設問の用意」「文体分析」「文法分析」「人虎伝との比較」などの作品理解のための工夫が凝らされている。

「欠けるところ」が問われたのは「内容の概観」の中である。「内容の概観」では、「各段落について筋、人物のうごき、人物の考え等の上で、主要となる叙述を抜き出して表にし、内容が概観できるように」しているという。該当箇所を引用してみよう（傍線引用者）。

第四段、設問には、(イ)「袁傪はじめ、一行は息をのんで、草中の声の語る不思議に聞き入った。声は続けていう。」のごとき描写は、どのような効果を持っているか。(ロ)「第一流の作品となるのには、どこか（非常に微妙な点において）欠けるところがあるのではないか」の「微妙な点」とは、たとえばどんなことか。(ハ)「みずからあざけるがごとく」または「自嘲癖」とあるが、一般に「自嘲」とは、どんな心的状態にあるとき生ずるものなのか。(ニ)「月」についての叙述は、この小説では、どんな役割を果たしているかなどの設問を用意する。(イ)は、いかにももっともらしく迫真性を持たせ単調さをさける効果を持つ。(ロ)は、明確な解答は期待しない方がよいが、一応は考えさせておいてよいことだ。「深い精神の持ち方が欠けていた」「人間性に欠けるところがあった。」「現実の生活と深いかかわりあいを持って、人生を生き抜く誠実さに欠けるところがあった。」というくらいのところでよいのではなかろうか。(ハ)では、「むき《ママ》になり、しんけんになっているときには、自嘲は出て来ない。謙虚な反省はつねに必要ではあるが、からだ全部でぶつかっていかない時に、自嘲の出るすきがある。このざんげが、李徴の真のカタルシスとなるためには、自嘲であってはならないであろう。(ニ)の「月」の叙述は、時間の経過を表わす役目を果たしている。「残月の光をたよりに林中の草地を通って行った時」「時に残月光冷やかに……暁の近きを告げていた。」「あたりの暗さが薄らいできた。」「白く光を失った月」とたどっていけば、作者の意図も納得されよう。(後略)

ここで、三つのことに注意しておきたい。一つ目は、「欠けるところ」の設問に対し、「明確な解答は期待しない方がよい」と言いながらも「深い精神の持ち方が欠けていた」「人間性に欠けるところがあった」「現実の生活と深いかかわりあいを持って、人生を生き抜く誠実さに欠けるところがあった」という三つの解答が用意されていたということである。「人間性の欠如」一つだけではなかったのである。二つ目は、「(イ)(ロ)(ハ)(ニ)」の呼応関係である。「設問」として「(イ)(ロ)(ハ)(ニ)」が初めに用意され、それに対して、後に「解答」として「(イ)(ロ)(ハ)(ニ)」が用意されていることである。三つ目は、「課題学習」という学習装置の中で、「欠けるところ」が問われ、「人間性に欠けるところがあった」という解答例が導き出されていることである。「(イ)(ロ)(ハ)(ニ)」のような「設問」に対して「解答」が用意される、この問答法のようなものが、増淵教室で「課題学習」と呼ばれる学習指導の方法なのである。以下、増淵が提唱した「課題学習」とは何かを探ってみよう。

「課題学習」とは何か

増淵の「課題学習」を理解するには、教科書の「学習の手引き」と比較すると分かりやすい。教科書に付されている「学習の手引き」は、画一的な指導を招くとして批判されることが多いが、もとは、戦後の言語経験主義時代に単元学習を想定して作られた「問い」であり、教科書を絶対のものとして教え込む「教授」から、学習者中心の「学習」へと教育観の転換に伴って作られた、学習の道しるべの役割があった。いわば、民主的な発想から生まれた、学習の呼びかけ装置だったのである。増淵の「課題学習」も、単元学習を想定して作られた「問い」であり、学習の方向性を示す点では「学習の手引き」と同じである。しかし「学習の手引き」が、教科書にあらかじめ記載されているため、学習者の実態や学校の特色などの違いを考慮できないのに対し、「課題学習」は「教師と生徒との話合の上で[25]」その内容を決めることができる。増淵は「生徒の現実に合致したものでなければならず、それだけに、与え方に柔軟性をもたせなければならぬ」と述べているが、「課題学習」は「学習の手引き」に比べ、より柔軟に学習者の要望に応えられる「問い」ということになるだろう。また、「学習の手引き」と異なり、増淵「課題学習」には種類がある。[26]学習事項をグループ別に協同研究させる「課題」、全ての生徒に設問を課して学習または予習させる「設問」、学習の進行中、場に応じて発問する「発問」である。状況に応じた「問い」が三つに区分けされているのである。

そもそもなぜ、このようなものが生まれたのか。

教師の授業形態は過去における自らの学習体験に依拠している場合が多い。増渕も例外ではなかった。増渕が「課題学習」を導入するに至った経緯を世羅博昭《せらひろあき》が丁寧に整理しているので、次にその内容を要約してみる。(27)

増渕は、自身の学習体験（教師の発問に答え、褒められた体験）を基にして、陸軍予科士官学校教授時代（一九四一―一九四五）に「発問をくふう」し、「設問をしては生徒が答える、生徒の学習活動を重んじる国語科授業を展開」していた（萌芽期）。敗戦後、都立小石川高校時代（一九四六―一九四九）、戦後経験主義の教育思潮の中で、「生徒を自主的・自発的に活動させる」授業を目指し、単元学習を実現するためにグループ学習を取り入れた。その後、増渕は、国語授業の在り方を模索し、研究を重ね、日比谷高校時代（一九四九―一九五七）に、「Nelson, L., Bossing」の著書、「*Progressive Methods of Teaching in Secondary Schools*」に影響を受け、「課題」についての理解と自信を深めた。このようにして「設問を投げかけては、生徒を動かす授業」を発展させて、「課題学習」という増渕方式を確かなものにしていった（展開期）。

世羅は「生徒の自主的・主体的学習を重視する」単元学習を支える手段として「課題学習」と「グループ学習」が形成されたと述べている。「課題学習」が「生徒の自主的・主体的学習を重視する」単元学習を支えるために導入されたということは、増渕「課題学習」に対する説明からも明らかである。世羅が「氏の国語科授業は、生徒にとって、何を学習するのかがよくわかるし、課題を分団で話し合ったり、その結果を発表し合ったりするといった、生徒が自主的・主体的に活動する場が随所に設けられているので、生徒は意欲的に国語の授業に取り組んでいる」と述べているように、学習者を中心に考えられた「課題学習」は講義形式の授業が一般的であった当時において画期的なシステムだったはずである。

しかしこれは一方的な見方なのかもしれない。

田近洵一は、「増淵先生の実践形態は、戦後国語教育の一つの到達を示すものであった」と十分にその業績を認める一方で、「課題方式は、先生の能力分析と教材研究との重なりの上に生まれたものと言ってよい」と、「課題学習」に対する位置づけを「能力分析」と「教材研究」との関係で捉えている。つまり、「国語教室は基礎訓練・基礎練習の場だとする」「能力主義的な立場」と、「作品価値を重視する国文学徒としての立場」から生まれた学習形態だったとするのである。

すなわち、めざすところは作品の確かな解釈にあった。グループ活動や自主研究といった生徒の活動は、作品の研究的な読みを有効に進めるための方法であった。あくまで教師の作品解釈を基礎に、学習としては、作品の分析的な読みをめざし、そのために生徒の自主的な活動を効果的に組織するところに生まれたのが、先生のさまざまな学習形態であった。

これはどういうことなのだろうか。世羅が言うように「自主的・主体的学習のための課題学習」なのか、それとも、田近が言うように「作品分析・解釈のための課題学習」なのか。次は、増淵教室を歴史的状況と対比させ、批判的に検討してみよう。

3　歴史的状況から――「国民文学論」と増淵の「生活」観――

「国民文学論」

増淵をとりまく歴史的状況の中には国語教育界を多彩に賑わせた偉人たちが登場する。その中で次章以降も関係する西尾、時枝、益田の三名についてあらかじめ簡単に説明し、人物関係図を描いておく。

西尾実《にしおみのる》（一八八九―一九七九）は国文学者でもあり、作品・教材研究の方法論「主題・構想・叙述」を確立したことで知られる。国語教育界では、学習者の言語生活に立ち、人間の形成を期す「言語生活主義」を提唱し、国語教育学樹立に尽力した。国立国語研究所初代所長を務め、いわば、国語教育界の王道を開いた人物である。

時枝誠記《ときえだもとき》（一九〇〇―一九六七）は、東大出身の国語学者である。学校文法の祖である橋本進吉の指導を受け、独自の言語本質論、「言語過程説」（四章で取り上げる）を唱えた。国語教育へも積極的に提言し、西尾と論争を繰り返す。西尾とはライバル関係であり、増淵にとっては文法理論の師的存在である。一九六〇（昭和三五）年度版学習指導要領の委員長となり、能力主義の立場で高校国語教育界へ甚大な影響を与えた。
益田勝実《ますだかつみ》（一九二三―二〇一〇）は著名な国文学者であるが、高校教師時代には革新的な実践報告を行い、国語教育の問題を掘り起こした。西尾の勧めで国語教科書の編集委員を長く務め、国語教育界へ思索的な発言を行った。増淵とは政治的に反対の立場とされ、日本文学協会では議論を交わしている。

さて、増淵恒吉はアメリカ経験主義が流入した当時、「教材単元」は実施しても「生活単元」を実施することはなかった。ここには高校教師増淵のこだわりがあるわけだが、彼の「生活」概念を切り口にして、増淵の考え方や「課題学習」の特徴を明らかにしよう。

当時、西尾実は『言葉とその文化』（一九四七）、『国語教育学の構想』（一九五一）を著し、「言語生活主義」を提唱していた(28)。また、アメリカから流入した経験主義の思想においても、「生活」が重視され、そして、一九五一年、竹内好《たけうちよしみ》に始まる「国民文学論」においても、現実生活との関わりで文学を考えようとする情勢があった。このように、当時、「生活」は重要な思想の一つで、この範囲は国語教育界に限らなかった。なお、増淵は、国民文学論争が起きた同時代に日比谷高校で「山月記」の授業を行っている。そのため、国民文学論争との関係で増淵の「生活」概念を見る必要がある。

一九五〇（昭和二五）年六月に朝鮮戦争が開始された。翌年九月にはサンフランシスコ講話条約が調印され、ソ連、中国の合意が得られない中で日本はアメリカを中心とする西側陣営に取り込まれることになった。竹内好は「日本民族の滅亡に賭けるわけにはいかない[29]」と立ち上がった。「文壇文学と大衆文学の乖離[30]」を問題に挙げ、「文学の国民的解放」を意図した竹内は、「国の全体としての文学の存在形態」としての「国民文学」において「階級とともに民族をふくんだ全人間性の完全な実現[31]」を目指したのである。民衆を顧みない官僚的な指導の在り方が、文学関係者の間で問い直されたと言える。「創造性を回復する」、その基盤が「民衆の生活」と考えられ、いわば、ボトムアップによる思考が求められたのである。「生活」を基盤にした「人間の尊厳の自覚」を文学の機能に期待した竹内は、「国語教師に望む　文学と教育のつながり」の中で、「平均の国民生活の場に密着した」教育の協力が必要であると述べている[32]。竹内は「生活」という言葉を「現実」の意味と密接した概念として用いているが、この「生活現実」と結びつけた文学教育の構想は日本文学協会を中心に推し進められた。

　その中でも、「ふぶきの一夜」の実践を基になされた益田勝実の報告（「文学教育の問題点[33]」、以下「益田報告」と呼ぶ）と、『万葉集』の授業を学習者の生活と結びつけて展開した荒《あら》木繁《きしげる》の報告（「民族教育としての古典教育[34]」、以下「荒木報告」と呼ぶ）は、当時、意欲的に日本文学協会に参加していた増淵を「圧倒[35]」するものであった。

「ふぶきの一夜」は有島武郎「生れ出づる悩み」の抄録教材である。益田は、グループで「この作品のどこがどんなによいか」について話し合いをさせている。その中で、作品の主人公木本と似た境遇の生徒に自らの生活態度の反省を促し、生徒たちに生き方を考えさせている。増淵の報告とは異なり、教材研究よりも授業の様子や生徒の実態がメインに報告されている。

「荒木報告」は西尾によって「問題意識喚起の文学教育」と命名されたことで知られ、「文学の鑑賞においては『読者（生徒）』を位置づけなければならない、という本質的な問題を提起した」[36]と浜本《はまもと》純逸《じゅんいつ》に評価された、国語教育史上、最も重要な報告の一つである。生徒の感じ方や意見から出発し、生徒が東歌・防人歌を好んだ事実から抵抗論争が起こったことを報告している。授業を通して、身近な生活問題を考えさせ、祖国に対する愛情と民族的自覚を促そうとした実践報告である。

増淵を「圧倒」させたという「益田報告」では「文学が武器《ママ》として現実との対決にたちむかう」とまで言っており、彼らの報告を読むと「国民文学論」を展開した当時の日本文学協会の緊張感が伝わってくる。

では、増淵はどう感じたのか。増淵にとって、「生活現実」と結びつけた文学教育は決して心穏やかなものではなかった。益田や荒木の報告に対して増淵は次のように回想している。

〔益田報告は〕生活指導をねらった国語学習であり、一人一人の生徒への親身の指導であった。ただ高等学校では経験主義の単元学習はできないと、私は当時からはっきり主張していた。[37]

〔荒木報告の〕議長をつとめながら、「これが国語教育なのか」と、呆気にとられっぱなしであったことを白状する。荒木氏や益田勝実氏など、年齢や立場の相違によるのではあったのだが、ずいぶん先の方を突っ走っているなという感じであった。心の中ではブツクサ言い、「国語教育」では、もっと「ことば」を大事にしなければならないのではないか、などと漠然と思っていた。[38]

戦後、文学教育の必要性をいち早く感じ、進取の精神で日本文学協会に参加していたが、この時期の協会の方向性は受け入れられるものではなく、いぶかしいものとして感じられたのだ。[39] 確かに、益田の報告からは生徒たちが生き生きと血を通わせ学習に取り組んでいる様子が感じられる。教師も一人一人の生徒へ親身に対応している。しかし、あまりに社会変革に性急で生徒の生活に踏み込みすぎてはいやしないか。教師の政治的な立場を優先し、自分に都合のいい教材ばかりを生徒に与えていては、後で生徒が困るのではないか。国文学出身の増淵にとって、『万葉集』の「ことば」の特異性を自覚させるのではなく、「生徒たちに祖国に対する愛情と民族的自覚をめざめさせる」のを「究極の目標」とする指導は、その歴史的意義は認めつつも、受け入れられるものではなかっただろう。増淵は「これが国語教育なのか」と心の中で問い続けたのだ。彼は、日本文学協会にいながらも、「国民文学論」の流れを汲んだ「文学による教育」を主張する、当時のラディカルな協会の動向と一線を画した。増淵は、協会の座談会「文学教育をめぐって」[40]の中で益田・荒木の授業に対する批判を具体的に述べ、次のような思いを強くしていった。

高等学校では文学による「生活現実」に踏み込む「生活単元」の指導はできない。

「国語教育」では、もっと「ことば」を大事にしなければならない。

増淵にとっての大切にすべき「ことば」は、生活経験の中ではなく、作品や教材といった言語文化の中にあったと言える。後日、この思いをぶつけたのが、「山月記報告」であった。増淵は「荒木報告」に対し自分が発言したことについて、後日次のように述べている。

報告後の座談会で、私が「作品によって生活の問題を追求するために、作品分析から行こう。生徒の問題意識を方向づけるものを、作品自身から導き出すべきである。」という意味の発言をしたり、日文協第十一回大会国語教育部会で、「山月記」の実践報告をしたのも、作品の表現自体を、よりもっと大事にしたい、という立場からのものであった。(41)

「生活」と性急に結びつける以前に、作品（の分析）を大切にする、という作品重視の立場を増淵は主張した。「山月記報告」はこの立場を顕示するために発表されたものだったのだ。

世羅も指摘しているが、この一九五三（昭和二八）年になされた「荒木報告」を契機にして、増淵の文学教育観は変化することになる。「言語教育か文学教育か」論争[42]の時は、時枝ではなく、西尾の側に立ち、「喜びや悲しみが形象化され、それが感動をこめて書かれている文学作品においてこそ、喜びや悲しみを、かみしめて読んでいくのである[43]」と言っていた増淵が、「昭和三十年以後、私は「文学教育」という用語を極力避けることにしている[44]」「そう簡単に「感動」してもらっては困る[45]」と述べ、文学教育に距離を置き、文体論や読解指導に関心を移していくことになる。その根本的な理由に「作品価値を重視する国文学徒としての立場[46]」による、教材に対する思い入れが関係しているのは確かだろう。「ことば」や「作品」などの「言語文化」を志向する増淵の価値観が、急進的で直接的な「生活指導」を忌避させた要因と考えられる。

ここで確認しておきたいのは、田近をはじめとした先行研究[47]が指摘しているように、増淵には、作品重視の教育観が見られるということである。また、「課題方式」が「生活単元」を実現するために考案されたものではなかった、ということも言い足しておこう。増淵にとって、教材を志向した「教材単元」と、「生活」を志向した「生活単元」とは意識的にかなりの隔たりがあったと言える。

しかし、ことはそう単純ではない。増淵は「生活単元」から距離を置いたが、「反生活主義者」というわけではなかったのだ。付け加えておかなければならないのは、一九五〇（昭和二五）年に、大村はまの授業を参観に行き、「生活単元」の授業に衝撃を受けているように[48]、増淵といえども、当時、主流であった「生活」を意識の外へ押し出すことはできなかったということである。その結果、考え出したのが、「教材を生活にのせる」というものであった。

> その頃から「生活単元、生活単元というが、特に高等学校ではできない。生活的なものは、はじめから私にはできないのだ。」とは思っていた。というのは国語教育理論家と違って、私は現場の教師である。地方からしじゅう先生方が見に来ているわけで、勝手なことは言えない。言うこととやることが違うと言われたらおしまいですから。そこで、「教材を生活にのせる」ということ、生活にできるだけ乗せていけば単元学習に近づくのではないかと考えたのです。[49]

「教材を生活にのせる」ことで、「単元学習」を実現しようとしたのである。その実際的な方法は「課題学習」の中で行われ、増淵は「課題」設定する際の注意点として、「生活にかかわりあいのあるもの、かれらの生活を少しでも高めていくようなものを、課題として選ぶべきである」[50]と述べている。増淵は高等学校の教師として、教材重視の立場を堅持しつつ、「生活」を「課題学習」に取り入れることで、当時の状況を乗り越えようとしたのである。もちろん、内藤一志《ないとうかずし》が指摘したように[51]、増淵の「生活」概念からは、国民文学のような社会変革への可能性を含んだ政治的な意図は削ぎ落とされている。

ここまで、「国民文学論」と増淵の「生活」観との関係を考察したことから明らかになったことをまとめると次のようになる。

①作品・教材重視の立場を堅持した。
②政治的指導から距離を置いた。
③「生活単元」を否定する一方で、「生活」を受け入れた。
④「課題学習」の中に「生活」を組み込んだ。

この増淵のスタンスやそれを支える「課題学習」が、本章の論題である「人間性の欠如」が生み出された理由と、どのように交差してくるのだろうか。

作品・教材重視の教育観――「人虎伝」との比較――

増淵の「作品重視」の姿勢は、「山月記」の授業にも「人虎伝」との比較を入れるという面に表れている。増淵の報告が「山月記」研究の先鞭であることは先に述べたが、現在まで「山月記報告」への批判は、増淵が「欠けるところ」を「人間性の欠如」としたことだけを問題にしてきた。しかし、実践報告において「人虎伝」との比較を初めて報告した功績者も増淵であることは確認しておく必要がある。「人虎伝」との比較を指示する内容が「教師用指導書」に予め書かれていたのではないかとも考えられるが、増淵が使用した教師用指導書『言語と文学別記二下』には、「人虎伝」については「【出典】」で「唐の妖怪小説に、李景亮作「人虎伝」があり、人が虎になった怪談であるが、「山月記」は、あるいはこれにヒントをえたものであろう[52]」と書かれているだけで「人虎伝」を用いて授業を展開することを勧める記述はない。参考図書として挙げられているのも『中島敦全集』だけである。

増淵の「山月記報告」では二箇所「人虎伝」を参考にしている。一つ目は、李徴と袁傪の出会いの場面を考察するのに用いている。二つ目は、主題の探求のために用いている。

> 第六段、まず、「妻子への愛惜の心をこの箇所で述べていることにはどんな意味があるのか」という設問が考えられる。これは「詩業の方だけを気にかけているような男だから、こんなけものになったのだ」ということの裏づけとなっており、また「これまでの生き方を否定し、清算したための結果である」ともみられる。ここで、「人虎伝」では、妻子を袁傪《ママ》にたのむことの方が前に出て、詩篇を依頼することは後になっていることを説明して、主題を考える際のたすけにする。[53]

一つ目の参照方法は、後に文体論にこだわった増淵の独創性が出ており、これは問題にしない。問題としたいのは、二つ目において、プレテクストである「人虎伝」を引き合いに出すことで、「山月記」と「人虎伝」との差異から「山月記」の主題を探るという方法が用いられていることである。ここに、増淵の「国文学徒」としての研究者の姿勢を見ることができる。確かに、「人虎伝」との比較は現在でも教材論で盛んになされており、「山月記」を掲載している出版社の指導書には必ず「人虎伝」が掲載されている。現在、中島が参考にしたとされる「人虎伝」に当たるのは自明なこととされており、私たちの教室でも何ら問題なく行われている。したがって「人虎伝」を参照した増淵が「作品重視」だったと言うのは早計かもしれない。しかし、この自明性に早くから疑義を呈した西尾実の言葉をみることで、問題の所在が明確になる。

「山月記報告」の後の討論では、「人虎伝」との比較についてのやり取りがあった。岡部一雄が増淵の「人虎伝」との比較が不十分なのを指摘し、「原話と再話のちがいを分析することで、文学における形象・近代文学における形象の問題を、ある程度はっきりさせることができるとおもう」と述べたのに対し、益田勝実は、比較研究ではなく「山月記」を一つの近代文学作品として形象を研究していくべきだと主張したのだった。この討論会を受けて西尾実は「文学教育における鑑賞の問題」で次のように述べている。長い引用となるが、「山月記」の教材論を語る上で非常に重要である（次に使われる「形象」という言葉の意味は「イメージ」として押さえておく。傍線は引用者）。

形象ということは、われわれが大正年間に考えた形象と、現在、文学の形象と考えるものは、ちがった面をもっております。そのちがいは、一と口に申しますと、益田さんが生活ということばでいわれたように、今は文学の形象というものには、生活という意味が強化されてきていると思います。大正の場合は文学に限らず、芸術作品というものに対する知的な分析でなくて、直感的に把握されるものが、文学作品のもつ形象性である、とした。今日でも、形象というものは直感されるものである、解釈される時は形象ではない、意味になる。そこに芸術作品の作品たるところがある、だから生徒が「山月記」なら「山月記」の読者としての、めいめいの鑑賞ができているるか、どうか。これがまっさきの問題だ。解釈に知的な分析の方向を向けた時、主題なり構想なり、一言一句の問題なりが、一つの形象というものを形づくる意味構造として、分析されてくるのだと思います。けれどもこの知的な分析は、作品の、統一体としての意味構造を明らかにするもので、形象というものは直感されなければならない。音楽が聞かれることによって、画が見られることによって観賞されるような、そういうものだと思います。この点は、高等学校であるから、小・中学校とちがって、鑑賞のための指導に教室においては、そんなに時間をとらなくても結構である。私は高校、大学は一定の研究の仕方に限定して指導するのであると思いますが、この鑑賞ということを忘れても無視してもいけない。学生がどういう形象を捉えているか、これを抽き出すように、解釈・批判の段階に進めなければならないと考えております。

そうしますと、さきほどいろいろ問題になりました原作との対照ということでありますが、これは研究として、比較文学の研究としては考えられますが、いろいろな方がおっしゃった通り、そうしなければ捉えられないような形象であれば、高等学校の学習には不適当な材料である。あくまで作者のクリエートしたもの、形象からはじまるのが第一の問題だと思う。作品の意味構造を考える時、原作と比較してどういう所に創作があるかを分析する必要はあるが、それはどこまでも研究としてである。しかし、高等学校では、それよりも先駆するものとして、めいめいの鑑賞を基礎にした研究的方向を進めることが第一ではないかと思います。[54]

のちに西尾は鑑賞復興の必要と意義を、解釈の必要性も含めて「文学教育の問題点再論[55]」で論じるが、ここでは、解釈や解釈的な研究に先走りがちな高等学校の文学教育に対し、鑑賞の働きを見直し、文学の機能による鑑賞を通して、それぞれの読者の問題意識を発展させることを説いている。「問題意識喚起」後、読み手の問題意識をどのように生かしていくかを模索していた中での発言である。戦前戦中の国語教育が陥ったディルタイ式の解釈学的な読み[56]を反省し、言語生活主義に立っていた西尾にとって、高等学校であっても「人虎伝」と比較して「山月記」を分析解釈することは、鑑賞体験を飛び越えた「文学研究教育」と見えただろう。

この西尾の発言には、読者の役割を重視し、読み手の一人一人が読みをつくり出すとする、読者論の萌芽を見ることができる。

こうして、西尾の発言に照らして考えてみると、「人虎伝」と「山月記」の比較は、テキストとこちら側（読み手・学習者）の問題を扱わず、作品とその向こう側（「人虎伝」）を問題にしていることが明らかになる。

なるほど、「人虎伝」との比較作業を学習に生かすこともできるだろう。しかし、教室で行われる「人虎伝」との比較は、個々の読み手が不在となり、指導者によって、恣意的に決定される「解答」に収斂されてしまいがちである。そこでは、生徒の読みは排除され、「人虎伝」に書かれていないことが、中島の意図や作品の主題だとして、「人間性の欠如」「愛の欠如」と関係づけて教え込む授業が展開される。実際、これまでの指導書ではこのような方向性を示してきた。もちろん、この比較作業が一人の教師や研究者による分析・解釈にとどまるのであれば問題はない。けれども、教室は多数の価値観や文化的社会的背景を持った人間が集まる空間である。この場において読み手の創造力を大切にするならば、分析・解釈より先に、一人一人の読みの成立を優先させるべきではないだろうか。

つまり、こういうことになるだろう。増淵が「欠けるところ」はどこかという「設問」に対して、「人間性の欠如」などの「解答」を用意できたのは、読者の現象として読みの行為を捉えずに、素朴実在論の域を出ず、作品を固定された分析対象として考えていたからだ。

次の時枝誠記の言述は垣内の解釈学[57]に対して、言語過程説に立脚した、「たどり読み」の方法を提示するためになされたものであるが、増淵の「課題学習」と重ねて考えてみると、実在論の域を出ない国文学研究の延長に「課題学習」があることがはっきりしてくるだろう。

教材に対して、研究的対象的態度をとらすことが、国語教育の方法であるとする風潮は、今日においても、依然として国語教育の中に残存してゐるかのやうに見られるのである。そこでは、生徒は、読者の立場に立たされる代りに、作品の研究者としての立場に立たされてゐるのである。しかしながら、このやうな立場が、作品の登場人物の行動に一喜一憂する、一般の読書法に比して、これこそ真の読み方であると主張することが出来るか否かは、俄に決定し難いやうに思はれるのである。今日、国語教室では、講義式注入法に代るものとして、質問法、問答法による授業が行はれてゐるのを見かけるのである。それらの質問や問答は、生徒の読み方の進行を助長し促進させる種類のものであるよりも、教師が、予め作品から抽出した問題について、提出させることが多いのであるが、そのやうな場合には、生徒は、やはり、客観的存在である作品をいかに再構成するかの方法を学ぶかも知れないが、作品を読み進めて行かうとする読者としての立場は、稀薄にさせられるのではないかといふ印象を受けるのである。質問法、問答法は、生徒の能動的活動を促す有効な方法であることは事実であるにしても、それが、ただ生徒の眠気を防止するためだけのものであるならば、無意味なのであつて、どこまでも、読む態度・方法に即したものであることが必要である。それならば、研究者的立場における受容の仕方と、読者的立場における受容の仕方とは、どのやうに相違するかが問題になるのであるが、それは後章で述べることとする。[58]

時枝は、オースティンの言う、言語行為（パフォーマティブ[59]）の機能を作品に認めており、「主体的立場」（読者的立場）を前提としない観察的立場（研究者的立場）からの分析[60]が、作品を客観的な対象（客体）として扱ってしまい、読者の「美的享受」ができなくなってしまうことを問題にしている。時枝の視点に立てば、「主体的活動」であったはずの「課題学習」は、「主体的立場」（読者的立場）を考慮していない活動だったということになる。

時枝の「読者的立場」は西尾の「鑑賞」と同義であり、両者とも研究者的立場が先行することを警戒していたのである。これに対して増淵は、読者としての立場でなく、自分と同じ研究者としての立場で生徒に課題を与えていたことになる。

この問題は現在の高校国語教育にもそのままあてはまる問題である。読者的立場と研究者的立場との間に境界線を引くことはできないが、私たちは教室で文学作品を扱うとき、学習者の読者的立場を括弧に入れた状態で、研究者的立場で分析・解釈し、それを板書にまとめ、最後にノートさせたくらいにして満足しているのではないか。

増淵は伝統的な古典観（古典の不易性・普遍性を信じる立場）を持ち、作品の価値を優先していたために、国民文学論争以後の、「文学の読者の問題」という、「昭和三十年代以降の文学批評や文学史研究にひとつの方向性をもたらした隠れたパラダイム[61]」を見逃してしまったのである。高校国語のパイオニアとされる増淵が読み手の問題を考えなかったという事実と、作品の分析・解釈に比重を置く現在の私たち高校教師の在り方には、共通する問題が横たわっている。

「課題学習」の中に「生活」を組み込んだ例から

増淵は「生活単元」は実施しなかったが「生活」を意識しており、「課題学習」の中にも「生活」を組み込んでいた。この影響は「山月記報告」の「欠けるところ」の解答にも及んでいる。

「山月記報告」において、「「第一流の作品となるのには、どこか（非常に微妙な点において）欠けるところがあるのではないか」の「微妙な点」とは、たとえばどんなことか」という設問に対しての、増淵が用意した答えは、「人間性に欠けるところがあった」の一つではなく、「深い精神の持ち方が欠けていた」と「現実の生活と深いかかわりあいを持って、人生を生き抜く誠実さに欠けるところがあった」の合計三つであったことを思い出していただきたい。今、この中で問題にするのは、「現実の生活と深いかかわりあいを持って、人生を生き抜く誠実さに欠けるところがあった」である。

疑わしいのは、李徴に「現実の生活と深いかかわりあいを持って、人生を生き抜く誠実さに欠けるところがあった」ことが、第一流の作品に成り得なかった原因なのだろうか、ということである。実際そうかもしれない。しかし、袁傪が「欠けている」と「感じた」と語られてはいるが、「李徴の旧詩に欠点があった」とは書かれていないため、本当のところはよく分からない。

もちろん、増淵は、李徴の独白の内容から解釈してこのような答えを用意したのだろう。しかし、「生活」が苦しくなり、「貧窮に堪えず、妻子の衣食のためについに節を屈して、再び東へ赴き、一地方官吏の職を奉ずることになった」時、詩家になろうと夢見ていた李徴が、現実の生活を直視しなかったと言えるのだろうか。「人との交わりを避け」ることは、「現実の生活」とは呼ばないのか。李徴は本当に自分の人生に誠実ではなかったのか。

これらの疑問が示すのは、「欠けるところ」の原因を李徴の人柄に求める以前に、李徴が「現実の生活と深いかかわりあいを持って、人生を生き抜く誠実さに欠けるところがあった」ということ自体を、現在、「山月記」から読み取ることの困難さである。にもかかわらず増淵が「現実の生活と深いかかわりあいを持って〜」のような解答を用意したのは一種の先入見があったためだろう。その先入見を構成したのは、「生活」を「課題学習」に取り入れたことと関係があるのではないだろうか。この傍証として例示したいのは、当時、「生活現実」と結びつけた文学教育を誰よりも主張していた益田の「山月記」解釈である。

> つまり作品でも、妻子をおねがいすると、実はこのことを一番最初におねがいしなければならなかった、「おれが人間だったなら」と主人公にいわせているわけです。ここではじめて中島は文学に執着して行った執念が真実か、あるいは妻子を養うために生きるのが真実なのか、という問題を提起している。そして、そのこたえは、文学ではない。まず、生活でなければならない、ということをたくまない気持でいっている。このように中島のばあいは、いわば二つの対立する概念として出されているのだと思う。つまり、この対立的な把握ということが一つの壁になっていて、弁証法的につかめない。これが「山月記」の限界なのでしょうが。したがって文学か生活かという葛藤として追及しているのではなく、ここでは主人公が生活に行こうということを発見したときにはもう間に合わない。かれは虎になってしまっている、ここに深いかなしみがある。しかし、それを中島は哀感というようなものに流してしまっている。
>
> 中島は文学をすてて生活を発見したが、私たちはそれでいいか。「おくびょうな自尊心」をすてて、あくまでも人間が人間として真実に生きるための悲劇として、つかまなければならないの

である。そうすれば、たとえば、就職できないその絶望の果に自殺さえしようとする今日の若い学生の追いつめられた心理と共通するものも出てくる。与えられた材料はふじゅうぶんであるが、教材として正しく生かしてゆくためには、形象がどういうふうに展開しているかということと同時に、生活と文学を結び合わせ、深く考えさせることが、ひじょうに大切なことだとおもうのです。(62)

端的に言えば、益田は、生活と文学を結びつけることを先行させて「山月記」を読んでいる。「荒木報告」の時も西尾に、「益田さんの言うように、教壇の上から社会変革を力説していいかどうか、それは、問題だと思います(63)」と、作品から遊離した読み取りを諫められていたが、この「山月記」解釈では、益田の関心が「生活と文学を結びあわせる」ことにあるため、生活か文学かで「山月記」が読まれているのである。「弁証法的」というマルクス用語も使われており、当時の日本文学協会の風潮を色濃く体現した解釈である。

同様に増淵が「欠けるところ」を「現実の生活と深いかかわりあいを持って〜」としたのも、当時の「生活」概念を「課題学習」に取り込もうとしたことが解釈に影響を与えた、と見ることはできないか。あるいは、「生活」を志向する日本文学協会の意向を汲んだのかもしれない。というのも、「山月記報告」の「討論会」で荒木が「どういう点に増淵さんのねらいがあるのか、ということがはっきりしない」と述べたのに対して、増淵の代わりに益田が「増淵さんと一緒に、国語教育部会の研究に参加した者として、荒木さんにお答えしたい」と代弁していることから、増淵と益田は「山月記」を一緒に検討していた可能性があるからだ。

つくば国際短期大学には増淵文庫があり、生前の増淵恒吉の所蔵文献が収められている。調べてみたところ、増淵の書き込みがある教科書『言語と文学二下』が二冊存在していた。一方の教科書を手に取り、目次を見てみると、教材名に赤色で◯が付けられていた。中をパラパラめくると五、六人でグループが組まれた座席表が挟まっている。使い古された跡から見て、恐らく、授業時に実際使ったものだろう。もう一つの教科書は、「山月記」と「山椒魚」とに集中的に書き込みがされている。書かれた内容は、「おれ」と「おのれ」の違いや、「のだ」「微妙な点とは何か」といったものだ。最後のページには、「中島の限界か」と書き込まれている。「山月記報告」と同様の内容が書き込まれていることからも、後者の教科書を「山月記報告」の資料として主に用いたと思われる。

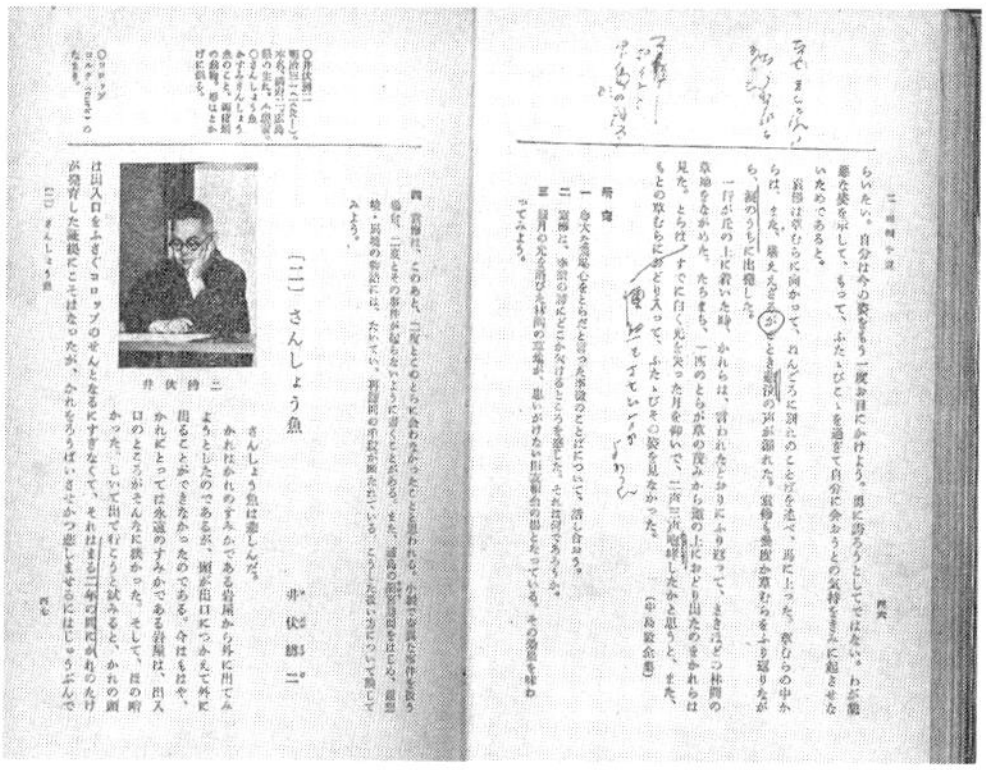
増淵の教科書（つくば国際短期大学図書館増淵文庫所蔵）

ところで、この最後のページにある、「中島の限界か」という書き込みは、益田の「これが「山月記」の限界なのでしょうが」と同様の見解であることに気がつく。このことから推論できるのは、日本文学協会の国語部会で協議した上で、「現実の生活と深いかかわりあいを持って、人生を生き抜く誠実さに欠けるところがあった」としたのではないかということである。確かに、増淵も益田も李徴の生活の欠如を問題にしている点は共通している。もちろんこれは推測の域を出ない。「山月記報告」は、その内容だけでなく、その文体からしても、[64]明らかに増淵個人の発表である。だが、少なくとも言えることは、増淵が当時の彼をめぐる社会状況や社会集団の方向性を汲み取り、「欠けるところ」の理由を「現実の生活と深いかかわりあいを持って、人生を生き抜く誠実さ」という言葉で補完した可能性が高いということである。

以上のことから、「欠けるところ」の解答の一つである「現実の生活と〜」が社会的な影響を受けた解釈ということになれば、「人間性の欠如」とした解答も社会的な影響を受けた解釈であると考えられないだろうか。

4　なぜ「人間性の欠如」としたのか——資本主義社会を支えるエートス——

増淵は「能力主義」か

後年、田近は増淵を「能力主義[65]」として位置づけた。増淵は能力主義者としてみなされることを、「それに対しては反発を覚えます[66]」と再三にわたって否定し続けていた。ちなみに「能力主義」とは、簡単に言うと、技能や能力を身につけることを重視する考え方である。能力主義の代表が時枝誠記である。時枝は、言語過程説を拠り所に、生き方や考え方に感化を及ぼす教育を否定し、言語技術の向上による人間形成を説いていた[67]。

言語生活主義か言語能力主義かといった国語教育史の観点で分類すれば、時枝誠記と同様に言語能力主義に位置することにされてしまうのだが、この位置づけに納得できない増淵は、自分が「能力主義」ではないことを次のように主張している。

時枝先生は、三十五年度の高校指導要領の解説書で先生御自身「国語科の目標」をお書きになった。そこでは先生はちょっと遠慮しながら書いておられるのですが、「国語科における思考力・批判力ということをいうとき、表現された事柄や問題に対する思考力、批判力の意味もあるが」、とあってそのあとなんですね。「表現・理解の手続きや方法の過程における思考力・批判力の教育およびその手続きや方法を反省・批判することの教育、という意味もあることを国語科の立場としては重視する必要がある」と述べられている。まさに技術なのです。文章の組み立て方や語句の使い方などに対する批判力を養えということです。ものの考え方・生き方の批判などまで踏み込むのは国語科の範囲を逸脱するとおっしゃってる。国語科の先生の生きがいというのは生徒の考え方や生き方に関与しうるところにある。そういうところまで授業中具体的に触れられるからおもしろいんで、そこにこそ国語科の特質がある。それを否定する、そういう能力主義者では私は絶対にない。[68]

能力主義が批判された時代の発言であることを考慮しなければならないが、一九五五年の時点で、増淵は専門であるはずの古典の授業よりも「中島敦の「山月記」や島木健作の「赤がえる」の方が、教室で扱ってみて、楽しいし、生徒も喜んで自分たちの生活に結びつけて考えてくれる」[69]と言っている。「山月記」の授業が楽しいのは、生徒たちと一緒になって、ものの考え方や生き方を扱えるからである。増淵は「教室で扱うときには、やはり一番感銘を与えるのは生き方ということになる」[70]と言う。おそらく現場の教師を務めた増淵は、高校生の最も深いところにある関心が、人間の生き方や考え方にあることを知っていたのだろう。これだけを見れば、時枝的「言語能力主義」とは思えない。むしろ、時枝が否定する、感化主義の「惚れさせる国語教育」をしていることになる。

増淵は、教育基本法が求めるような人間を育成するために国語教育を行う、という理念を持っていた。単なる「言語技術の教師ではない」[71]と言い切る様子からは使命感を感じる。増淵は、能力主義と指さされるたびに、自らの取り組みが承認されない悔しさを感じたことだろう。

そして、何よりこの増淵の人間教育への志向性が、「欠けるところ」を「人間性の欠如」とした原因の一つなのだ。人間性を探求する彼の理念は確固としてあり、それは、戦後当時の社会的背景と深い関係があった。

「人間性」というキーワード

増淵は高等学校の国語科の本質を教育基本法、学校教育法に求めており、「高等学校の教育は、これらの法律に当然のことながら制約される」[72]と言う。彼の理想とする教育は、民主主義社会を支える国民を育成することであり、それは人間性の育成を通して達成できる目標だった。教育基本法を頂点にした、「誠実なるリベラリスト」[73]の教育理念は文学教材観にも表れている。「文学教材の本質」の中で、価値のある教材の一つに、「人生とか人間の生き方について、考えさせるような作品」を挙げ、このことついて増淵は次のように説明している。

私は、文学教材をとおして、第一に、思いやりのある人間、他人の不幸を自分の不幸であるように身にしみて感ずることのできる人間、そして、人間にはいろいろな生き方・考え方のあることを知り、柔軟で寛容な心を持った人間であると同時に、自分を深く見つめ「自分のなかへ絶えず目を向ける」ような人間に、なってもらいたいと思う。他人に対する思いやりや、自己を凝視する態度は、やがては、世の中全体の人々のしあわせを一歩でも前進させていこうとする気構えとつながる。国語教育の究極の目標が、ことばの学習をとおして教育基本法がねらっているような人間を育成していくことにあるのは、前に述べたとおりであるが、文学教材の学習の意義を、まずこうした人間を育てていくことに認めたい。人生における真実に必死に肉薄しようとする作家の世界観を背景としている作品には、前述のような人間へと陶冶していく教育的機能がある。[74]

人間の理想を語ったこの教材観は多くの人が支持することだろう。『国語科文学教育の方法』の中でも「高校の文学教育の目標」として、「一、文学に現れる他人の経験に接することによって、人間や人生への興味と探求の心を深め、人生に処してゆく力をつける。二、人間の生き方・感じ方・考え方を学び、人間性を高め、人間形成を培う(75)」としっかりと記している。増淵の人間性を追究する教育観は終始一貫しており、古典教育であっても変わらなかった。

もちろん、「人間教育」が増淵の目標に限った話ではなかったのは言うまでもない。戦後、個人の尊厳を重んじる民主主義社会の実現にとって、「人間性（の回復）」は、戦前・戦中に人間を蹂躙してきた全体主義・軍国主義に対峙するためのアンチテーゼのスローガンとして機能してきた。東大の南《なん》原《ばら》繁《しげる》総長が「今こそ人間性を重視する時代である。冷酷な国家主義にかわって、人間性がすべての人々の心の中に浸透しなければならない(76)」と言ったのは象徴的である。一九四七（昭和二二）年三月公布の教育基本法に「個人の尊厳を重んじ」ること、「個人の価値をたっと」ぶことが明記されたことにより、個人の人間性を重んじる考え方は教育目標の基軸として法的根拠を得たのである(77)。その後、一九五一年のサンフランシスコ講話条約調印に際して日本の植民地化、軍事基地化に反対した「国民文学論」においても、「人間性の自覚」が強く求められていたことは見てきた通りである。

このように、「人間性」は個人の尊厳を重んじる平和主義の思想と強く結びついた概念だったのだ。「人間形成」や「人間性」といった言葉は、時代を覆うキーワードとして様々な場面で用いられ、それは、学習指導要領、教科書教材、教科書のリード文にまで及んでいる。例えば、『改訂　高等文学三』（好学社、一九五七）にある、「三　人間の表現」という単元のリード文には、

文学はあくまで具体的に人生を描き、なまなましく人間の個性を表現しようとするが、すぐれた文学であるほど、読者は個性を通じて捕らえられた真の人間性に目を開かれるであろう。ここにあげた作品に表現された人間像について考え、あわせて近代日本文学の発展のあとをたどってみよう。[78]

と書かれており、近代日本文学の発展という教養を身につけさせるとともに、人間性に目覚めることを要求している。この他にも当時の国語教科書には、人間形成を重視した記述が随所に見られ、中でも文学は人間性を高めるものとして強く期待されていたことが分かる。このことは佐藤泉『国語教科書の戦後史』[79]に詳しく書かれている。

このような時代的風潮の中で増淵の教育理念は形成されていたわけだが、増淵の教育理念を逐一示すまでもなく、上記のような民主主義社会の実現を目指すために用いられた「人間形成」「人間性」といった言説群が、増淵をして、李徴に「人間性の欠如」という烙印を押しつけたと推測するのは簡単だろう。あるいは民主主義社会を理想とする教育観から「人間性の欠如」を導き出したとも言える。だからと言って教育基本法を理念とした増淵の教育観それ自体を批難することは見当違いであ

る。教育基本法に本質を求める増淵の姿勢は多くの人の支持が得られることだろうし、生き方の問題を無視して近代文学は語れない。

しかし、ここには削ぎ落としているものもある。それは、小森陽一のような見方である。小森は、「敗戦後のこの国では、反省の視点は、「人間性の欠落」という「物語」の下に、他者性を欠いたまま、「日本」の内部に閉じられてしまった」という。[80]「物語」というのは具体的には、「軍国主義教育や国家の宣伝によって、それ〈本来あったはずの「人間性」〉が抑圧され、あやまった戦争にかりたてられていった」というストーリーである。このストーリーによって、国民一人一人の戦争責任は「自己免責」され、他者（アジアの国々）に対する責任を負う余地がなくなったというのである。つまり、「人間性の欠落」という言葉が、免罪符の役割を担い、事実を隠蔽してきたというのだ。そして、小森は、この「自己免責」と、「虎になった李徴を無前提に「人間性」からの逸脱だと評する意識は、構造的に同質なのだ」という。「どこかに正しく純粋な「人間性」があるはずだ、という幻想は、実際に起きた出来事の事実性と歴史性を隠蔽する、「歴史＝物語」の構造を反復することによって成り立つ」からである。

要するに、戦争責任が「人間性の欠如」という言葉で隠蔽されたように、「山月記」をめぐる歴史性（「天宝の末年」という権力闘争による殺し合いがなされていた時代背景）も、「人間性の欠如」という言葉で隠蔽されてしまったというのである。

一九九〇年代になって漸く戦後責任問題が浮上してきたことを考えると、当時の思考の様式が、他者性を顧みず、多くの戦前・戦中の記憶を不問にしてきたことは大きな問題であり、小森の意見には十分に耳を傾ける必要があるだろう。

そして話を戻せば、この戦後教育界を覆っていた「人間性」というキーワードが、増淵に疑惑の余地を与えず、あのような解答を用意させた、ということになりそうである。

ただし、ここには釈然としないものが残る。

確かに、当時のキーワード、「人間性」が増淵の読みを規定したことは容易に想像できる。しかし、李徴に「人間性の欠如」があるとした、その批判する方向性が納得できるものではないのだ。小森の言うように、「人間性」が「軍国主義教育」によって「抑圧された」ものと考えられているならば、「人間性」は全体主義・軍国主義に対決するための概念として用いるはずのものではなかったか。「山月記」に関して言えば、歴史的状況によって不遇な人生を送った李徴への、あるいは、戦中に早世した中島への救済の概念として「人間性」を用いるべきだったのではないか。

鈴木敬司は「山月記報告」時、討論者の一人だった。彼はそこで、「山月記」が戦中に発表された作品であることを強調している。

中島はあのファーナティックなファシズムのあらしの中でマイナーポエットらしい、ひかえめな筆ではあったが、人間性の美しさを書き綴ったすぐれた作家であります。そういうところをじゅうぶん強調してゆく、つまり、きびしい弾圧による文学の荒廃という地点でかれ〔中島〕をとらえ直す、（中略）「山月記」を高校で扱うばあい、この文学史的意義を絶対見逃してはならないということを、強くいいたいのです。(81)

鈴木の視点は、近年の中島研究と方向を同じくしている。すなわち、中島の仕事を時代状況の中で捉え直して再評価するという方向である。鈴木のように、ファシズムの中、必死に人間性を守ろうとした意義を、中島か、「山月記」か、李徴かに認める選択肢もあったはずである。しかし、増淵においては、「人間性」は李徴の内面の弱さに向けられ、李徴という個人を責め立てる概念に反転して使われている。また、これは「生活」概念の使われ方にも言えることである。先述の通り、「生活」は官僚主義に対決する意味合いがあったはずだが、「生活」も李徴を詰問する言葉に置き換わってしまっていた。この反転を解明するために、小森とは違った角度で、もう一度、増淵の教育観を「課題学習」に戻って見直す必要がある。

もう一つの目的

増淵が「民主主義社会」を形成するに相応しい「人間の育成」を、究極的に目指していることは既に見てきた。それを実現するために、増淵方式があるわけだが、最も増淵の教育観を反映させたのが「課題学習」だった。この「課題学習」は世羅によると「生徒の自主的・主体的学習を重視する」ためのものであった。しかし、その設定の目的をもう一度見直してみると、違った側面が見えてくる。

増淵が「課題学習」を設定した理由を述べているものを次に並べる。

国語学習が効果的になされるかどうかということは、課題が適切に与えられるか否かにあると言っても、そう言い過ぎではあるまいと私は考えている。児童、生徒が興味をもってぐんぐん引きつけられていくような指導ができるか否かは、その時その時に、教師が、適切な課題をどのように取りあげ、どのように処理していくかによって、大半決せられてしまうと考えてよい。(82)

わたくしは、以前から「課題中心の国語教育」ということを提唱している。どんな教材を取り扱うにしても、設問を作り、課題化して、生徒に考えさせるのである。特に現代文の読解指導においては、この「設問化」ということは、重視されなければならない。どんな設問を用意するかに、指導がうまくいくか、いかぬかのすべてが、かかっていると言えるのである。(83)

私は「課題中心のたしかな国語教育」ということを以前から主張している。指導内容を教師が十分に、またはできるかぎり消化し、重点を明らかにしておいて、学習の進行中できるだけ、むだな時間をなくすような国語教育である。数学や理科とちがって、国語科というものは、その範囲や領域をどこまで広げるべきか、どこまで押さえるべきであるか、その限界をひくことはむずかしい。とらえどころがないというのが、国語科の背負っている宿命であるともいえる。重点を明らかにするのでなければ、指導の効果を挙げえないのが国語科である。従って、国語科の指導においては、どの時間においても、柱となる指導事項を立てておくことが、不可欠の条件となる。では重点を押さえるには、どうすればよいのか。課題や発問を事前に拾い挙げ、これを整理して教室に臨まなければならない。教材の中からどんな課題や設問を取りあげるかが、私にとっては教材研究の最も重要な作業になっている[84]。

また、教室でその場で発問して考えさせるんじゃ時間の損だというので、課題学習を考えた。時間節約が目的です。課題は、教科書にあるものはその解答が虎の巻にのっているのでなるべく避けて、自分で問題を考えた。（生徒と教師双方で作成するのが原則です[85]。）

「課題学習」を設けた目的は、「生徒の自主的・主体的学習」以外にも、時間の節約と不確定性の排除（＝予測可能性の重視）によって授業の効果を上げようとする、学習の効率化・合理化にあったといえる。最終的には「プリント」化されたという「課題学習」は、言わば、マニュアルとして機能することになる。「課題や発問を事前に拾い挙げ、これを整理して」授業を展開すれば、予定調和的に生徒は遊ぶこともなく、「自発的・自主的」な態度で意欲的に学習するのである。生徒は何をすればよいか分かっているので、安心して授業に臨めたと思われる。

田近洵一が鋭く指摘しているとおり、「能力主義的と言った先生の読解指導の本質は、課題の設定のしかたの上に具体的にあらわれている[86]」のである。理念のレベルでは人間教育を主張していた増淵だったが、その指導の実態では、読み手の立場に目をつぶり、作品読解のための効率的な学習形態を組織していたのだ。ここに能力主義者と位置づけられてしまう一端を知るのである。

さて、ここで思い出されるのは、マックス・ウェーバーの『プロテスタンティズムの倫理と資本主義の精神』である。ウェーバーによれば、日常生活の禁欲と職業労働への専念によって神による確証が得られるとする倫理的慣習が、厳しい規律と自制によって自己を制御する「主体」をつくり出した、と言う。こうしたエートスを身につけた労働者や経営者が近代資本主義の担い手になった、と言うのである。

「生徒を働かせることをねらっていた[87]」という主体化を企てた、課題による学習の合理化や、「国語教室は、基礎訓練、基本練習の場である」「きびしい訓練を通して是正していくのが、読解の指導なのである[88]」といった、徹底した規律化によって人間形成を達せさせようとする考え方は、「近代合理主義の精神」と親和関係にある。前にも指摘したが、増淵には、国語教育を逸脱し、体制に反対する姿勢は見られなかった。そのため、「人間性」や「生活」の概念も、外圧に抵抗するために用いられるのではなく、人間育成のための手段として内面に向けられるのである。この増淵の思考様式がそのまま、「欠けるところ」の読み方に反映しているのだ。

増淵が「欠けるところ」について用意した解答は、三つだった。「深い精神の持ち方が欠けていた」「人間性に欠けるところがあった」「現実の生活と深いかかわりあいを持って、人生を生き抜く誠実さに欠けるところがあった」である。逆に言うと、増淵は李徴にこれら三つの要素（「精神」「人間性」「現実の生活を誠実に生きていく」）を充填することを要求したのである。これらが満たされることで、李徴は増淵の理想の人間になれるのである。「精神」「人間性」「現実の生活を誠実に生きていく」ことを李徴に要求したのは、他でもない。「刻苦を厭」い、「詩友と交わって切磋琢磨に努めたり」（基礎訓練・基礎練習）せず、「妻子を苦しめ」た（現実の生活を誠実に生きなかった）李徴に、世俗内で禁欲的な「生活態度」の「精神」を持たない未熟な「人間性」を見たからだ。

そもそも、増淵恒吉の「山月記報告」は、客観的な対象として作品を解釈・分析していく方法をとっていた。構成を分析し、一つ一つ語句を解釈することで、その物が、何であるかが明らかにできるという構成主義の科学者的態度による読解である。この読解方法も、規律訓練によって、人間が形成できるとする近代合理主義の精神と同型の思考様式からなるのは明らかである。

もちろん増淵の解釈は、多くの人が妥当とした解釈であり、増淵個人に全ての責任を帰することはできない。しかし、だからこそ、問題があるのだ。その問題とは、「欠けるところ」の解釈は多種多様であったにもかかわらず、この後、高校教育界で広く受容されたのが、益田でもなく、西尾でもなく、鈴木でもなく、増淵の解釈であったという事実である。

「山月記報告」がなされた一九五六（昭和三一）年は、国語教育界において、経験主義は、その内実が十分に理解・浸透されないまま批判の対象となり、系統主義（知識・理解や技能を重視する立場から、指導段階を明確に示し、順序立てて計画的に教育を行おうとする考え方）、能力主義が大勢を占めるようになった時期である。日本の歴史においては、五五年体制の成立と、池田内閣が所得倍増計画を発表する、その間の時期にあたる。すなわち、この時日本は、経済白書に「もはや戦後ではない」と記述されたように、安定した資本主義社会に向かおうとしていたのである。

「山月記」の指導書に「欠けるところ」の原因が「人間性の欠如」「愛の欠如」と記されるようになった時期も、ちょうどこの経済成長へと向かう時である。要するに、増淵の解釈である、「人間性欠如説」は、資本主義社会を支える自己規律能力のある人間の育成が求められた時代に、エートスを作り出す「お説教」として用いられたのだ。「学校で一生懸命勉強し、まじめに働けば豊かになる」という高度経済成長期のサクセスストーリーを語るのと、刻苦を厭い、切磋琢磨に努めず、詩人になるために現実生活を顧みなかった李徴を責め立てることは、表裏の関係にある。

テレビ・洗濯機・冷蔵庫に代表された物質的な豊かさは、「自分自身に道徳の掟を課し、それにむかって刻苦勉励し、自分の精神を鍛え上げていく(89)」ことで手に入れることができる幸福であった。したがって、この幸福の図式から逸れるアウトローの李徴の生き方は肯定できるものではなかったのだ。

見田宗介《みたむねすけ》は一九四五年から六〇年頃までを「理想」の時代、一九六〇年から七〇年代前半までを、「夢」の時代、一九七〇年代後半からを「虚構」の時代に区分けしている(90)。「人間性欠如説」が当分の間、何事もなく受け入れられたのは、人々が夢と理想に生きようとした時代であり、「頑張れば報われる」と信じ込むことができるリアリティーを抱けた時代であったからだ。

そして、現在なお、多くの批判に曝されつつも、指導書に記載され、高校の教室で「欠けるところ」を「人間性の欠如」として教えられ続けているのは、いまだにこのストーリーが求められている証だろう。

「山月記報告」とは何だったのか

ここまでを三つに集約すると次のようになる。

まず、「欠けるところ」の「解答」が用意されたのは、作品を客観的な対象として捉えていたためであり、それは、国文学徒としての研究者的立場による作品観によっていた。二つ目は、「人間性の欠如」は社会的文化的状況を背負った解釈であったことである。三つ目は、その解釈の方向性（李徴を責め立てる）を決定させたのは、増淵の教育理念であった。彼の理念は近代合理主義の精神と構造を同じくしており、そこから生み出された解釈は、資本主義経済の発展に奉仕する思想であったために、以後、広く長く、高校教育に受容された。

以上、ここまでをまとめたが、「山月記報告」が「日比谷高校」という場で行われた意義や、「山月記報告」以前の高校の小説指導の実態を考慮に入れなければ、右の要約は文脈を欠いた偏った見解となる。最後に、受験指導との関係を視野に「課題学習」を見直すことで、この章全体のまとめにかえたい。

私たち高校国語教師を悩ます大きな葛藤の一つに、生徒の実態や問題意識から出発した学習者中心の授業を構想する立場と、入試問題の読解方法や小論文の書き方を指導する立場との対立がある。理論の上ではこの二つの立場を二元化する必要はないのだが、実際の教室ではなかなか相容れない。この問題については後の章でもふれることになるが、高校の授業は大学入試や就職試験の有無に大きく左右されると言える。進学指導にウェイトを置く学校では、生徒の模擬試験の偏差値で教師の評価が決まったり、職員間での発言力に影響したりする。マンガみたいな話だが、偏差値を上げる教師は肩で風を切って廊下を闊歩し、そうでない者は端によって歩く。私も例外ではなく、学習者中心の授業をしていると思い込んでいる時でも、気がつくと、「これは入試にも役立つ」「こうすると小論文が書けるようになる」などと餌付けの言葉をちりばめながら授業をしていたりする。授業後、そんな形で学習の動機づけをしている自分を嫌な気持ちで振り返るのである。

この入試と国語教育の問題に日比谷高校に勤めた増淵はどう対応したのか。

増淵は、受験指導について、日比谷高校時代には受験のための特別な指導はしていなかったと、繰り返し否定している。しかし、否定すればするほど意識的であったと言える。当時の彼の発言から、日比谷高校の教員として大学入試には常に関心を払っていたことは確かである。もっとも、一九四九(昭和二四)年から、「考へ方」や「学燈」等の受験雑誌において、古文、小説、論説文、文体論に至るまで読解方法を学生に向けて発信し続けており、受験指導に対する意識は誰よりも高かったと考えられる。

増淵の課題方式は、入学試験の問題形式と類似しており、入試問題の延長と見ることもできる。受験雑誌「考へ方[91]」には、増淵が古文の問題の読解方法を示したものが掲載されている。その「(イ)(ロ)(ハ)(ニ)」の問いに対して、「(イ)(ロ)(ハ)(ニ)」の解答が用意される様式は、「山月記報告」と同質のものである。「山月記報告」でも、設問として「(イ)(ロ)(ハ)(ニ)」があり、後に解答として「(イ)(ロ)(ハ)(ニ)」が用意されていた。この様式の中で、「欠けるところ」が問われ、解答が用意されたのであった。一問一答から生まれ、「設問を投げかけては授業を進めていた[92]」増淵課題方式

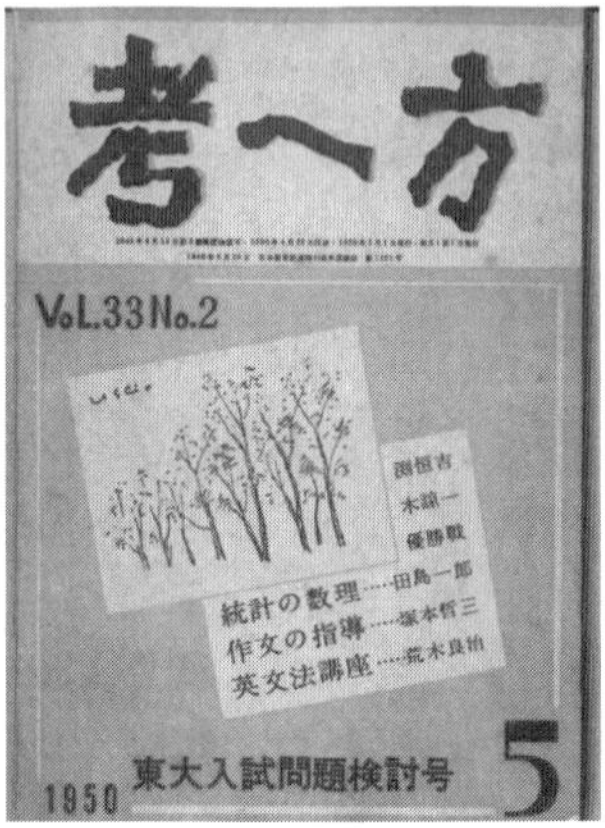

受験雑誌「考へ方」

が、入学試験の問題に形式的に適応できたのはいうまでもない。また、一九五一年以降、受験のための効率化が進む[93]日比谷高校で、増淵が効率性を重視して「課題学習」を設定したのも、受験への対応策と見ることもできる。

石川巧《いしかわたくみ》の調べでは、[94]一九五〇（昭和二五）年度には大阪大学で「小説を小説として読ませ、登場人物の心情や作者の狙いにまで踏み込んで解答させる形式」が登場したという。小説を小説として読むことが、この頃から高等学校の国語教室にも求められたということだ。李徴の心理を問い、作品の主題を考える小説の授業は、新傾向の大学入試問題に対応できる形式であり、なおかつ真新しかったのかもしれない。そうであるならば、当時の日比谷高校の生徒にとって「山月記報告」のような授業は望ましい形だったはずだ。民主的な社会を実現していた日比谷高校で、批判力や行動力に充ちた[95]学生

たちの自由な精神と矜持を保ちながらも、新しい受験に対応できる力を身につけさせていたのが、増淵国語教室だったのだ。

また、作品の分析解釈中心の合理的なシステムである「課題学習」は、ややもすると枠にはめる結果となり、マンネリズムに陥ることになるが、そこを生徒同士の話し合いを活用することで、上手にバランスを保っていたことも付け加えておかなくてはならない。飛田多喜雄《ひだたきお》は増淵の「山月記」の授業を参観しており、次のような感想を述べている。

増淵さんの「国語授業に対する態度」だけについていえば、直接に拝見したのは「山月記」の授業と古典の指導授業の二回だけですが、その印象は強かった。生徒の意欲的な発言と控え目の適切な助言による活力に満ちた授業のふんいきが忘れられません。(96)

講義形式の授業が主流であった中で、日比谷高校の生徒たちは増淵の指導の下、活発に話し合いながら、「山月記」を読んでいたに違いない。増淵は「ある作品に対する見方が、他の生徒との話し合いによって、より高められ、より広められることがよくある」(97)と一九五二（昭和二七）年の時点で述べていたのだ。増淵は当時の高校国語教育の実際（古典の訓詁注釈に専念し、小説指導が等閑にされていた）を憂い、いち早く小説指導の必要性を訴えていた。(98)高等学校における小説指導の実践報告がほとんどなかったことを鑑みれば、先進的な増淵の取り組みは高く評価されるべきである。増淵恒吉が「山月記」論の端を開き、中島敦を「国民的」な作家に押し上げるのに貢献したのは事実であり、戦後最高の教科書採用数を記録した教材に目を留めたことは、優れた先見性があったと言うべきだろう。

以上のことから、「山月記報告」とは、作品分析を重視する立場から、時代・社会・学校等の諸々の要請を組み入れた教材論だったと理解することができる。

増淵の「山月記報告」には文体論や話し合い活動等も取り入れられていたが、後の指導書に書き記され、伝えられていったのは「人間性の欠如」という言葉や課題学習形式や読解方法だった。それらが、次の時代、つまり、系統主義や能力主義の時代に必要とされたのである。

注

(1) 当時の名前は「全日本自動車ショウ」。

(2) 松村明敏「中島敦の「山月記」」「国文学 解釈と教材の研究」一九五八年八月(勝又浩・山内洋編『中島敦『山月記』作品論集 近代文学作品論集成⑩』クレス出版、二〇〇一年一〇月、三四―三九頁より)。

(3) 増淵恒吉「文学作品における形象の問題」「日本文学」第五巻、一一号、日本文学協会、一九五六年一一月、一八―三〇頁。

(4) 木村一信「「山月記」僻見――「欠ける所」をめぐって――」『鑑賞日本現代文学17 梶井基次郎・中島敦』月報、角川書店、一九八二年一月(木村一信『中島敦論』双文社出版、一九八六年二月、二〇一頁より)。

（5）田中実『小説の力――新しい作品論のために』大修館書店、一九九六年二月、一七三頁。
（6）関良一「『ギリシャ的叙情詩』と『山月記』について」「国文学　言語と文芸」四二号、大修館書店、一九六五年九月。
（7）勝又浩『Spirit 中島敦《作家と作品》』有精堂出版、一九八四年七月、六九頁。
（8）鷺只雄『中島敦論――「狼疾」の方法』有精堂出版、一九九〇年五月、二九〇頁。
（9）谷沢永一「『現代国語』自惚れ鏡」『あぶくだま遊技』文藝春秋、一九八二年六月、二七〇・二七一頁。
（10）前掲、関「『ギリシャ的叙情詩』と『山月記』について」。
（11）「シンポジウム「山月記」をめぐって」（勝又浩・山内洋編『中島敦『山月記』作品論集　近代文学作品論集成⑩』クレス出版、二〇〇一年一〇月、二〇九―二五二頁より）。
（12）小森陽一『〈ゆらぎ〉の日本文学』日本放送出版協会、一九九八年九月（勝又浩・山内洋編『中島敦『山月記』作品論集　近代文学作品論集成⑩』クレス出版、二〇〇一年一〇月、三五六―三八〇頁より）。
（13）例えば、高木信は、「語り手」と「李徴の語り」という、二種の「語り」を採り上げ、「山月記」には「李徴の語り」の方が「〈真実の語り〉であると認めてしまうシェーマがある」という。「袁傪の身振りに同化して読む読者は、袁傪＝語り手（甲）とともに、李徴の語りに情緒的反応を示さざるをえなくなる」というのである（鈴木泰恵・高木信・助川幸逸郎・黒木朋興編『〈国語教育〉とテクスト論』ひつじ書房、二〇〇九年一一月、二二三―二二五頁）。
（14）石垣義昭「文学作品における〈読み〉」日本文学協会編『日本文学講座12文学教育』大修館書店、一九八八年三月、五五―七四頁。
（15）武田泰淳「作家の狼疾」「中国文学」一〇三号、一九四八年二月（『中島敦研究』筑摩書房、一九七八年一二月、一一六―一二〇頁より）。
（16）山本義美・世羅博昭「増淵恒吉文献目録」「国語教育史研究」第九号、国語教育史学会、二〇〇七年一二月、六〇―七三頁。

(17) 田近洵一『戦後国語教育問題史〔増補版〕』大修館書店、一九九九年五月、三二六頁。

(18) 増淵恒吉『国語科教材研究』有精堂出版、一九七一年四月、一四六―一五六頁。

(19) 増淵恒吉「文学教材の単元学習」「文学・教育」二・三号、明治図書、一九七〇年七月、一一月（西郷・浜本・足立編『文学教育基本論文集　第一巻』明治図書、一九八八年三月、三〇六頁より）。

(20) 日比谷高校百年史編集委員会編『日比谷高校百年史　上巻』日比谷高校百年史刊行委員会、一九七九年三月、七〇九頁。

(21) 増淵恒吉「国語教育史の人びと　増淵恒吉[1]」「月刊国語教育」第四巻第四号、東京法令出版、一九八四年七月、二一―三〇頁。

(22) 小林哲夫『東大合格高校盛衰史　60年間のランキングを分析する』光文社、二〇〇九年九月、二二頁。

(23) 増淵恒吉「国語教育五十年」『国語教育の課題と創造』有精堂出版、一九八四年一月、一八五―三〇〇頁。

(24) 田隅三生「私のホームカミング」日比谷高校百年史編集委員会編『日比谷高校百年史　上巻』日比谷高校百年史刊行委員会、一九七九年三月、三五三頁。

(25) 増淵恒吉「国語科における課題の与え方」『国語科　学習指導の方法』教育書林、一九五三年五月、一〇七―一一七頁。

(26) 一、「課題」……ある単元に学習が入つた時、学習活動が計画され、おもな学習事項を課題の形で分団に分担させ協同研究させる場合。二、「設問」……毎時の学習、または家庭作業として、すべての生徒に、設問を課して学習または予習をさせる場合。三、「発問」……学習の進行中、その時その時に応じて、発問する場合。（増淵恒吉「国語科における課題の与え方」文学教育研究会『国語科学習指導の方法』教育書林、一九五三年五月、一〇八頁より）

(27) 世羅博昭「増淵恒吉国語教室における「課題学習」の考察――都立日比谷高校時代を中心に――」「鳴門教育大

学研究紀要」（教育科学編）第六巻、鳴門教育大学、一九九一年三月、一―二〇頁。
(28) 桑原隆『言語活動主義・言語生活主義の探求――西尾実国語教育論の展開と発展――』東洋館出版、一九九八年七月。
(29) 竹内好『国民文学論』東京大学出版、一九五四年一月、三頁。
(30) 前掲、竹内『国民文学論』八一頁。
(31) 竹内好「近代主義と民族の問題」「文学」第一九巻第九号、岩波書店、一九五一年九月、四三頁。
(32) 竹内好「国語教師に望む　文学と教育のつながり」「日本文学」第二巻第四号、日本文学協会、一九五三年六月、七〇・七一頁。
(33) 益田勝実「文学教育の問題点」「日本文学」第二巻第一号、日本文学協会、一九五三年一月、三三―四一頁。
(34) 荒木繁「民族教育としての古典教育――萬葉集を中心として」「日本文学」第二巻第九号、日本文学協会、一九五三年一一月、一一―一〇頁。
(35) 前掲、増淵「文学教材の単元学習」（西郷・浜本・足立編『文学教育基本論文集　第一巻』三〇三頁による）。
(36) 浜本純逸『戦後文学教育方法論史』明治図書出版、一九七八年九月、一〇八頁。
(37) 増淵恒吉編『国語教育の課題と創造』有精堂出版、一九八四年二月、一三頁。
(38) 前掲、増淵「文学教材の単元学習」（西郷・浜本・足立編『文学教育基本論文集　第一巻』三〇五頁より）。
(39) 増淵恒吉「古文教育の方法」『高等学校国語科教育研究講座　第八巻』有精堂、一九七四年三月（増淵恒吉『増淵恒吉国語教育論集　上巻　古典教育論』有精堂出版、一九八一年二月、六二頁より）。
(40) 「日本文学」第二巻第七号、日本文学協会、一九五三年九月。
(41) 前掲、増淵「古文教育の方法」（増淵恒吉『増淵恒吉国語教育論集　上巻　古典教育論』六二頁より）。
(42) 一九四九年、時枝誠記と西尾実との間に交わされた論争。「一九四七年の学習指導要領が、実際の社会生活に役立つ国語の力をつけることを目ざしたのに対して、言語過程説に立つ時枝は、広義の言語技術主義の価値を評価した。それに対して形象理論に立つ西尾は、文学教育の復権と定位を提唱した。時枝の立場は、言語教育の中に文学教育を包摂統合しようとするものであり、西尾の立場は、言語教育と文学教育を独立的に考えようとするものである。」（国語教育研究所編『国語教育研究大辞典』明治図書出版、一九八八年、七三八・七三九頁）

(43) 増淵恒吉「文学教育のありかた」『国語教育実践講座　第五巻　文学の学習指導』牧書店、一九五三年八月、一九―三〇頁。

(44) 増淵恒吉『増淵恒吉国語教育論集　中巻　読解指導論』有精堂出版、一九八一年三月、一九四頁。

(45) 増淵恒吉「新しい国語教育の実践者として（談話）」佐々木定夫・田近洵一・原文・湊吉正他『近代国語教育のあゆみⅢ――遺産と継承――』新光閣書店、一九七九年一一月、一四八頁。

(46) 田近洵一「人と業績――増淵方式の特質――」佐々木定夫・田近洵一・原文・湊吉正他『近代国語教育のあゆみⅢ――遺産と継承――』新光閣書店、一九七九年一一月、一二九頁。

(47) 幸田国広は、増淵の単元学習を考察し、「生徒の生活経験に単元の中心を置くのではなく、教科の論理に即した単元を考案すべきであるというのが増淵の立場である」と述べている。（幸田国広「新制高等学校発足期における国語科学習指導の検討――増淵恒吉単元学習を視座に――」「国語教育史研究」第八号、二〇〇七年三月、三〇―三八頁）

(48) 前掲、増淵編『国語教育の課題と創造』一二頁。

(49) 前掲、増淵「新しい国語教育の実践者として（談話）」一四五頁。

(50) 前掲、増淵「国語科における課題の与え方」一一七頁。

(51) 内藤一志「増淵恒吉の古典教育観の一考察――目標観の変化を中心にして――」「北海道教育大学紀要」第一部C　第四二巻第二号、一九九二年二月、一九五―二〇四頁。

(52) 麻生磯次『言語と文学別記二《マ》下《マ》』秀英出版、一九五三年九月、一六頁。

(53) 増淵は「主題」を「おくびょうな自尊心を飼い太らせた結果、詩人になりそこなってとらになった男の話」としている。

(54) 西尾実「文学教育における鑑賞の問題」『日本文学』第五巻一一号、日本文学協会、一九五六年一一月、三一―三四頁。

(55) 西尾実「文学教育の問題点再論」『文学』第二八巻第九号、岩波書店、一九六〇年九月、二六―三六頁。

(56) ディルタイ／久野昭訳『解釈学の成立』（以文社、一九七三年一〇月）七〇頁で、ディルタイは解釈学の目標を「解釈学的な手続きの最後の目標は、筆者自身が自分を理解していた以上によく、筆者を理解することである」としている。大正・昭和期に、ディルタイの理論を基礎にした解釈学が、読み方指導として国語教育界に取り入れられた。読み手は「己を空しう」して、書き手の意図を理解することが「任務」として課された。例えば、一九三三（昭和八）年度から使用が開始された第四期国定教科書は軍国主義の思想が色濃く反映されており、「ススメ　ススメ　ヘイタイ　ススメ」といったミリタリズム教材を忠実に理解することが求められたのである。このような教育がどのような結果を招いたかは、歴史を見れば明らかである。

(57) 垣内松三『国語の力』不老閣書房、一九二二年五月。

(58) 時枝誠記「読者の立場と鑑賞者の立場」『国語と国文学』至文堂、一九六三年六月（現代国語教育論集成編集委員会『現代国語教育論集成　時枝誠記』一九八九年三月、二一五頁より）。

(59) J. L. オースティン／坂本百大訳『言語と行為』大修館書店、一九七八年七月。

(60) 時枝誠記『国語学原論㊤』岩波書店、二〇〇七年三月、三八―五五頁。

(61) 前田愛「国民文学論の行方」『思想の科学』五月号、思想の科学社、一九七八年（『近代日本の文学空間　歴史・ことば・状況』平凡社、二〇〇四年五月、三四八―三六一頁より）。

(62) 「文学作品における形象の問題　討論」『日本文学』第五巻第一一号、日本文学協会、一九五六年一一月、二七頁。

(63) 「座談会　文学教育をめぐって」『日本文学』第二巻第九号、日本文学協会、一九五三年九月、九頁。

(64) 益田の「ふぶきの一夜」の報告が、学習者（読み手）の生活に踏み込み、教室という場における教師と生徒、あるいは生徒同士の「話し合い」活動の様子を伝えるために、直接話法を用いた臨場感を意識した文体で書かれているのに対して、増淵の「山月記報告」では、学習活動は生徒の読後感想文から間接的に示されるに止まっている。「山月記報告」は、学習活動よりも教材研究に重点が置かれ、「設問」とその答えとを並べることによって、その体を成しているのである。益田の報告が「言語活動」のレベルに及んでいるとすると、増淵の報告は「言語」のレベルを主に問題にしていると言える。

(65) 前掲、田近『戦後国語教育問題史〔増補版〕』三二五—三四一頁。
(66) 前掲、増淵「国語教育史の人びと　増淵恒吉[1]」二五頁。
(67) 時枝誠記「国語教育に於ける古典教材の意義について」『国語と国文学』至文堂、一九四八年四月（現代国語教育論集成編集委員会『現代国語教育論集成　時枝誠記』一九八九年三月、五六—六六頁より）。
(68) 前掲、増淵編『国語教育の課題と創造』三一一頁。
(69) 増淵恒吉「古典教育」『日本文学講座』第七巻、一九五五年一月（増淵恒吉『増淵恒吉国語教育論集　上巻　古典教育論』有精堂出版、一九八一年二月、二九頁より）。
(70) 「座談会　国語教育　こう考える」『国語展望』第二四号、尚学図書、一九七〇年二月、一七頁。
(71) 増淵恒吉監修・草部典一編「教材研究法序説」『国語教材研究講座　高等学校『現代国語』』第一巻、有精堂出版、一九六七年九月（増淵恒吉『国語科教材研究』有精堂出版、一九七一年四月、七・八頁より）。
(72) 「高等学校国語科の本質」『高等学校国語科教育研究講座』第一巻、有精堂出版、一九七四年一二月（増淵恒吉『増淵恒吉国語教育論集　中巻　読解指導論』有精堂出版、一九八一年三月、二一—二二頁より）。
(73) 前掲、田近『戦後国語教育問題史〔増補版〕』三三四頁。
(74) 増淵恒吉「文学教材の本質」西尾実編『文学教育』有信堂、一九六九年八月（増淵恒吉『国語科教材研究』有精堂出版、一九七四年、一一八—一三二頁より）。
(75) 増淵恒吉「高等学校における文学教育」『国語科文学教育の方法』教育書林、一九五二年二月、一〇二—一一二頁。
(76)野本三吉『子供観の戦後史』現代書館、一九九九年一一月、八六頁。
(77)佐藤秀夫『教育の文化史4　現代の視座』阿吽社、二〇〇五年一一月、四六頁。
(78)辰野隆・池田亀鑑・久松潜一『改訂高等文学三』好学社、一九五七年、六一頁。
(79)佐藤泉『国語教科書の戦後史』勁草書房、二〇〇六年五月。
(80)前掲、小森『〈ゆらぎ〉の日本文学』(勝又浩・山内洋編『中島敦『山月記』作品論集　近代文学作品論集成⑩』三五六—三八〇頁より)。
(81)前掲、「文学作品における形象の問題　討論」二八頁。
(82)前掲、増淵「国語科における課題の与え方」一〇七—一一七頁。
(83)増淵恒吉「読むことの教育——設問中心の読解指導——」「国文学解釈と教材の研究」第八巻第二号、学燈社、一九六三年一月、一六九・一七〇頁。
(84)前掲、増淵監修・草部編「教材研究法序説」(増淵『国語科教材研究』二二一・二二三頁より)。
(85)前掲、増淵「新しい国語教育の実践者として(談話)」一四六頁。
(86)前掲、田近『戦後国語教育問題史〔増補版〕』三四〇頁。
(87)前掲、増淵編『国語教育の課題と創造』一二頁。
(88)増淵恒吉「目的・形態に応じた読み方」『講座現代語3　読解と鑑賞』明治書院、一九六四年四月(増淵恒吉『国語科教材研究』有精堂出版、一九七一年四月、三〇頁より)。
(89)今村仁司は、近代の道徳概念は、「企ての精神」であるとし、企ての精神は、近代資本主義を支えていると述べる(今村仁司『近代性の構造』講談社、一九九四年二月、八七頁)。
(90)見田宗介『社会学入門』岩波書店、二〇〇六年四月、七〇・七一頁。
(91)「考へ方」三八巻八号、考へ方研究社、一九四九年一一月、五三・五四頁。

(92) 前掲、増淵編『国語教育の課題と創造』二九六頁。
(93) 大河原礼三は『日比谷高校闘争と一教員・生徒の歩み』(現代書館、一九七三年三月)一五頁の中で、昭和二五年に「学年混合制ＨＲ」が廃止されたことについて、「戦後の教育改革が「受験」によって簡単につぶされていった過程を見る」と述べている。
(94) 石川巧『「国語」入試の近現代史』講談社、二〇〇八年一月、一三九—一四四頁。
(95) 大河原礼三編著『日比谷高校闘争と一教員・生徒の歩み』現代書館、一九七三年三月、一三頁。
(96) 前掲、増淵編『国語教育の課題と創造』一五頁。
(97) 増淵恒吉「高等学校の文学教育」『言語教育と文学教育』金子書房、一九五二年九月、一四七頁。
(98) 増淵恒吉は「高等学校の文学教育」(『言語教育と文学教育』金子書房、一九五二年九月)一四八頁では、次のように述べている。「文学教育の目標を達成するのにもっとも適切な資料は、小説であろう。作家が、現実の中からどんな問題をさぐり出し、どのようにその問題と対決し、どう解釈し、処理していったか、それをどう形象化したか、がもっとも直截に具体的に知り得るのは小説であるからである。その意味で、高校の文学教育の中でも、小説はとくに重視されるべきであると思うのである。」また、新制高校の現状を踏まえ、小説指導の必要性も訴えている。

第四章

「現代国語」と「山月記」——主題・作者の意図への読解指導——

1 「現代国語」誕生とその目的

問題の所在

いつでも騒がしいキーワード、「読解」。私たち国語教師はこの言葉と無縁に仕事ができない。「山月記」は一九六〇年頃から一九九〇年頃まで、この「読解」のための教材として扱われてきた。ひとことに「読解」といっても、いろいろある。例えば、従来私たちが考えていた「文章を正確に読み解く」という意味と、近年話題となった「PISA型読解力」の示す「読解[1]」とは定義が大きく異なる。そして、「山月記」の授業でなされてきた「読解」は、「主題」や「作者の意図」に到達させる作業であった。

本章で扱うのは、主に一九六〇年代である。全共闘・団塊の世代が高校に入学し、教室がすし詰め状態だった時の話である。論点として次の三つを挙げる。

まず、「山月記」が読解指導教材となった背景を探る。もちろん、教室で「山月記」を扱う時に、主題を読み取らなければならないわけではない。他の学習例を示せば、漢文訓読風の文体を学ぶこともできるし、この文体を身近な生活言語に書き換えることもできる。「古譚」とくらべ読みをすればことばの問題が発見できるだろうし、脚本を書くとなれば細部を読み込む必要が出てくるだろう。このような学習の可能性がある中で、なぜ、主題型の読解指導ばかりが選ばれたのか。よく考えてみると不思議なことである。

確かに、「山月記」が読解教材となったことへの批判はこれまで十分にされてきたが、なぜ、そのようになったかは、不明のままだった。第一に考えられるのは、当時の能力主義・系統主義の教育観に問題の根源があるとする見方である。経済界からの要請に伴って、文章を正確に読み取る力が国語教育界で重要視され、小説が読み解くための教材となっていった、と見るのである。けれども私たちは、「読解」に陥った背景を別の角度から検討する。高等学校国語教育界が読解指導に偏向していった謎を解く鍵として、〝「現代国語」の新設〟に着目する。このことは、あながち見当外れでもない。「現代国語」が新設されたことで、「現代文」の指導が高等学校で本格化し、教師たちが読解指導を強く求めたからである。「現代国語」新設については、先に幸田国広が問題を整理しており(2)、本書も幸田の論から多くの示唆を受けている。

「現代国語」という未知の科目に教師たちはどのように対応したのか。現在に通じる問題点を浮上させる。

論点の二つ目は、一九六三年以降に主題型の読解指導が定着していく様子を、教師用指導書の変化から読み取ることである。これまでの「山月記」授業への批判は、指導の在り方が掲載以来ずっと変わっていないことを問題にしてきた。しかし、これは「学習の手引き」の傾向から見ても誤った見解である。指導書を見る限りでは、一九五六年以前には主題型の読解指導は行われていなかった可能性があるのだ。使用年度順に指導書を比べてみることで問題点を明らかにし、「山月記」授業の在り方を考える。

三つ目は、当時の授業記録から「山月記」の指導がどのように行われたのかを観察する。正解到達型の指導によって、無残にも少数意見が排除されていく様子に立ち会うことで、この問題を切実なものとして考える。

もちろん、読解指導そのものが悪であると言いたいのではない。当然のことであるが、読解や解釈抜きに文章の意味を理解することはできない。問題にしたいのは、狭い意味での「読解」であり、主題や作者の意図に到達させる読解指導である。私たちの目的は、「ＰＩＳＡ型読解力」の必要性が言われている昨今においても、依然として行ってしまう主題型読解指導から抜け出す糸口を見つけることにある。

「現代国語」について

国語は「現代文」と「古典」とに分けられる。

そんな風に私たちは思っていないだろうか。江戸時代以前の文章や漢文が「古典」であり、明治以降の文章が「現代文」、といった分類のしかたを私たちは共有している。しかし、この区分けはもともとあったものではなく、今から半世紀前の一九六〇（昭和三五）年に意図的に作られた制度である（表1）。もちろん、それ以前から古文と現代文との違いは理解されていたし、その上で授業も行われてきた。しかし、今日の私たちの理解ほどには、国語が「現代文」と「古典」とに二分化してはいな

実施年度	学習指導要領等	教科目	単位数	必履修
1948（昭 23）	昭 22「新制高等学校の教科課程に関する件」（発学第一五六号）…1 期	国語 国語 漢文	9 2～6	○
1949（昭 24）	昭 23「新制高等学校教科課程の改正について」（発学第四四八号）…1 期	国語 国語 漢文	9 2～6 2～6	○
1949（昭 24）	昭 24「高等学校教科課程の一部改正について」（発学第三三号）…1 期	国語（甲） 国語（乙） 漢文	9 2～6 2～6	○
1951（昭 26）	昭 26 年度版学習指導要領…2 期	国語（甲） 国語（乙） 漢文	9 2～6 2～6	○
1956（昭 31）	昭 30 年度版学習指導要領…2 期	国語（甲） 国語（乙） 漢文	9～10 2～6 2～6	○
1963（昭 38）	昭 35 年度版学習指導要領…3 期	現代国語 古典　甲 古典　乙Ⅰ 古典　乙Ⅱ	7 2 5 3	○ (○) (○)
1973（昭 48）	昭 45 年度版学習指導要領…4 期	現代国語 古典Ⅰ甲 古典Ⅰ乙 古典Ⅱ	7 2 5 3	○ ○
1982（昭 57）	昭 53 年度版学習指導要領…5 期	国語Ⅰ 国語Ⅱ 国語表現 現代文 古典	4 4 2 3 4	○
1994（平 6）	平元年度版学習指導要領…6 期	国語Ⅰ 国語Ⅱ 国語表現 現代文 現代語 古典Ⅰ 古典Ⅱ 古典講読	4 4 2 4 2 3 3 2	○
2003（平 15）	平 11 年度版学習指導要領…7 期	国語表現Ⅰ 国語表現Ⅱ 国語総合 現代文 古典 古典講読	2 2 4 4 4 2	(○) (○)
2013（平 25）	平 21 年度版学習指導要領…8 期	国語総合 国語表現 現代文 A 現代文 B 古典 A 古典 B	4 3 2 4 2 4	○

表 1　高等学校国語科におけるカリキュラムの変遷

※（　）はいずれか必修。益田勝実著、幸田国広編『益田勝実の仕事 5』筑摩書房 2006、6、545 頁、各版学習指導要領、文部科学省 HP を基に作成。昭 26 年度版は、実施年度は 26 年だが実際教科書に適用されたのは 27 年。

かったと思われる。

連続していた国語に時代の鉈を振るったのは、「現代国語」である。通称「ゲンコク」の名で記憶にある読者も多いはずである。

「現代国語」は、一九六〇（昭和三五）年度版高等学校学習指導要領（以下「昭和三五年度版指導要領」・「指導要領」と呼ぶ）で新設された。それまで「国語（甲）」だったものが、「現代国語」と「古典甲・乙Ⅰ・乙Ⅱ」の二つの科目に分かれたのである。「現代国語」は、「すべての生徒に毎学年継続して履修させるもの」であり、必修科目として位置づけられた。以後私たちは、国語を「現代文」と「古典」とに分けて考えるようになった。「ゲンコクの先生」「コテンの先生」と、生徒が国語教師を区別して呼ぶようになったのも「現代国語」の影響である。後で見るが、「現代国語」の誕生は高校国語教育界を揺るがす一大事件であったのだ。

では、どのような目的で「現代国語」が新設されたのだろうか。

一つは「現代国語の読解力向上」[3]を図ることにあった。一九六〇（昭和三五）年は、岸内閣が退陣し、池田内閣が所得倍増計画を打ち出した年である。高度経済成長を背景に、経済界から教育界に科学技術や読解力の向上が強く求められたのである。[4]経験主義はその本質が理解されないまま批判の対象となり、効率、技術、能力、系統性、読解力等、能力主義や系統主義の価値観が重要視される時代が到来したのである。

二つには「言語生活の充実」を図ることにあった。小・中学校で培われた言語生活の取り組みを高等学校に繋げる役割として「現代国語」は設けられた(5)のであり、高等学校において系統的に言語生活を取り上げようとしたのである。

そのあたりの事情を、倉澤栄吉が説明している。倉澤は当時文部省に勤務しており、高等学校学習指導要領改訂に関係していた。倉澤は「現代国語」を新設した理由として、「現代文を格上げ」し、「作文や話し方」に焦点を当てるようにした、と述べている(6)。また、当時の文部省教科調査官だった、藤《ふじ》井《い》信《のぶ》男《お》も、「昭和三五年度版指導要領」では、「小学校・中学校・高等学校の国語科が、読解偏重、あるいは文学への片寄りから脱却して、現代社会に役立つ言語生活のためのものとの性格づけ」を示した、と言う。「時代の進展に即応する」ために、「読むこと」だけでなく、「聞くこと・話すこと・書くこと」の活動を充実させ、言語生活の向上を図る必要があることを説いているのである(7)。このことは、指導要領改訂の基本方針の中の「基礎学力の向上と言語生活の充実を図ることとした(8)」という記述にも見て取れる。ちなみに、名称が「現代文」ではなく「現代国語」なのは、学習の対象が文字(書き言葉)に限定されていないためである。

意外に思った読者もいるはずである。「現代国語」が「聞くこと、話すこと」の充実を目的としていたことなど、思いもよらなかったかもしれない。私たちは「現代国語」で「聞くこと、話すこと」を学んだ(教えた)記憶が、いくら頭を叩いても出てこないのだ。ここに一つ、私たちは問題を見るのである。

「現代国語」設置の背景

「現代国語」を新設した背景には、それまでの放縦な授業の実態があった。実を言うと、国文学出身の教師が多数を占めた高校では、「国語甲」の時間を、重点的に古文に割り振り、話し言葉や作文はもちろん、現代文の指導をほとんど行っていなかったのである。国文学出身の教師にとっては現代文よりも古文の方が教えやすく、[9]教え方がよく分からない現代文は敬して遠ざけたのである。彼らは古文の指導に逃げ込むことで教師としての体面を保っていたのだが、その授業内容も、訓詁注釈や知識を切り売りするような旧来の教授型のものであったという。高校教師の以下の証言は古文に偏った授業の実態を表している。

選択の場合に限りませんが、できるだけ古典をやるようにしております。[10]

高等学校の国語の先生として古典の読解力をどれだけつけ得るかという問題に懸っている。[11]

僕は教師のとき、現代文学など飛ばして古文を集中的に教えたものだ。読書力のある生徒には教える必要はないし、読書力のないものには退屈のきわみだな。[12]

国語甲といったときには、そちらでも、ずいぶん古典に時間を使っていた。[13]

これらの証言は、大学受験指導という名目があったにせよ、古文を中心に授業をしていた、逆に言えば、古文以外を疎かにしていたことの裏付けである。このような現状を打破するための起爆剤が「現代国語」であったのだ。

時枝誠記の意志

「昭和三五年度版指導要領」の編纂委員長を務め、その内容に多大な影響を与えたのが、時枝誠記《ときえだもとき》である。時枝は「『現代国語』の意義」[14]の中で、教室の現状を「現代国語の教育よりも、古典学習に重点が置かれていた」と認識した上で、「現代国語の教育に、少なくとも古典教育と同等の、あるいは古典教育以上の比重を持たせなければならない」と「現代国語」「古典」を分離する必要性を説いた。

浜本純逸《はまもとじゅんいつ》は、時枝が「現代国語」新設に尽力したことを「高等学校の教師たちに現代の生活語の価値とその教育に目をひらかせる役割を果たした」[15]と評価しているが、「現代国語」の新設は、古文指導にしがみついていた教師の意識を「現代文」に向けることをも目指していたのである。

ところで「昭和三五年度版指導要領」は、時枝の考え方、すなわち「言語過程説」が色濃く反映されている。「言語過程説」については、時枝誠記『国語学原論』やその解説である前田英樹「時枝誠記の言語学」[16]に詳しいが、本書でも国語教育や指導要領との関係で説明する必要がある。

「言語過程説」とは、言語を「音声或は文字を媒材とする人間の表現行為或は理解行為である」[17]とする言語観である。時枝は言語を人間の表現、理解の行為とに分けて次のように言っている。

言語は、話し手の表現活動（或は表現行為）そのものであり、また、聞手の理解活動（或は理解行為）そのものである。言語は、話手が、自己の思想感情を、音声または文字を媒材として外部に表現する過程として成立し、また、聞手が、媒材である音声または文字によつて、ある思想感情を獲得する過程として成立する。(18)

言葉をスタティックな「物」の集まりとして捉えるのではなく、人と人とのやり取りの中で生じるダイナミックな「過程」として捉えているのである。コミュニケーションを前提とした「言語過程説」の関心は表現・理解の流れに向けられ、言語主体（話し手・聞き手、書き手・読み手）の間で伝達が成立するかどうかが問われることになる。したがって、国語教育の目的も「伝達の円滑と完成ということ」(19)となる。古典であれば、表現されたものをどう理解するかが焦点となり、生活言語であれば、伝達の食い違いを最小限にとどめるために言語主体の努力や技術が問題として浮上してくるのである。

「言語過程説」では、「読む」だけが特権的行為ではなく、「話す」「聞く」「書く」にわたる言語生活そのものの充実が重要なのである。してみれば指導要領で言語生活の充実が目的となっているのも、うなずける。

時枝の思想が凝縮されているのが、指導要領「国語科の目標」にある「国語科に反復練習が必要である」という文言である。それは、実践的行為の技術訓練によって、「正しい表現、正しい理解」ができるようになることが、人間形成に寄与する、というものであった。時枝は、能力主義の立場から国語科の任務を「態度・方法・技能」の教育にあるとして、「こと」でなく「かた」[20]つまり、「方法の教育」を推奨したのである。

このような方法の明示は、文学作品が読解技術習得のための材料になる下地を作ったことになる。指導要領に倣えば、その読解指導の内実は主題や作者の意図の読み取りに終始してしまう危険性をはらんでいたと言える。というのも、指導要領の「現代国語」の「内容」には、「文章を読んで、主題や要旨をつかみ、また、人生や社会の問題について考えを深めること」「意図や発想と表現の関連に注意しながら読むこと」「作品中の人物、心理、思想、また、作者の想像力やものの見方、感じ方、考え方などを読みとり、それらについて意見をもつこと[21]」とあり、主題や作者の意図を読み取り、正しく理解することを指導事項として掲げ、「読解」がこの方向でなされることを積極的に奨励しているからである。

池山弘司は、漱石の「こころ」がこの指導要領の「読解」路線に使用された、と論じている。[22]「山月記」も「李徴の心理」「虎になった原因」「欠けるところ」等読み解くべき内容に事欠かない教材として、「こころ」や他の文学作品とともに読解能力を高めるための「反復練習教材」として用いられたのである。

しかし、高校教師は指導要領の文言通りに行動するだろうか。指導要領を全く意に介さない、つわもの教師が相当数いる現実を振り返ってみると、どうも怪しい。本章では、指導要領の文言に、あるいは、能力を求める経済界からの要請に、教師が素直に対応したと見るのではなく、国語科の体系の変化によって、教師の指導方法が変化したと見る。要するに「現代国語」と「古典」とを分離し、教科構造を変えたことが、教師たちを「読解」に固執させたと考えるのである。このことを証明するためには当時の教師が「現代国語」とどのように向き合い、対応したかを見なければならない。

手始めに、時枝誠記が、「現代国語」に対する教師の姿勢について興味深いことを述べているので、それを聞いてみよう。

古典作品の数が多いといっても、その数には限度があって、無限の作品を予想する必要はない。ところが、現代国語になると事情は非常に相違して、受容においても、表現においても、一定数の限度を予定することはできない。常に無限のものを予想しなければならないのである。しかも常に第一級の作品だけが問題になるのではなく、およそ社会的要求に従って、卑近な日常の伝達をはじめとして高度の文化の伝承に関するものを含めて、きわめて広い言語領域に及ぶのである。そこでそのような言語教育の目標としては、無限の受容と表現との基礎になる言語能力の獲得ということが、その目標とされなければならないことになるのである。（中略）戦後、国語教材の範囲が非常に拡張されて、文学はもとより、政治・経済・哲学・科学と、ほとんど百科にわたるものが取り入れられるようになった。このような広い範囲のものをこなさなければならないとなっては、国語教師たるものの負担は、なみたいていのことではないというのである。もし国語教師が、これら百般の事項に関する教材内容の教育に責任があるとしたならば、この嘆きももっともなこととといわなければならないのであるが、国語教育の目標は、実はそのようなところにあるのではなく、そのような内容を理解し獲得する手段・方法にあると考えなければならないのである。それゆえにこそ、国語教育は、あらゆる学科の基礎学科としての意義を持ちうるのであって、その根本は、国語が、すべての思想の伝承や社会生活の成立の基礎になる機能のしからしめることによるのである。要するに、言語は、人間生活のあらゆる面に奉仕するものであって、そのような機能の達成に必要な教育を考えた場合、必然的にそれは技術教育としての性格を持ってくるのである。技術教育であるがゆえに、それはあらゆる内容のものを理解し獲得する手段・方法となることができるのである[23]。

ここで気になることを確認しておきたい。一つは時枝の文学教材観である。「文学は言語の一部」とする時枝にとって、「文学」と「政治・経済・哲学・科学」とは同じ言語領域に属しており、手段方法の獲得のための教材とみなしているということである。二つ目は、時枝の論理展開である。この引用文の内容を「前提、目的、方法」の観点から整理すると、①きわめて広い言語領域において（前提）、②「理解・表現」するためには（目的）、③手段・方法の獲得が必要である（方法）、ということになる。時枝は③の手段・方法自体を国語教育の目標に置いたのである。

要するに、時枝の目論見は情報量に比例した情報処理能力の必要性を強調することにあった。①の言語領域を広くすればするほど、教師は「教材内容の教育に責任」は負えなくなり、③の手段・方法の獲得が不可欠となるのである。

このことを長編小説と短編小説の違いで例えてみたい。長編小説を一つ取り扱うのと短編小説を数多く取り扱うのとでは、指導方法は当然異なってくる。年間に『カラマーゾフの兄弟』のような長編小説をじっくりと読み通すことを目的とするのであれば、読解の手段・方法よりも、読書指導的な要素、つまり、どう継続して想像力豊かに読み続けるか等が課題となってくるだろう。一方、年間に短編小説を何本も理解することを目的にするのであれば、技術的な方法論を適用させることが有効になってくる。扱う数（領域）が増えれば、技術的な方法論が必要になってくるのである。

手段・方法の教育を国語教育の目標に置く時枝にとって、言語領域の広がりはなくてはならない前提条件であったのだ。

そして時枝は狡猾にもこのことを熟知していた。彼は独自に作成した「学習指導要領試案」の中で、国語教材として「丸本」（義太夫節の一曲全部を記した本。そこから、省略・欠文がなく、内容全部がそろっている書物をいう）を採用することを次のように拒否している。

国語教材として、丸本を用ゐるべきであるといふ議論についても、必ずしもそれが最良の方法

> であるとは云へないのである。（中略）それは、学校教育が人数の上から、時間の上から、丸本を読むことを不可能にするといふ意味よりも、学校組織下に於ける国語教育は、むしろ読書の方法の訓練にあるといふことから云へるのである。[24]

一つの本をじっくり扱うことでは、彼の目標である、手段・方法の技術が獲得できないと考えていたのである。

なにより「現代国語」が新設された時、高校教師からの批判は、彼らが「こま切れ」と呼んだ、教科書教材のジャンルの多さに集中した。阿武泉《あんのいずみ》の教科書調査[25]によると、教科書が現代文分野と古典分野に分冊されたことで、一冊あたりの収録数が、小説・戯曲・シナリオは三・五作品から四・七作品に、随筆・評論・紀行・演説・対談・日記・伝記などは一三・一作品から二〇・二作品に増加したという。

「学習指導要領解説」の「学習活動」の中に記されているジャンルを列挙すると表2のようになる。このことは当時の朝日新聞にも「文学的な内容に片寄らず、論理的な表現や理解を重んずる

ア　記録、報告などを読む
日記　生徒会関係記録　会議録　探検記　紀行　回想録　伝記 報道　現地通信　探訪記　日常の広告文　新聞雑誌
イ　説明、論説、評論などを読む
論説　学術論文 評論　感想　意見　人生論　幸福論　社会批評　芸術批評　随想　語録
ウ　詩歌、随筆、小説、戯曲などを読む
戯曲 文学作品　（伝記）（記録）

表2　「1960（昭和35）年度版学習指導要領解説」、「現代国語」―「3内容」―「(読むこと)」―「(2) 学習活動」のジャンル一覧

※（　）は重複しているもの

ため、詩歌、随筆、小説、戯曲類のほか、ルポルタージュ、論説、評論なども指導する[26]」と、取り上げられており、社会的な関心事となった。これまで古文の訓詁注釈で済ませていた教師たちが、これら多ジャンルを擁する「現代国語」を面前に突き付けられたのである。

さて、教師たちはどのように対応したのだろうか。読解指導への偏重は教科書の断片化と密接な関係がありそうである。

2 動揺する教師たち

「読解指導」への信奉

今、私が原稿をタイプしているこのテーブル上には、当時の文献資料が山のように積まれている。その文献の中身は、「現代国語」設置に対する当時の教職関係者の発言であり、主に座談会の記録である。発言者の立場や文献の種類に偏りはあるものの、ここからは、当時の教師たちの生の声が聞こえてくる。教師の言葉の断片を集め、それを再構成することで、当時の高校教師の対応を見ることにする。

多かった意見は古文の授業数が減ってしまうことを心配するものである。「国語（甲）」の時は、九〜一〇単位であったものが、「古典乙I」五単位、「現代国語」七単位と分けたことで、古文の時間が減少して困る、という意見である。この意見の裏には、それまで「国語（甲）」で六単位以上を古文学習に充てていたという状況がある。面白いのは、逆に、「現代国語」の時間が減ってしまったという意見がないことである。「高等学校では古典だけやったらいいんじゃないか[27]」という率直な意見として現れる古典重視の姿勢は、生活言語軽視の実態を露骨に表しているといえるだろう。さらに、「現代国語」が新設されてからも、「古典」を重視する立場を保守した教師・学校は増加単位を古典に回し、文語文法を「現代国語」と称してやってしまう[28]、という荒技で押し切っている。

この古文への偏重は、時枝誠記が述べたように「現代国語の教育的意義・目的・方法がじゅうぶんに研究されていなかったことも、大きな理由[29]」であった。中でも、指導方法が確立されていないことが教師たちにとって不安のたねであったようだ。「現代文を取り扱うときに、非常に難しいと感じる。どういうことをどういう手がかりで取り扱ったらいいか、これではたして国語の力を生徒につけてやることができるか……」といったように、「何をどうしていいか分からない」というのが「現代国語」に直面した教師たちの実感であった。切実な問題である。しかし、これが高ずると、

〔教材にふさわしくないのは〕国語の教師がついていけないもの。具体的にいいますと、（中略）「進化論」を扱ったものなんかちょっときつかったですね。やはり背景がわかっていませんと、表面的な解釈に終わりますね。やはりどうも教えていてもびくびくしていました[30]。

というように、教師が指導できないものが「教材にふさわしくない」ということになる。普遍的な古典価値を信じ、読解作業という知識技術の切り売りによって生徒より優位に立っていた教師にとっては、それが通用しない教材は自らの地位を揺るがす脅威であったのだ。多くの守旧的な教師は威信を維持するために「現代国語」を回避する方法を選んだと思われる。「若い人には現代国語」を頼む、という「現代国語」を若手教師に押しつける現象が当時問題になっている。このことは笑い事ではなく、現在においても、若手が「現代文」を、年配者が「古典」を主に担当する風潮が「隠れたルール」として残っているのではないだろうか。

さらにこの、「何をどうしてよいか分からない」不安を倍加させたのが、「こま切れ」と言われた教科書内の言語領域の広さやジャンルの多さであった。「必ずしも千編一律にコマギレ型の教科書を使わなくてもいいのじゃないか[31]」「少していねいにやろうと思えば、いまの教科書はあまりにも分量が多すぎるということになるんじゃないか」「教科書にはいっている外国文学の教材というのは、文学あり、文明批評あり、思想あり、伝記あり、科学読み物あり、詩ありという形で、時代的な問題ばかりでなしに、ジャンルの面でも相当雑駁な形で採り入れられている[32]」といった発言は、「現代国語」が扱う範囲の広さを問題にしている。専門外を扱う不安は誰もが理解できるだろう。

以上の教師が直面した問題に関して、当時都立高校の教師であった、難波喜造《なんばきぞう》は次のように現状を分析している。現場の状況を如実に伝えてくれるので引用する。

国語科のなかで現代国語と古典とをくらべてみるとき、現代国語のほうがやさしく、古典のほうがむずかしいと考えるのが世間一般の考え方であろう。ところが案に相違して、大方の教師にとっては、古典のほうがより扱いやすいのが実状である。というのは、古典学習の場合には、不可避の前提として、言語障害を取り除くための読解作業の必要があり、それはそれ自体で、かなり手数と時間のかかる仕事だから、それだけやっていても十分に授業の体裁は整うという条件が存在するからである。大学国文学科の出身者である大部分の国語教師にとって、それがさしたる難事でないことは、改めていうまでもないところであろう。これに反して現代国語においては、生活の中で日常的に使用している現代文が対象であり、語法的な演練の必要はそれほどないので、何をどう教えるべきかにとまどう上に、内容は国文学の守備範囲をはるかに越えて、広範多岐にわたるため、とてもこなしきれないという困った事情がある。教師側の状態を反映して、生徒のほうでも、まじめに国語の勉強をしようとしている生徒であれば、同様の感想をいだいているようである。古典の場合は、辞書を引いたり、文法書にあたってみたり、それなりに決まった自習の方法があって迷うことはないが、現代国語の勉強のしかたがわからなくて困るという声を聞くことは多い。いうならば、国語科が現代国語と古典とに分けられたため、現代文教材を数多く取り扱わざるをえなくなったという新しい状況のなかで、国語教育不在の実態が露呈されるにいたったのだといっても、決していい過ぎではないだろう。[33]

教師たちの動揺は、これまでの「古文講義」のような知識伝達型の授業が通じなくなったことから生じる不安が背景にある。

そして、この不安の救世主と思われたのが、「読解指導」であった。「現代文教材を数多く取扱わざるをえなくなった」状況が、教師たちに「あらゆる内容のものを理解し獲得する手段・方法」の技術教育を信奉させたのである。「何をどうしてよいか分からない」教師たちは、古典解釈の方法を「ちょっと色を塗りかえた程度で、それをそのまま現代文に応用」した。「指示語」や「文章の構造」をやり、[34]「主題」や「作者の意図」にまとめていくといった固定化した指導方法にすがりつくことで不安を解消しようとしたのである。[35]未知の「現代国語」を既知の「古典解釈法」を頼みにしのいだと言える。

確かに、現代文の読み取りは古典の読解方法を用いて済ますことができた。しかし、読み取り以外の「聞くこと」「話すこと」といった生活に密着した言語生活的領域は、「現代国語」新設の目的だったにもかかわらず、現場の実践から打ち捨てられていったのである。幸田国広はその理由を次のように分析している。

同じ科目・教科書の中で文学作品や各種評論等の言語文化的領域と実用的・日常的な言語生活的領域とを同居させれば、実践の経験知が低く、指導方法が難しい言語生活系の単元・教材は実質的に淘汰されてしまう。高校現場では、そうした単元への苦手意識や、その裏返しでもある軽視・蔑視が依然として根強かったからである[36]。

幸田の分析は、私たち高校教師にとって耳が痛い話である。「国語総合」となった現在でも相変わらず読むことを中心に授業している実状を指摘されているような気がする。

「現代国語」への反対意見

さて、「現代国語」の新設を当時、問題視していた者もいた。益田勝実《ますだかつみ》である。益田は「相互流通関係」の切断による、学習者の「ことばの学習の形式化、古典学習の空洞化を招来するという危惧[37]」を抱いていた。つまり、「現代国語」と「古典」を時間軸で分け、「相互流通関係」がなくなることで、古典学習が学習者の生活意識と切り離され、文法や現代語訳ばかりしている読解中心の自己充足的なものになることを心配していたのである。具体的には、三章で取り上げた荒木繁の『万葉集』の報告のような、生活と結びつけた実践がやりにくくなることを意味していた。「現代国語」以降に学んだ者が「荒木報告」に戸惑いを覚えるのは、古文と現代文との関係を断絶したものとして認識しているからである。荒木自身も「古典の教育がますます古文の読解的なものになりやすいという傾向になっていくんじゃないだろうかという疑問がある」と、古典学習が読解指導に限定されることを問題にしている[38]。

また、名称を「古文」でなく「古典」にしたことで、教材が規範化されてしまうことに対する反対意見も見逃すことはできない。このことを問題にした教師は少数であったが、源氏研究の第一人者である秋山虔《あきやまけん》は、客観的に自明のものとして「古典」があるのでなく、「現代を生きているわれわれとの交渉関係において、規範的な意味を発揮する(39)」と述べている。教師の意見としては、これも、益田の意見がある。益田も秋山同様に、「古典」という「見本」を「一通り見学してくるという結果になって」しまい、「生活のなかでどう生かすかということとはしっかり結びつ(40)」かないと述べている。つまり、古文をカノン(41)として聖典化してしまうことで、「原典主義」に陥ることを危惧しているのである。そこでは、学習者と教材との距離が開き、現代の生活意識と交渉することなく、一方的な読解指導が行われることになる。教材の聖典化の問題は「近代古典」と呼ばれるようになった昨今の「山月記」も無関係ではない。私たちは、どこかで「「山月記」はちゃんと読解しなければならない」と姿勢を正して読もうとしてはいないだろうか。

結局、国語を「現代国語」と「古典」とに切断したことによって「古典に対する現代」あるいは、「伝統に対する現代」のような抽象的な対立の図式を後世に残してしまったと言える。そして、結果的に現代文と古典の読解だけに指導が集中していったわけである。

この中で重要性を増してきたのが、教科書である。言語経験主義時代には一資料であったはずの教科書は、「現代国語」以後、読解の対象として再び主役の座に戻ることになる(42)。そして、教科書と読解が中心化されてくるにしたがって、必要性を増したのが、指導方法が掲載された、教師用指導書であった。当時の筑摩の編集部は、指導書に現場の教師が「非常に関心をお示しにな」った(43)と言う。さらに、指導書の著者、分銅惇作《ふんどうじゅんさく》は、「「現代国語」をやっていく場合、現場で、どうしていいかわからないという混乱が多少あるんじゃないか、その一つの参考になればと思って、」「学習の展開」を指導書に付け加えたと言う。(44)親切心からの行動である。しかし、分銅の行為が示すのは、指導書に依存する教師が増えた実態である。

これが「現代国語」の新設によって逢着した、一つの帰結であった。

「現代国語」がもたらしたもの

教師の対応から見えてきたものをまとめてみよう。要するに、「現代国語」新設によって、現代文が読解指導に偏るに至った過程は次のようになる。

古文の訓詁注釈に安んじていた教師たちは、「現代国語」の新設により、生活言語と直面することとなった。教えるべき領域は広範多岐にわたったため、何をどうしてよいか不安になった彼らは、指導方法やその研究を強く求めた。生活言語の内、現代文については、古文の読解方法を借用して対応することができたが、言語生活的領域は高等学校では指導方法が確立しておらず、また、苦手意識もあり、消去されてしまった。教科書は再び重要視されるようになり、その教科書教材の読解方法が記載されている教師用指導書の需要は高まった。学習指導要領の方針を忠実に実現している教師用指導書には、主題や作者の意図を読み取ることが目的とされており、教師はそれに倣って授業を行った。

このような内的事情を後押ししたものに、読み書きを重視する文部省の意向、難化する大学受験への対応、経済界からの要請などの外的要因があったのである。

以上まとめてみたが、「現代国語」に対するこれまでの否定的な見解は、木を見て森を見ていないのかもしれない。長いスパンで見れば、「現代国語」は「現代文」という文字言語の範囲ではあったが、教師に「現代の生活語の価値とその教育」に気づかせるという役割も果たしている。藤井信男によると、「現代国語」が設置された後の一九六二年に実施された全日本国語教育協議会では、「古典」の部会よりも、「現代国語」の部会に多くの参加者が集まったという。「現代国語」の新設により、この科目に対する系統的な研究が進展をみせたのである。時枝を中心とした「現代国語」の設置者にとって、教師の意識を変える上で、この新科目に託した役割は非常に大きかったと言えるだろう。これが足掛かりとなり、近年見られる、日常的な言語活動の研究・実践に繋がっていったと見ることもできる。七〇年代に入ると指導方法も確立されていき、教師の意見にも様々な教材を扱えることを肯定的に捉えるものも出てくる。なによりも、「「現代文」を教えるように「古典」も教えなくては」という、これまで決してありえなかった発想が出てきたことは特筆すべきことである。少なくとも、古文を身近に引き寄せて考える視点が生まれたことは歓迎してもよい。

「現代国語」の新設は、戦後混沌とした高校国語教育界を一度解体し、未知の領域に教師を突き放すことで、全体的な体系化、活発化をも射程に入れていたのである。古文とそれ以外を引き離すことは暴力的な措置ではあるが、設置者にとっては、十分な根拠や展開が望める企てだったのである。

しかし、それでもやはり、その指導内容は問題があったと言わなければならない。この時期、文学教育は隆盛期を迎え、熊谷《くまがい》孝《たかし》の「文学的思考」や大河原《おおかわら》忠蔵《ちゅうぞう》の「状況認識の文学教育論」、文芸教育研究協議会や児童言語研究会の取り組み等、現実に対して文学的に働きかける力を育てようとする、「認識力変革の文学教育[45]」が模索されている。にもかかわらず、一般の教室現場では、大学入試を突破するためのテクニックを身につけるために文学作品を消費していくのである。そこには、もはや時枝の「言語過程説」に見られる「言語主体」の役割は見られない。現代生活の基礎となるはずだった「現代国語」は、生活意識からかけ離れた皮相な読解作業をその任務としていくのである。この問題は、教師が拠り所にした教師用指導書の変化の中で具体的に見ることができるだろう。

3　教師用指導書のはらむ問題

「山月記」授業批判

私たちはこれから、この時期に主題型の読解指導が定着していく様子を教師用指導書の側面から見ていくことにする。「山月記」の指導書を調査した先行研究に、船橋一男・伊藤文子の「教科書教材

『山月記』論・その1——長期安定教材と読みの〈制度化〉をめぐる問題——[46]がある。船橋らは、指導書の「定番問題」、「定番解答」、「定番主題」が教師や生徒の読みを「制度化」していく、として指導書による弊害を説いている。

「山月記」の読みが定番化し、制度化しているとする船橋らの指摘は、教科書や指導書の在り方を根本から問うものであったと言える。しかし、定番化を強調するあまり、「山月記」の初出である戦後経験主義時代のものと、それ以降のものとが一緒にされ、区分けがされていない。私は一期（一九五一）、二期（一九五二—一九六二）のものと三期以降（一九六三—）のものとでは指導書の形式や力点は大きく異なっていると見る。船橋らに限らず、指導書や「学習の手引き」を批判するこれまでの論はその変化のなさを強調するが、それには疑問がある。先に述べたように、掲載当初は読書指導との関係が重要視されていたし、「現代国語」が新設されるまでは古典の訓詁注釈を中心に授業が行われていたのである。また、本書の付録にある通り、「学習の手引き」の内容も変化している。

したがって、掲載当初から、「山月記」の指導が「主題主義」で行われてきたとする論は少々乱暴な気がする。そもそも、一九五一年の指導書には「主題」の項目自体が存在していないのである。

「読解」の六項目

一九五一（昭和二六）年—一九七二（昭和四七）年まで、「山月記」は二九種の教科書に掲載された。これらに付属する指導書のうち、一七冊を収集することができた。全てを集めることはできなかったが、おおよその傾向を見ることはできるだろう。

結論を先に言えば、指導書において、主題や作者の意図に収斂される読解指導用の基本的な形が形成されるのは、三期以降（一九六〇〈昭和三五〉年度版学習指導要領適応期以降）である。この三期以降の形式が、固定化した枠組みとなって現行にいたるまで受け継がれているのである。

では、主題や作者の意図に収斂される基本的な読解指導形式とはどのようなものか。

「山月記」の読解指導を構成する条件として六つの項目を挙げたい（以下「読解の六項目」あるいは「六項目」と呼ぶ）。「読解の六項目」の内容は次の通りである。

一つ目は、「山月記」を悲劇の物語としていることである。「詩にとりつかれた人間の悲劇」（筑摩書房『現代国語2』一九六四）といったものである。悲劇の物語とする考えに異論を唱える研究者は多い。例えば、川村湊《からむらみなと》は、「『山月記』の最後の〝月に吠える〟の咆哮が、負け犬のそれのような惨めなものではなく、あたりを睥睨し、ひれ伏させるような堂々たるものであることは、明白である」(47)と解釈しており、悲劇の物語としては読んでいない。つまり、「山月記」を悲劇の物語とする必然性はない。にもかかわらず、「山月記」を悲劇の物語として捉えるのは、この前提がなければ悲劇的な定番主題に導くことができないからである。

二つ目は、主題や作者の意図が設定されていることである。

三つ目は、主題や作者の意図に導くための問い、「李徴の心理・性格」と、「虎になった理由」を問う設問があることである。李徴の性質に「自ら恃む心が強い」「協調性に欠ける」「弱い人間性」「臆病な自尊心」と「尊大な羞恥心」という性格」「人間性の欠如」などを読み取らせ、「過剰な自意識によって自滅していく近代人の脆弱さ」などの主題に還元するための問いである。あるいは、「人間存在の不条理」という六〇年代に流行した実存主義の用語に到達させるために「虎になった理由」を「運命」の仕業であったと読み取らせるための問いである。

四つ目は、「欠けるところは何か」という、どうとも取れる謎掛けがあることである。三章でも述べたが、ここの部分はどのようにも解釈可能である。しかし、指導書には「人間性の欠如」「自己制御の欠如」「他者との間の「切磋琢磨」を怠った〝弱さ〟」といった解答が用意されている。これが「虎になった理由」と関係づけられ、主題のヒント、または、主題そのものになるのである。

五つ目は、「人虎伝との比較」がなされていることである。これも三章で述べたが、「人虎伝」に書かれていないことを探り、作者の意図や主題に到達させるのである。

六つ目は、中島敦の自伝的小説、「狼疾記」を引き合いに出し、「作者＝李徴」としていることである。例えば、次のようなものである。

「『狼疾記』や『かめれおん日記』を読んだ後では、われわれは、中島敦の全作品に登場する人物が、すべてこれ中島敦自身に外ならず、李徴もまた、その言葉告白の隅々に至るまで、そのままに中島の感慨であり、その動作行動のすべては、これまた直接に彼が採《ママ》ったかも知れない行動のように感ぜられてならない」（大日本図書『新版現代国語三　教授用指導書』一九六八）

このように、「狼疾記」の主人公である「三造」、作者の「中島敦」、「山月記」の「李徴」とが同一人物だとして、そこから悲劇的な主題や作者の意図を導き出そうとするパターンである。そのような指導書では、中島敦も悲劇的な人生を送った人物として紹介されている。

他にも細かく挙げればいくらでもあるが、この「読解の六項目」が揃えば十分である。以上の六つを併記すると、

①「山月記」を悲劇の物語としていること（前提）
② 主題や作者の意図が設定されていること（目的）
③「李徴の心理・性格」と「虎になった理由」の問いがあること（手続き）
④「欠けるところは何か」という謎掛けがあること（手続き）
⑤「人虎伝との比較」がなされていること（手続き）
⑥「狼疾記」の引用（手続き）

となり、①を前提にして、②の目的に達するために、③〜⑥の読解手続きがあることになる。ちなみに、この読解作業を終えた先にあるものは何か。難解な文体を乗り越え、ヒントを小出しにされながら、苦心して読解を終えた学習者の先に待っているのは、「好き勝手やっていると悲惨な目にあいま

すよ」という、お説教なのである。つまり、「好き勝手（「協調性に欠ける」「人間性の欠如」「切磋琢磨に努めない」等）やっていると、悲惨な目（虎になるという不条理）にあいますよ」という主題である。これは誇張ではない。例えば、『現代国語三　三訂版』指導資料（一九七二）には、李徴が「切磋琢磨に努めたりしなかった」ことについての語釈として次のように書かれている。

この部分だけを取り上げて考えると、生徒は「李徴は詩人になろうとしたのだが、そのための努力は何もしなかった」という誤解を起こしがちである。しかし、李徴は官をやめて〈ひたすらに詩作に耽った〉（p一八四）のであり、〈かつて作るところの詩〉は〈数百編〉あったわけである。

と、李徴が努力家であったことを認めながらも次のように続ける。

そういう努力をしながらも、なぜ李徴はここで〈切磋琢磨に努め〉なかったと反省しているのかを生徒に考えさせたい。そしてこの李徴の努力がいわば「勤勉なる怠惰」であることに気づかせたい。毎日きちんと登校しながらもなおかつ生徒は怠惰であり得るのだ、といった例などをあげて指摘すれば理解されやすいだろう。

めちゃくちゃである。毎日学校に登校している者はやり切れないだろう。これは、お説教（主題）に収斂させるための伏線と思われる。

それでは、次頁見開きの表3を見てもらいたい。調査した指導書を時系列で並べた。調査項目は、指導書の構成、頁数、「六項目」の有無、参考文献の数である。[48]

一見して知れるのは、「六項目」が一九六四年以降に満たされることである。三期以降に「読解」の条件が揃うことになるのである。「三省堂（一九五九）」に注目しよう。「主題」が独立した区画を獲得するのは、この指導書からである。それまでは、「解説」や「語釈」の中に未分化の状態で混合されている（そのため表には「△」を付している）のである。この二期の「三省堂（一九五九）」に「主題」が現れ、六項目の内の五項目が揃うのは、おそらく一九五五（昭和三〇）年度版指導要領における系統学習重視の影響を受けたためと思われる。[49]

次に注目したいのは、一・二期の「作者の意図」の部分である。ここには、「△」を付しているが、これは「作者の意図」を特別に読み取らせる指示がないためである。ここでも「作者の意図」という言葉は使われているが、その意味は、作者の思想内容のことではなく、作者の文体の工夫のことである。「この文の作者は、どういう意図で、ことさらむずかしい漢語を用いているのか」という「学習の手引き」の解答として、「中国起源の話が材料になっているから、漢語の多いことは当然であるが、作者の意図としては、第一に李徴の告白の悲痛感を浮き出させるため、第二に和漢混淆文調のごつ

	「山月記」教材内の指導書構成	備考
	①解説②作者③出典④語釈⑤研究のてびき	未分化状態
	①教材選定の理由と指導上の要点②解題（作者・出典）③大意④段落と節意⑤注釈⑥研究問題の手びきおよび補充問題⑦補充問題	未分化状態
	①採録のねらいと扱い方②原作者③出典④本文の解説⑤研究の手引きの解説⑥参考（上田秋成「夢応の鯉魚」カフカ「変身」漱石「吾輩は猫である」ホフマン「牝猫ムルの人生観」）	未分化状態
	①採録のねらいと扱い方②原作者③出典④本文の解説⑤研究の手引きの解説⑥参考（上田秋成「夢応の鯉魚」カフカ「変身」漱石「吾輩は猫である」ホフマン「牝猫ムルの人生観」）	未分化状態
	①採録のねらいと扱い方②原作者③出典④本文の解説⑤手引きの解説⑥参考（上田秋成「夢応の鯉魚」カフカ「変身」漱石「吾輩は猫である」ホフマン「牝猫ムルの人生観」「人虎伝」）⑦評価のための問題例	「主題」が別枠に
	①学習の目標②学習の展開③教材の研究④作品鑑賞⑤作者研究⑥「学習の手引き」の研究⑦参考（人虎伝）	六項目揃う
	①指導計画②設問プリント例③作者④出典⑤趣旨⑥構成⑦語句⑧鑑賞・批評⑨学習のてびき	
	①目標②指導上の留意点③作者と出典④構成⑤主題⑥段落と節意⑦注釈⑧表現⑨鑑賞⑩「研究」の解答⑪参考（人虎伝）	
	①学習の目標②学習の展開③教材の研究④作品鑑賞⑤作者研究⑥「学習の手引き」の研究⑦参考（人虎伝）	
	①作者②出典③学習指導の研究（学習指導の目標・学習指導の展開例）④教材の研究（主題・大意・段落と段意）⑤語句の研究と指導のポイント⑥鑑賞⑦〔研究〕の解答例⑧参考資料（人虎伝）	
	①特色と指導上の注意②作者③出典および本文校異④主題⑤段落とその要点⑥語釈と読解⑦学習の手引きの解説⑧写真の解説⑨参考文（「人虎伝」「和歌でない歌」抄　中島敦・「狼疾記」抄　中島敦「中島敦解説」抄　氷上英広）	
	①学習のねらい②学習の展開③教材の研究（主題と構成・叙述と注解）④研究⑤作者と作品⑥参考（「中島敦君の作品　深田久弥」・「中島敦君の作品について　河上徹太郎」「人虎伝」）⑦評価問題例	
	①学習の目標②学習の展開③教材の研究④作品鑑賞⑤作者研究⑥「学習の手引き」の研究⑦参考（人虎伝）	
	①作者②出典③学習指導の研究（学習指導の目標・学習指導の展開例）④教材の研究（主題・大意・段落と段意）⑤語句の研究と指導のポイント⑥鑑賞⑦〔研究〕の解答例⑧参考資料（人虎伝）	
	①学習のねらいと指導上の注意②作者③出典および本文校異④主題⑤段落とその要点⑥語釈と読解⑦学習の手引きの解説⑧写真の解説⑨参考文（「人虎伝」「和歌でない歌」抄　中島敦・「狼疾記」抄　中島敦「中島敦解説」抄　氷上英広）	
	①学習のねらい②学習の展開③教材の研究（主題と構成・叙述と注解）④研究⑤作者と作品⑥参考（「中島敦君の作品　深田久弥」・「中島敦君の作品について　河上徹太郎」「人虎伝」）⑦評価問題例	
	①指導計画②作者③出典④主題⑤語句の解釈と研究⑥鑑賞⑦参考（「人虎伝」）⑧「学習の手引き」の解答例⑨作文への展開	

表3 「山月記」指導書の要素・構成一覧（アミカケは指導書が入手できなかったもの）

No.	期	使用開始年度	出版社名	教科書名	指導書の有無	単元解説頁数	「山月記」頁数	①悲劇の物語	②主題	②作者の意図	③李徴の性格・心理	③虎になった理由	④欠けるところ	④人間性の欠如	⑤人虎伝との比較	⑤人虎伝参考文	⑥『狼疾記』の引用	参考文献数
1	1	1951	二葉	新国語（六）	×													
2	1	1951	三省堂	高等国語二上	○	2	4	○	△	△	○	○	○	○	×	×	×	×
3	2	1952	二葉	新国語文学三年下	×													
4	2	1953	秀英	言語と文学二下	○	2	4	×	×	△	○	○	○	×	×	×	×	1
5	2	1953	三省堂	高等国語（改訂版）二上	○	3	6	○	△	△	○	○	○	○	×	×	×	×
6	2	1956	三省堂	高等国語二下　三訂版	○	2	7	○	△	△	○	○	○	○	×	×	×	×
7	2	1957	中央図	国語三高等学校総合	×													
8	2	1958	績文堂	高等学校新国語二	×													
9	2	1959	三省堂	高等国語四訂版二下	○	2	10	○	○	○	○	○	○	○	○	○	×	×
10	2	1960	中央図	高等学校国語総合三（改訂版）	×													
11	3	1964	教図研	国語現代文二	×													
12	3	1964	大原	高等学校現代国語二	×													
13	3	1964	筑摩	現代国語２	○	3	21	○	○	○	○	○	○	○	○	○	○	9
14	3	1965	東書	現代国語三	×													
15	3	1965	好学社	高等学校現代国語三	×													
16	3	1965	明治	現代国語三	○	2	16	○	○	○	○	○	○	○	○	×	○	×
17	3	1967	秀英	現代国語二　改訂版	○	11	17	○	○	○	○	○	○	○	○	○	○	4
18	3	1967	教図研	改訂版国語現代文二	×													
19	3	1967	筑摩	現代国語２　改訂版	○	3	22	○	○	○	○	○	○	○	○	○	○	9
20	3	1967	尚学	高等学校新選現代国語二	○	2	20	○	○	○	○	○	○	○	○	○	○	10
21	3	1968	東書	新編現代国語三	○	8	21	○	○	○	○	○	○	○	○	○	○	12
22	3	1968	大日本	新版現代国語三	○	2	37	○	○	○	○	○	○	○	○	○	○	15
23	3	1968	明治	改訂現代国語三	×													
24	3	1971	教図研	改訂版国語現代文二	×													
25	3	1971	筑摩	現代国語２　二訂版	○	3	22	○	○	○	○	○	○	○	○	○	○	9
26	3	1971	尚学	高等学校新選現代国語二	○	2	20	○	○	○	○	○	○	○	○	○	○	10
27	3	1972	東書	新訂現代国語三	○	8	21	○	○	○	○	○	○	○	○	○	○	12
28	3	1972	大日本	新訂版　現代国語三	○	2	37	○	○	○	○	○	○	○	○	○	○	15
29	3	1972	明治	現代国語三　三訂版	○	2	18	○	○	○	○	○	○	○	○	○	○	8

くしているが、歯切れのいい調子で文章にリズムを与えることが目的であったと思われる」（「三省堂」一九五一）と記されている。

また、「作者紹介」と「作品の意図」が関係づけられるのは、「狼疾記」が引用されるのと同時期（「筑摩」一九六四）である。指導書の構成が、「目標、主題、段落構成、語句の解釈、作者、学習の手引きの解答」のように、明確に分節化していくのが、三期以降であり、それまでは、「作者紹介」は中島の生年月日や代表作を挙げる程度のものであった。

同時に、頁数も見ていただきたい。単元に関する頁数は、ほとんど増加していないのに対して、[50]「山月記」教材に対する頁数は年を経るに従って増えている。読解に要する「山月記」の解説が詳しく、そして細かになっているのである。ここから、指導書の役割の変化が読み取れるだろう。教科書の趣旨やちょっとした解説を伝えるものだった指導書は、三期を境に、完璧なマニュアル本と化していくのである。頁数の増加は三期以降も続き、現行の指導書では「山月記」だけで一冊の本になっているものもある。精読するならば、相当な時間を必要とする。私たち教師は、指導書の情報の多さに安心する反面、やれやれ、とうんざりしたりする。この増量の理由の一つは、「参考文献数」の増加が示すように、「山月記」研究が蓄積された成果と考えられる。一九六五年には佐々木充《ささきみつる》と鷺只雄《さぎただお》による「虎になった原因」論争が起こっている。このことは、文学研究において、「山月記」研究が本格化してきたことを示している。もう一つは、教科書と指導書が消費される商品という性格を有することを考えれば、指導書の消費者である教師が詳しい解説を求めたからとも言える。例えば、明治書院は、編集方針に、「実際に教室で授業する先生方が、指導書に何をもとめているか――いいかえるならば、指導書を開いたとき、先生方の求めているものにただちに応えられるような、きめ細かい編集をする」（『明治』一九六五）のように教師の希望に応えたと書き記している。

逆に言えば、一・二期の頃は詳しい解説が必要とされていなかったということでもある。二期で求められなかったものが、三期で求められたのは、本書の論旨から言えば、古典の訓詁注釈で済ませていた教師たちが、「現代国語」の誕生によって読解指導をせざるをえない状況に立たされ、その方法を指導書に求め、依存するようになったから、と考えられる。

「六項目」の成立と「解説頁数の増加」は、主題や作者の意図に収斂させるための周到な用意である。次頁表4は指導書に書かれた「学習の目標・目的」を調べたものであるが、一・二期のものは、主に短編小説の解説を目的として「山月記」が扱われているのに対して、三期のものは全てが「作者の意図」や「主題」を読み取らせることを目標・目的としているのである。

この目標が具体的にどのように記載されていたかを見てみよう。全てを例示するわけにはいかないため、同一会社の異なる時期のものを例示することで二・三期の違いを明確にしたい。二期の『言語と文学二下』（秀英、一九五三）と三期の『現代国語二　改訂版』（秀英、一九六七）を次の表5に取り上げた。抽出した情報は、①単元の目標、②教材の目標、③主題、である。秀英の一九五三年度版も、一九六七年度版も両者とも、目標に「人生観の形成」があることは共通している（一九五三①―⑷、一九六七②―1）。秀英の一九五三年度版が①の⑵で「短編小説の特質の理解」と記しているよ

No.	期	教科書名	指導書の有無	①人物の性格・心理・思想を読み取る	②作者の意図・人生観の読み取り	③主題の読み取り	④人間性の理解・人生に資する	⑤短編小説の理解
1	1	新国語（六）	×					
2	1	高等国語二上	○			○		
3	2	新国語文学三年下	×					
4	2	言語と文学二下	○				○	○
5	2	高等国語（改訂版）二上	○	○				○
6	2	高等国語二下　三訂版	○	○				○
7	2	国語三高等学校総合	×					
8	2	高等学校新国語二	×					
9	2	高等国語四訂版二下	○		○			○
10	2	高等学校国語総合三（改訂版）	×					
11	3	国語現代文二	×					
12	3	高等学校現代国語二	×					
13	3	現代国語２	○		○	○		○
14	3	現代国語三	×					
15	3	高等学校現代国語三	×					
16	3	現代国語三	○		○	○		
17	3	現代国語二　改訂版	○	○	○	○	○	○
18	3	改訂版国語現代文二	×					
19	3	現代国語２　改訂版	○	○	○	○	○	○
20	3	高等学校新選現代国語二	○	○	○	○	○	
21	3	新編現代国語三	○	○	○	○		
22	3	新版現代国語三	○	○	○	○	○	
23	3	改訂現代国語三	×					
24	3	改訂版国語現代文二	×					
25	3	現代国語２　二訂版	○	○	○	○	○	○
26	3	高等学校新選現代国語二	○	○	○	○	○	
27	3	新訂現代国語三	○	○	○	○	○	
28	3	新訂版　現代国語三	○	○	○	○	○	
29	3	現代国語三　三訂版	○		○	○		

表４　指導書の「学習の目標・目的」の内容一覧（アミカケは指導書が入手できなかったもの）

	秀英出版（1953）「言語と文学二下別記」	秀英出版（1967）「現代国語二教授参考書」
①単元の目標	(1)　個々の教材の味読 (2)　短編小説の特質の理解 (3)　自己表現の力を伸ばす (4)　人間社会に対する理解を深め、各自の人生観の形成を助ける。	イ　小説中の人物・心理・思想や作者のものの見方・感じ方・考え方を読みとり、それについて意見をもつ。 ロ　小説の主題・構成・文体などについて、その特質をつかむ。 ハ　すぐれた文章表現を読み味わうことによって、ことばに対する感覚を鋭くする。 ニ　日本の近代小説の特徴を知る。
②教材の目標	〔教材設定の理由〕 (1)　時を昔、所を異国に採った、香気高い短編小説である。 (2)　人が虎になるという虚構の筋をとりながら、触れるところは、人の性情についてのたいせつな問題であり、これを中心に考え、話し合うことは、高二の生徒にとって、興味深いことであり、また、かれらの人生観の形成を助ける点でも効果的である。 (3) 文章は、適度に漢文系統のものを含み、その方面の読み方の教材として妥当である。 (4) セッティングの選び方に成功した例として、味わいうる。	〔目標〕 1　「山月記」を読んで、作品中の人物のものの見方・感じ方・考え方をとらえ、それについて意見をもち、人生について考えを深める。 2　主題の展開のしかた、人物や場面の設定のしかた、構成・表現など、短編小説の創作技術を理解し、鑑賞する。 3　すぐれた表現や描写を味わい、文体の特色を理解し、ことばに対する感覚を鋭くする。 4　中島敦について知る。
③主題	なし	異常なまでに強い自意識をもった青年が彼の心情と現実との間の食い違いを過度に意識するあまり、自分は、周囲のいわゆる健全な常識人が営む世界にはいって行くことのできない精神上の異類であると思い詰め、その過剰な自意識によって、実際に異類（虎）になってしまう、といういわばとてつもなく苦い青春を描いた作品。

表５　秀英出版版教科書による「学習の目標」の比較（傍線引用者）

うに、「山月記」が短編小説の解説的な役割を担わされているのに対して、秀英の一九六七年度版では②の2において、短編小説の理解も目標にしているが、①のイ・ロ、②の2のように、作者の考え方や主題を読み取ることに主眼があることは明らかである。大きな違いは③の主題の有無であり、秀英の一九五三年度版には主題は存在していない。次に注目したいのは、②教材の目標の(2)である。二期のもの（秀英、一九五三）には、「人が虎になるという虚構の筋をとりながら、触れるところは、人の性情についてのたいせつな問題であり、これを中心に考え、話し合うことは、高二の生徒にとって、興味深いことであり、また、かれらの人生観の形成を助ける点でも効果的である」とある。つまり、「教材で教える」という単元学習のコンセプトが表れており、なおかつ、「話し合い」の材料として「山月記」が用いられているのである。そこに主題や解答はなく、「悲劇の物語」という前提や先入観も存在しない。この指導書には「欠けるところ」の問いはあるが、解答そのものがないため、「人間性の欠如」と類似した言葉もない。「読解」という言葉が一語、単元の「学習要領」の中にあるが、主題や作者の意図に収斂させるためのものではない。

もしも、指導書通りに指導すれば、同じ「山月記」という教材であっても、その学習者への働きは大きく異なるだろう。秀英の一九六七年度版では、李徴を精神的な異常者とした読み方が強要されるのに対して、一九五三年度版では、生徒の多様な読みが話し合いを手段にして生み出される。同じ教材で、同じ「人生観の形成」を目標にしていても、結果が異なるのは明らかである。

以上のように一・二期と三期のものとでは、内容や形式が異なっているのである。主題や作者の意図に収斂される読解指導の様式の源流は、二期と三期の境界にあった。それまで混沌としていた指導書は、この時期に読解用として分節化され構成されていったのである。これは「読解への意志」の反映である。この定まった形式は、分析・解釈方法のための形式であり、作品が、部分から構成され、それらを一つ一つ読み解いていけば主題が解明できるとする考え方に支えられている。そこでは、主題に都合がよい解釈が選ばれ、多様な読みを許す余地は残されていない。

次節では、この指導書を使用するとどのような授業になるかを、当時の授業実践報告から検討していく。

4 ドキュメント・指導書を用いた正解到達型の授業

正解到達型授業の実態

正解到達型授業はどこか噛み切れない野菜に似た後味の悪さがある。これから主題に到達させる「山月記」の授業記録を見ていくが、私たちはそこで、腑に落ちない授業の終わりを目にすることになる。授業を受けた生徒だけが納得できないのではなく、授業を行った教師も割り切れない思いに苛まれることになるのだ。

文献という限られた資料の中で、典型的な例を示すのは分銅惇作のものである。[51] 指導書を用いた教師の教室では、分銅のような授業が行われていたと考えられる。

分銅惇作「〈中島敦〉『山月記』教材の扱い方と実践授業の展開」は、宮崎健三編『小説の教え方』（右文書院、一九六八年一一月）に掲載された報告文である。全てを紹介する紙幅はないため、ここでは「実践授業の展開」として報告されている「(4)『山月記』の主題をめぐって」の部分のみを検討したい。指導書通りに「山月記」の主題指導を行った場合、どのような授業となるのか。

分銅は「(4)『山月記』の主題をめぐって」の留意点として、次のように書いている。

第四時（『山月記』の主題をめぐって）〈本時〉

前時の整理・発展の形で主題を中心に鑑賞を深め、まとめていく学習である。叙述に即して、虎と化した主人公の嘆きや悲しみに託して作者が訴えようとしている問題意識として、

(1) 人間存在の不条理性

(2) おくびょうな自尊心と尊大な羞恥心とにわざわいされる自我意識の悲劇

(3) 詩と愛をめぐって苦悩する芸術家の生き方などの諸点を読み取らせて、話し合いを進めることになる。

このように、「主題」を「作者が訴えようとしている問題意識」として、(1)「人間存在の不条理

性」（2）「自我意識の悲劇」（3）「詩と愛をめぐる苦悩」の三つ用意している。このあらかじめ用意した三つの主題（＝正解）にどのように学習者を導くかが授業の関心事となる。実際の授業の様子は、「実践授業の展開」に記録されている。生徒と教師による問答がTS形式で文字におこされており、板書内容まで記録されている（Tは教師、Sは生徒を指す。「AS1」等の「A」は、グループを表す記号である。〔　〕は分銅の注記）。

〔最初に次のように板書する。〕

> 〔本時の学習のねらい〕
> ○『山月記』の主題をめぐって
> 作者は、この小説で、虎に化した詩人の悲劇を描くことによって、どんな考えを述べようとしているのか。

T　この時間は、前時間の話し合いを発展させ、問題点をまとめる形で、『山月記』の主題について考えていくことにしよう。さっそくグループごとの話し合いを始めてもらいたいが、漠然としたものになる心配があるので、次の設問を手がかりに考えてみることにしよう。

〔設問〕李徴の告白の中の、次のことばはどんな気持から言われているのか。

㋑ 理由もわからずに押しつけられたものをおとなしく受け取って、理由もわからずに生きてゆくのが、われわれ生き物のさだめだ。

㋺ 人間はだれでも猛獣使いであり、その猛獣にあたるのが、各人の性情だという。おれの場合、この尊大な羞恥心が猛獣だった。虎だったのだ。

㋩ ほんとうは、まず、このことのほうを先にお願いすべきだったのだ、おれが人間だったなら、《ママ》飢え凍えようとする妻子のことよりも、おのれの乏しい詩業のほうを気にかけているような男だから、こんな獣に身を堕とすのだ。

いまあげた㋑㋺㋩は、それぞれ李徴の告白の初めの部分、中の部分、終り部分のたいせつなことばだと思うので、前後の文章を黙読して、めいめいの考えをまとめてから、話し合いにはいるようにしなさい。時間は一応十分間にしよう。

この〔設問〕㋑㋺㋩は「作者の問題意識」（＝主題）の（1）「人間存在の不条理性」（2）「自我意識の悲劇」（3）「詩と愛をめぐる苦悩」へ導くために対応させた設問である。

教師は、どのような手際で主題に持ち込むのか。〔設問〕㋑㋺㋩に対する教師と生徒とのやり取りを順番に見ていこう。

次の場面は、㋑「生き物のさだめ」について、意見を出し合った後、教師が板書にまとめるところである。

T　非常に穏当な折衷説だね。H班はもう作家研究をかなり進めているのではないかと思うが、何か意見はないかね。

HS1　わたしたちは昭和十年代文学の背景との関係で、中島敦の思想をまとめる役になっていますので、気のついたことを述べますと、昭和十年代には戦争の不安から、〈不安の文学〉ということばが流行していたと、文学史の本に書いてありました。ここで問題になっている不合理な運命という考え方は、そういう時代思潮と関係があるのではないかしら。もしそうだとすると、作品の主題と結びつけて考えなければならない大事な点だと思いますが。

T　作家研究班の助言は、大変いいところに気づいてくれました。この次の時間に改めて発表してもらうことにして、諸君の意見を要約してみましょう。〔次のように板書〕

㋑ 人間存在の不条理性について

S（質問）不条理性って、どんな意味ですか。

T 諸君は運命の不合理といったが、ぼくのことばで、きどってむずかしく書いてみたんだよ。不条理というのは、わけがわからないという意味だ。筋道が立たないことだ。不合理性と同じと言えば同じとみてもよいが、ちょっと違うね。（後略）

筋道が立たないこと（不条理）を筋道たてて生徒に説明させている点など、このやり取りの問題点は多い。特に問題なのは、HS1の生徒たちの「時代思潮と作品主題を結びつけて」といった訴えが次時に繰り越されてしまい、教師は「人間存在の不条理性」というあらかじめ用意された主題に意見を集約させる点である。このような形で、生徒たちの発見や話し合いの内容は主題に切り詰められてしまうのである。

次に進もう。〔設問〕㋺の話し合いで、生徒たちは「尊大な羞恥心」の論理構造を目の前にして立ち往生する。この箇所は文学研究においても研究者たちを悩ませてきた部分である。それを教師は「解釈作業がまだ不十分なんだな。「羞恥心」と「自尊心」を並べると対照的になるが、「尊大な羞恥心」と「おくびょう《ママ》な自尊心」ではどういう関係になるかね」と読解方法を教えるが、それでも生徒たちの意見は落ち着かない。そして、教師は次のようにまとめに入る。

T　大変な議論になってきたね。小説の読み方は評論の読み方と違う点があるんだ。論理的に正確にたどることも大事だと思うが、それ以上に心理的な動きをとらえて、実感的に汲みとる方がたいせつだ。自分の性情について自問自答してみるんだな。虎はいなくても、猫ぐらいはいるだろう。李徴が猛獣だという性情は、ことばを換えて言えばG班の説明にあった自我意識だな。こんな風に要約したらどうだろう。〔次のように板書する。〕

㋺　近代的な自我意識の悲劇

これも、ちょっときざかな。今日はきざに徹してみようと思っているが。

S1　（質問）近代的というのはおかしくありませんか。

T　なぜ。李徴は昔の人だからかい？。

S　そうなんですが。近代的と言わないで単に「自我意識の悲劇」とするとだめですか。

T　だめなことはないさ。だが、近代的をつける方が自我意識の過剰になやむ主人公の性格がはっきりする。前に虚構について勉強した時に、『山月記』の李徴と『人虎伝』の李徴とは形は似ているが、精神的には全く違うことが問題になっただろう。李徴という古めかしい形をかりて、作者は自分の血につながる分身を作りあげているということだったね。次の問題に移ろう。（後略）

話し合いがまとまらないと、今度は「実感的に汲みと」れと言う。これにめげずに、生徒は鋭い質問をしている。「近代的というのはおかしくありませんか」と、「近代的」という言葉が唐突であることを指摘しているのである。教師の言うことが仮に正しくても、生徒は「近代的」という言葉を自分たちのことばとして飲み込めなかったのではないだろうか。

また教師は、「山月記」と「人虎伝」とを比較させる意義を「近代」の意味を理解させ、作者の創作意図を明らかにすることに見出している。このように「人虎伝」との比較は、「近代的な自我意識の悲劇」という主題や作者の意図に導くための作業として用いられるのである。

このやり取りの一番の問題は、お説教が行われていることである。李徴に「近代的な自我意識の悲劇」があるとするならば、その近代的な自我意識は、自律を促すための自問自答行為から生まれるものだろう。李徴が、虎になりきれば「しあわせになれる」と言うのは、自問自答行為という思考作業をせずに済むと考えているからである。生徒に「自分の性情について自問自答してみるんだな。虎はいなくても、猫ぐらいはいるだろう」と言って、自問自答させ、自己反省を促すことは、生徒の内面を作り出し、李徴と同じ自我意識を作り出すことに他ならない。李徴に悲劇があったとするならば、生徒に同じ「悲劇」を体験させることはないだろう。ここで教師は「㋺近代的な自我意識の悲劇」のような解答にもっていくために、生徒の中にもその悲劇があることを共感的に理解させようとしているのである。

このように教師が自覚的でなくても、指導書に従うことで、「人間はだれでも猛獣使いであり」の箇所を通し、「山月記」をお説教の道具としてしまうのだ。

次に進もう。〔設問〕㋩「妻子より詩を優先して虎になったことについて」のやり取りでは、「欠けるところ」と関連づけて「人間性の欠如・愛の欠如」が出てくる。

CS2　この部分が、李徴の詩に対して友人の袁傪が感想を述べた部分、李徴の詩才が第一流に属するが、第一級の作品となり得ないと感じたところに関連するという意見もあったのですが。

T　その通りですね。どう関連するという話し合いになりました?

CS2　結論をいうと、人間的愛情に欠けていたからだということです。

T　一流の作品ができるためには、詩才だけではなく人間性の豊かさも必要だというわけですね。

CS2　そうです。

このように「欠けるところ」を「人間性の欠如」とした上で、「詩と愛をめぐる苦悩」に引っ張っていこうとするのが次のやり取りである。ただし、それはうまくいかない。

T　さきほどの、芸術よりも人生が大事だという考え方とうまく結びつきますか。

CS2　まだそこまでは話し合っていません。

T　F班の方はどうですか。

FS1　芸術と人生のどっちが大事という、二者択一の問題ではないと思います。わたしたちの班では、㋩のことばの内容よりも、これが李徴の自嘲的な悲しいことばであることに注目しました。妻子のことよりも、自分の詩を気にかけた執念のあさましさみたいなもの、それに対する批判的な意見が強かったのですが、わたしは同情的な気持も捨てがたいような感じがします。

T　他に少数意見の人はいませんでしたか。

FS2　この部分での李徴の自嘲は、前の方で時々みられた自嘲とは違っていると思います。愛情の真実にめざめた悲しい自嘲のことばです。だから、同情的になってしまうのだと思います。

T　大変こまかなところに気がつきましたね。これ以上無理して結論みたいなものを出して割り切ってしまう必要はないと思いますから、一応まとめてみましょう。〔板書〕

㈧　詩と愛をめぐる苦悩

どうもぴったりしませんが、がまんして下さい。さて三つの小主題の形にまとめてみましたが、全体の主題はこの三つをまとめて考えればよいことになりますが、諸君はどの問題に最も強く関心を持ちますか。全体で自由に話し合ってみましょう。

生徒が、「二者択一の問題ではない」「同情的な気持も捨てがたい」と言ったのを「少数意見」として認めながらも、「詩と愛をめぐる苦悩」の二者択一の問題にまとめてしまっている。生徒たちの「自嘲」という言葉への着目も探求されることなく、「少数意見」として「がまんして下さい」と消去されてしまっているのだ。無理矢理、主題にまとめようとしたために、苦しい場面となっている。

この続きは、生徒がそれぞれの意見を出し合い、ある生徒がこの三つの主題について、先生はどれかと聞き、教師は、「困ったな。かんべんしてくれよ」と言いながら、㈧の「詩と愛をめぐる苦悩」を選択する。その理由をうまく説明できず、生徒に「そうなると、先生、やはり性格悲劇説が有力となりませんか」と問い詰められた後、教師は三つの主題を中島敦の問題にすり替えて話を終えるのである。

分銅の授業は指導書の目標に倣った形で実施したものであり、読解期の一つの典型的な授業を示している。指導書通りに授業を行った場合、主題や作者に集約されていくこのような授業が展開されたのである。その間、生徒たちの意見や感想は、主題に関連するものだけが尊重され、逸脱するようなものは黙殺・排除されていったのである。多様な解釈を楽しめるはずの「山月記」が、ただお説教の道具としてのみ扱われてしまうのである。自分の意見を否定された生徒は納得できないものを感じたであろうし、分銅も自分が用いた主題の言葉が「きざ」であることを認めている。主題の言葉が作品や教室の状況にそぐわないことを知っていたのだ。授業の最後には「苦しまぎれに、押しつけがましい説明になった」と反省し、後味の悪さを感じてさえいる。その感覚は、消化しきれないままの言葉を発してしまった時に私たちが感じる、あの自己疎外感だったのではないだろうか。

教師たちが求めた主題到達型の授業は生徒だけでなく教師のことばをも失わせる。当初からこの型の授業は行き詰まっていたのであった。

一方的な伝達の果てに

「山月記」の指導書を用いた授業は、読解作業を通して、一方的に人間の在り方や生き方を押し付けるものであった。この形の授業が形成されたのが第三期以降（一九六三年―）であることは、偶然ではない。読解指導が当時の経済界からの要請による能力主義の価値観に合致していることは言うまでもないが、この時期には、「期待される人間像」（一九六六）も中教審から答申された。人間としての在り方を国が規定しようとしたのである。「期待される人間像」は、「家庭を愛の場にすること」「仕事に打ち込むこと」「人間性の向上」を謳っていた。李徴は「期待される人間像」とは程遠い悲劇的な人間として、いわば、スケープゴートとして排除の対象とされたのである。

客観的対象として作品を分析・解釈する技術的な読解指導と、自己規律能力のある人間の育成によって、人間がつくれる、あるいは、社会が形成できるとする考え方は科学的思考が絶対視された時代の構成観である。最もそれが求められた時代が三期、つまり、資本主義経済が過熱した高度経済成長期であり、産業社会の価値である、「合理性」と「勤勉」が奨励された時代であったのだ。

東日本大震災の三・一一以降、ベックの言う「リスク社会」[52]を実感した私たちは、近代化によるリスクを学んでおり、この時代に環境・公害問題等多くのことが見落とされてきたことを知っている。しかしこの時日本は、「ジャパンアズナンバーワン」に向け、自分たちの成長物語が永遠に続くと信じて疑わなかった。この中で教育は社会的利益に直結すると考えられ、学校には依然として権威があったのである。教育を受ける者は、まじめに勉強すれば報われるという一つの真理を信じ、教師は、権威の中で伝達型の教育観を変えようとはしなかった。彼らが古典を好んでいたのも、既存としてあるものを、生徒に手渡す（伝える・教える）ことができると思い込んでいたからである。そして「現代国語」に直面した彼等が知識の伝達の次に選択したのは、技術や主題の伝達だった。「山月記」の読解指導も、あらかじめ用意された、「人間存在の不条理性」「近代的な自我意識の悲劇」「詩と愛をめぐる苦悩」という知識を読解させて伝えることで済まそうとしたのである。ここには、対話的な関係から教育を創造するという発想はなく、伝達型を飽くまで保持して授業の体裁を繕おうとする悲惨な努力がある。

要するに、読解、人間性への期待、主題指導は全て、学習者との対話的な関係を構築するよりも、一方的な伝達の意志を貫いたことから生じた現象であったのである。

しかし、この他に方法はなかったのか。当時、西尾実は、「国語通信」でなされた座談会の場で、教師が「現代国語」の教え方に自信が持てないことに対して、次のように述べていた。西尾の発言をもとに問題解決の一つの方向を見てみよう。

ぼくの考え方からいうと、「現代国語」は、やはり、学習者と非常に近いものなのだ、つまり、古典を教えたように先生が教えなければならぬという考えを少しあと回しにするというか少なくして、そうして学習者、生徒自身に突き当たらせる、そこから道が開けてきやしないか、と思うのです。案外生徒自身は、現代文学でも、文学でないいろいろな解説なり論文なりでも、わりとかれらの生活や考え方の中に気脈の通じるものがある。だからそこは古典のように、ことばや生活がずっと時代的に隔たったものを扱うのとは、すっかり変わって、もうとにかくかれらの生活とつながっていることばであり生活であり思想である、そういうように考えて突き当たることができるのではないでしょうか。

それでよく編集会議のときに現場の人たちが、「生徒たちの知っていることばから話題が出る」というようなことをいわれましたが、わたしはそれを中心に学習させるのが大事じゃないかと思う。一般的にいうと「現代国語」の学習はそういうふうに、あまり先生が教える意識を――もちろん教えなければならぬが、――教える意識を少なくして、そうして生徒自身の学習意欲を盛んにして、教材の面前にかれら自身を立たせていく、そんなふうに思うのですが、どうでしょうか。(53)

この西尾の発言の中には、「伝達」は存在しない。教師の権威による介在ではなく、学習者が直に教材にぶつかっていることが理想とされている。「山月記」の授業も学習者の日常的な話題を中心に話し合いがなされれば、教室は、活気に満ちた空間になっただろう。意見が混ざり合い、学習者の言語生活は相互に豊かになるはずである。

教師が一方通行の教えこみに躍起にならなければ、学習者は教師の発言に抑圧されることなく、自信をもって発言するに違いない。

しかし、この西尾の発言は、「現代国語」に対する当時の教師たちの発言とは相当な開きがある。自己規律や秩序が重んじられ、効率性・確実性が奨励されるような学校社会では、予測しにくい不確実な授業は忌避されてしまう。あいにくなことに多くの教師が「現代国語」に対して選んだ方法は、ゆらぎのない「読解」の伝達だったのだ。

注

（1）「自らの目標を達成し、自らの知識と可能性を発達させ、効果的に社会に参加するために、書かれたテキストを理解し、利用し、熟考する能力」

（2）幸田国広「「現代国語」設置による高校必修科目二分化の問題点――益田勝実「現代国語」観の機能――」『国語科教育』第五九集、全国大学国語教育学会、二〇〇六年三月、一一―一八頁。

（3）文部省『高等学校学習指導要領解説　国語編』好学社、一九六一年四月、一頁。

（4）桝井英人『「国語力」観の変遷――戦後国語教育を通して――』溪水社、二〇〇六年三月、一九五―二六七頁。

（5）「〈討論座談会〉国語教育における古典と現代」『国文学　言語と文芸』大修館書店、一九六三年一月、二一―二一頁。

（6）倉沢栄吉「「現代国語」と文学」『文学』第二八巻第九号、岩波書店、一九六〇年九月、四五―五〇頁。

（7）前掲、「〈討論座談会〉国語教育における古典と現代」『国文学　言語と文芸』二一―二二頁。

（8）前掲、文部省『高等学校学習指導要領解説　国語編』二頁。

（9）増淵恒吉は「〈座談会〉古典教育について――高等学校学習指導要領改訂草案を中心に――」（『文学』第二八巻

第八号、岩波書店、一九六〇年八月）六一頁で次のように述べている。

こうした指導要領があるために現場では困っているというけれども、私はそうじゃないと思う。やはり先生がたは易きにつくのではないかと思う。私もかつてそうだった。古典を教えたほうが教えやすいと言う。そう言って、文法をやったり、字句の解釈ばかりやっている。古文の技術的な解釈の方法を教えるのですね。そういう先生方がかなり多い。古典を古典として扱う教師というのは非常に数は少ないのじゃないか。

（10）「〈座談会〉戦後の国語教育の反省と批判」「国語と国文学」第二八巻第七号、東京大学国語国文学会、一九五一年七月、七七頁。
（11）前掲、「〈座談会〉戦後の国語教育の反省と批判」七八頁。
（12）「高校「現代国語」のなかの小説」「毎日新聞」一九六四年九月二〇日。
（13）「〈座談会〉古典教育あれこれ」「東書高校通信国語」第五一号、東京書籍、一九六七年三月、三頁。
（14）時枝誠記「「現代国語」の意義」『高等学校国語教育実践講座第二巻　聞くこと話すことの指導と実践』一九六二年五月（現代国語教育論集成編集委員会『現代国語教育論集成　時枝誠記』明治図書出版、一九八九年三月、三三〇―三三五頁より）。
（15）浜本純逸「人と業績」現代国語教育論集成編集委員会『現代国語教育論集成　時枝誠記』明治図書出版、一九八九年三月、二六頁。
（16）前田英樹「時枝誠記の言語学」『国語学原論（下）』岩波書店、二〇〇七年四月、二七五―三〇九頁。
（17）時枝誠記『国語学原論　続篇』岩波書店、一九五五年（時枝誠記『国語学原論　続篇』岩波書店、二〇〇八年三月、一一頁より）。
（18）時枝誠記「国語教育の方法」『時枝誠記国語教育論集Ⅰ』明治図書、一九八四年四月、一七頁。
（19）前掲、時枝『国語学原論　続篇』（時枝『国語学原論　続編』岩波書店、三八頁より）。
（20）時枝誠記「一読主義は読解指導の正しい目標」「教育科学国語教育」明治図書出版、一九六四年二月（現代国語

(21) 教育論集成編集委員会『現代国語教育論集成　時枝誠記』明治図書出版、一九八九年三月、二四一頁より)。
(22) 前掲、文部省「高等学校学習指導要領解説　国語編」二八―三二頁。
(23) 池山弘司「高校国語教科書教材における夏目漱石作品の研究」(修士論文)二〇〇五年二月、八三頁。
(24) 前掲、時枝「「現代国語」の意義」(現代国語教育論集成編集委員会『現代国語教育論集成　時枝誠記』三三三―三三五頁より)。
(25) 時枝誠記「国語科学習指導要領試案(総説・講読編)」(時枝誠記『時枝誠記国語教育論集I』明治図書出版、一九八四年四月、一四〇頁より)。
(26) 阿武泉監修『読んでおきたい名著案内　教科書掲載作品13000』日外アソシエーツ、二〇〇八年四月、四頁。
(27) 「朝日新聞」一九六〇年六月一七日。
(28) 前掲、「〈座談会〉古典教育あれこれ」六頁。
(29) 前掲、「〈座談会〉古典教育あれこれ」一頁。
(30) 前掲、時枝「「現代国語」の意義」(現代国語教育論集成編集委員会『現代国語教育論集成　時枝誠記』三三一頁より)。
(31) 「〈座談会〉これからの国語科――新制度の三か年を省みて――」「東書高校通信国語」第四一号、東京書籍、一九六六年三月、八頁。
(32) 関良一「『現代国語』管見――その教科書のありかたについて考える――」「国語科通信」第五号、角川書店、一九六七年五月、二頁。
(33) 「〈座談会〉教材としての「翻訳文学」」「国語通信」第九一号、筑摩書房、一九六六年一一月、一二頁。
(33) 難波喜造「古典学習と文学史――高校教育における文学史の扱い方――」「東書高校通信国語」第三一号、東京書籍、一九六五年四月、一〇頁。
(34) 「〈座談会〉国語教育の現状と未来」「国語展望」第三三号、尚学図書、一九七三年四月、一七頁。

(35) 高橋和夫は「読解力観の推移と展望」(全国大学国語教育学会編『講座国語科教育の探求③理解指導の整理と展望』明治図書、一九八一年二月)の中で、「読解」という語が、戦後しばらくは増淵などが、「古典」のフィールドで使っていた語だという。一九五三年に『実践国語』に特集「読解指導の研究」が組まれてから、「読解」が用語として定着したのである。(高木まさき「読むことの指導内容論の成果と展望」全国大学国語教育学会『国語科教育学研究の成果と展望』明治図書出版、二〇〇二年六月、二二九—二三六頁もあわせて参考)

(36) 前掲、幸田「「現代国語」設置による高校必修科目二分化の問題点——益田勝実「現代国語」観の機能——」一七頁。

(37) 前掲、幸田「「現代国語」設置による高校必修科目二分化の問題点——益田勝実「現代国語」観の機能——」一六・一七頁。

(38) 「〈座談会〉古典教育について——高等学校学習指導要領改訂草案を中心に」「文学」第二八巻第八号、岩波書店、一九六〇年八月、六二頁。また、中島敦の「弟子」が戦後、漢文用の教科書に孔子の解説教材として用いられていた、その役目を終えたのも「現代国語」の新設と関係があるだろう。「弟子」が教科書から消えたのは、明治以降の作品として、「古典」から切り離されたと考えられるのだ。ただし、近年は再び、「弟子」を「古典」の解説教材にとする傾向もある。阿野高明は「副教材の効果的使用による漢文指導」(「漢文教室」第一六五号、大修館書店、一九九〇年二月)二九—三三頁の中で、「弟子」を古典の参考資料にと勧めている。その上で、「『高等学校新国語Ⅰ指導ノート』の「古典編」で紹介されているのが「弟子」の冒頭なのである。この作品では子路の一途な生き方と彼を見守る孔子の姿が生き生きと描かれている」と述べている。

(39) 前掲、「〈座談会〉古典教育について——高等学校学習指導要領改訂草案を中心に」六〇頁。

(40) 前掲、「〈座談会〉古典教育について——高等学校学習指導要領改訂草案を中心に」六一頁。

(41) ハルオ・シラネ、鈴木登美編『創造された古典——カノン形成・国民国家・日本文学』新曜社、一九九九年四月。

(42) 「国語展望」尚学図書、一九七三年八月の「〈座談会〉国語教育の現状と未来」では、「教科書をほとんど補助的に使ってやっているという学校はよほど特殊な学校じゃないか。やはり教科書はかなり重要だ、だから選ぶについては非常に慎重に選ぶんだ」「特に最近は、国語は教科書中心の授業をやってもらいたいという希望〔生徒に〕がありますから」「司会　教科書が国語教育の中で果たしている役割とか、ウェイトとかいうものは相当のものだというふうに理解してよろしいですね。田所　それはそうですね。」という教師たちのやり取りがある。教科書会社が発行している雑誌のため、全てを信用することはできないが、参考にはなるだろう。また、このような教科書会社の言説が、教科書を教師に求めさせた可能性も否定できない。

(43) 「〈座談会〉『現代国語』の座標」「国語通信」第四九号、筑摩書房、一九六二年五月、一二頁。

(44) 前掲、「〈座談会〉『現代国語』の座標」一二頁。

(45) 浜本純逸『文学教育の歩みと理論』東洋館出版社、二〇〇一年三月、一七―二六頁。

(46) 船橋一男・伊藤文子「教科書教材『山月記』論・その1――長期安定教材と読みの〈制度化〉をめぐる問題――」「埼玉大学紀要教育学部」第四八巻第二号、埼玉大学教育学部、一九九九年九月、二一七―二三八頁。

(47) 川村湊『狼疾正伝　中島敦の文学と生涯』河出書房新社、二〇〇九年六月、二一一頁。

(48) 「六項目」の②は一・二期のものに、「主題」か「作者の意図」かのどちらか片方が記入されている場合もあるので、この二つを分けた。③も「李徴の心理・性格」と「虎になった理由」に分けたが、この二つは相補関係と思われ、どちらか一方のみが記入されているということはなかった。④の「欠けるところは何か」は、全ての指導書に見られた「問い」であるが、「言語と文学二下」（秀英、一九五三）には解答が存在していなかった。⑤については、「人虎伝」と比較して「山月記」との差異を示す解説と、「人虎伝」そのものが指導書に掲載されている参考文とを分けた。

(49) 金田一京助『高等国語四訂版二教授用資料』（一九五九年三月）一頁の「高等国語（四訂版）の特色」には、「系統学習の必要が叫ばれつゝ、ある現在の情勢を考慮し、学習の系統化・組織化を図った」とある。

(50) 「東書」（8）や「秀英」（11）の数値は授業展開例を含んだ数である。

(51) 丹藤博文や船橋・伊藤も既に、分銅の報告を典型的な授業として例示している。
(52) ウルリヒ・ベック『危険社会——新しい近代への道』法政大学出版局、一九九八年一〇月。
(53) 前掲、「〈座談会〉『現代国語』の座標」二一・三頁。

第五章

国民教材「山月記」の誕生

――切り捨てるものと追究し続けるもの――

1　国民教材「山月記」の誕生

なぜ「山月記」は国民教材となったのか。

この問いは私たちが一章で立てた問いと繋がっている。つまり、なぜ「山月記」は「古譚」として読まれてこなかったのか、である。本章ではいよいよこの答えを知ることになる。しかし、本当は、この答えを一番よく知っていたのは私たち教師であったのかもしれない。

それでは、「山月記」が国民教材となった経緯を追ってみよう。

一九八二（昭和五七）年、新カリキュラムによって国語の科目は「国語Ⅰ」「国語Ⅱ」「国語表現」「現代文」「古典」となり、「国語Ⅰ」が必修となった。「山月記」はこの五期（一九七八〈昭和五三〉年度版学習指導要領実施期）において、五四冊の教科書に掲載された。[1]この時期に、「羅生門」「山月記」「こころ」「舞姫」という私たちに馴染み深い四定番教材が誕生したのである。

「高校通信」の調査によると、昭和五七年度の「高校国語教科書の小説教材出度数（率）」は、「こころ」八二％、「羅生門」八二％、「山月記」七六％、「舞姫」五九％である。[2]「現代国語」が完全に施行された、一九六五（昭和四〇）年度のものと比べると、定番教材の集中化が見て取れる（表1）。この採用率の高さは、定番教材への人々の関心を引き、四教材に関する特集が雑誌上で多く組まれた。同時に、年間に発表される実践報告の数も劇的に増加する。

1978（昭和 53）年度版学習指導要領反映「五期」

1982（昭和 57）年度 使用小説教材		こころ	羅生門	山月記	舞姫	富岳百景	春の日のかげり	野火	幸福	城の崎にて	赤西蠣太	沈黙
国語Ⅰ・Ⅱ・現代文 13 社 17 種中	採用数	14	14	13	10	5	5	4	4	3	3	3
	採用率（%）	82	82	76	59	29	29	24	24	18	18	18

1960（昭和 35）年度版学習指導要領反映「三期」

1965（昭和 40）年度 使用小説教材		三四郎	山月記	生まれいづる悩み	夜明け前	伊豆の踊り子	舞姫	高瀬舟	城の崎にて	俘虜記	たけくらべ	寒山拾得	鼻
現代国語 15 社 15 種中	採用数	6	6	5	5	5	4	4	4	4	3	3	3
	採用率（%）	40	40	33	33	33	27	27	27	27	20	20	20

表 1　高等学校国語教科書の小説教材出度数（率）の比較

※「高校通信」第 16 巻・第 6 号（教育出版 1982 年 6 月）を基に作成

定番化について、高木まさきは、「教材群が固定化する時期」は「昭和五〇年代」であり、「そのときに「羅生門」「山月記」「舞姫」「こころ」が残った」と述べ、その原因の一つを「共通一次試験が始まり、マークシート方式が始まる時期でもあって読解練習に非常に向いている教材が結果として残っていったという面がある」と説明している。[3] 共通一次との関係で定番教材を論じる力と余裕はないが、少なくとも四章で見てきたように、「山月記」は「現代国語」時代、主として読解教材として扱われてきた。確かに、教師は定番教材を評価する理由を「読解練習にちょうどいいから」とはあからさまに言わない。けれども、「作品の中にまだ読み切れていない大きななぞが秘められていて、そのなぞ解きを教師なり読み手に迫っているからなんじゃないか」「考えてみれば〔四教材は〕全部巧んだ小説[4]」といった発言や、実践報告における圧倒的な読解報告の多さは、「山月記」読解に対する欲求の表れである。

もう一つ、支持する理由として多いのは、「山月記」が生き方や人間性を考えさせる教材であるから、というものだ。これは教師自身がそのように感じているのと、学習者の反応から、教師がそう判断したものとどちらも報告されている。(5)

一九七〇年代はオイルショックをもって日本の高度経済成長が終わり、能力主義に替わって人間主義（人間性の尊重・形成）がキーワードとなっていく時期である。(6)振り子のように揺れ動く教育思想の中でも、「山月記」は読解と人間性の追究指導が可能である教材として利用されてきたのであった。

読解と人間性、この二つが定番教材としての地盤をなし、これに「高雅な漢文調」の文体や「虚構（作為的な）の物語」などの要素が加味されて支持されてきたのである。

「古譚」の一篇であることにこれまで薄々気づきながら「文字と言葉の物語」と読まずに、「詩に執着し虎になった男の悲劇の物語」として読んできたのは、人間性や生き方を読み解くことを期待の地平にしていたからなのだ。

定番・安定・国民教材へ

教師たちが教材を評価する際、教えやすさを基準にしていることを見抜いた者は、定番教材を安定教材と言い換える。例えば、平岡敏夫は、安定教材は授業も安定し、教師もくり返し扱っているものだから、ツボを心得ていて安定してしまっているところがある。現在の安定教材それ自体の再読・再発見の試みと同時に、新たな、将来安定教材にもなりうるような教材の発見が必要だと思う。(7)

と安定教材を支持する教師の保守的な心性に言及している。この安定への志向について、清水節治は、

どうしてこうも過度な集中傾向が生じることになったのか、簡単に指摘も分析もできることではないが、教科書を編集制作する側に、それぞれ有力教材を入れて安定を図りたい意向があり、現場にもまたそうした安定感のある教材を求める空気のあることは確かなのであろう。それはそれでしかたのないことであり、当然のことでさえあるのかも知れないが、どの教科書を開いても「羅生門」があり、「こころ」が載っているというのは、やはり尋常な姿でないように思われる。(8)

と、安定志向が教師と編集側との共犯関係であることを指摘している。この安定志向について、教師たちの発言からは見えにくいが、「大衆」という概念から見えてくるものがある。

一九七五年には高校進学率が初めて九〇%を超えた。苅谷剛彦《かりやたけひこ》によれば、この時期に「大規模に拡大した教育を基軸に形成された」社会である「大衆教育社会」が形成された、という。(9) 苅谷は、「大

衆教育社会」において、出自を不問にした形式的な平等主義が、かえって社会的不平等を再生産していると主張する。この「大衆教育社会」との関連で言えば、教育の形式的な平等主義が教科書を均質化し、教師をして「みんなとおなじ」安定教材を支持させたと見ることができる。あるいは、教育が「みんなとおなじ」になったからこそ、差異化を図ろうとした教師が、李徴の生きざまに共感し、「とっておき」の教材として「山月記」を「みんなとおなじ」ように選んでしまったのかもしれない。

ことの真偽を判断するのは難しいが、少なくとも、「現代国語」から「国語Ⅰ・Ⅱ」に改訂され、教材が精選された結果、「せめて教科書のこの部分だけは教えたい」ものに、「山月記」が選ばれたのは確かである。定番四教材の定位は、「国語Ⅰ、Ⅱ、現代文」カリキュラムの間継続され、「国語総合、現代文」の現在にまで続いている。安定教材の期間が長く続けば、その教材は国民性を帯びてくる。「国語フォーラム」は日本全国の教師の実践や研究発表を掲載する教育誌だった。一九九二年の一〇月号の表紙には、教師が書いた、一見何気ない「学ぶ顔」と題したコラムのようなものがある。ここには学校生活の様子が描かれている。

（前略）木々に囲まれた落ち着いた雰囲気の中で、生徒は学校生活を送る。期末考査を数日後に控え、どの生徒も真剣さを増して説明を聞き、ノートを取る。一年生は古典文法にとまどい、二年生は『山月記』の李徴の心からの叫びに引き込まれ、三年生は自分の進路を見据えながら、少しでも成績を上げようと精一杯の努力を試みる。（後略）[10]

二段落目は、一年、二年、三年と各学年を象徴する学習で学校生活の風景が伝えられている。この日常的な文章から何かを指摘するのは無意味のようにも思える。しかし、全国紙という本誌の性格を考慮すると、この文は、全国の高等学校に、ある種の解釈共同体が成立していないと意味をなさないのである。つまり、それは「二年生は国語の授業で「山月記」を取り扱う」という常識が理解できる共同体である。この文が意味をなすのは、高二で「山月記」を学ぶことが同時代で共通した意識になっているからである。大晦日に家族で「紅白」を見るように、高校二年の時に教室で「山月記」を学ぶことが常識になったのだ。

私たちの「山月記」はこうして国民的な教材となった。何十年もの間教科書に採用され続け、日本全国で扱われるようになった「山月記」は、国民の形成にとって重要なメディアとなったのである。「山月記」が国民教材として認識され、そのように呼ばれるようになったのは一九九〇(平成二)年頃からであった。

2　国民教材としての「山月記」への批判

浴びせられる批判

「山月記」の授業は、これまでも「人間性の不条理」のような観念的なテーマに対してや「欠けるところ」の解釈に対して、部分的に批判されてはきた。[11]しかし、本格的に批判されるのは、一九九〇年代に入ってからである。

府川源一郎は、その著書『消えた「最後の授業」』の中で、八六年まで教材であった「最後の授業」が「国民教材」と化した時期に、「この教材への疑義が提出され出した」と指摘している。[12]同様に、「山月記」も国民教材となった時期に、多くの批判に曝されることになったのである。この、文学研究者から始まった九〇年代の批判の背後には、六〇年代後半から八〇年代にかけて西洋から流入してきた、構造主義やポスト構造主義による文学理論や現代思想の影響がある。教育に関するものでは、イリイチが『脱学校の社会』[13]で近代学校制度の解体を訴え、アリエスが『〈子供〉の誕生』の中で、「中世の社会では、子供期という観念は存在していなかった」[14]と、これまで当然視されてきた価値観を覆すような新たな見解を発表していた。また、何よりも柄谷行人《からたにこうじん》[15]やベネディクト・アンダーソン[16]が国民文学に対する問題提起の下地を用意していた。出版資本主義が「想像の共同体」を作り出し、小説も国民国家の形成に、中心的な役割を果たしてきたとする論は、国民教材となった「山月記」を放っておくはずはなかったのだ。

では、どのような批判だったのか、一覧してみよう。

石原千秋《いしはらちあき》は「山月記」を「近代的な性格悲劇として読もうとする」「読解コード」や「作者のレベルで答え」を得ようとする、「教科書の中の読書」を批判し、「脱構築する」ことを求めた。[17] 思いつきに過ぎないかのように思われたこの批判は、小野友子によって推し進められた。[18] 小野は教科書制度との関わりで論じ、「制度化」された学習を批判し、「主題」指導の解体を訴えた。また、船橋一男・伊藤文子が教科書だけでなく、「教師用指導書」を批判的に分析したのは四章で見てきた通りである。[19] 世紀が変わっても批判は繰り返され、石原が批判の矛先を戦後の国語教育に向け、国語教育は「道徳教育」であったという認識のもとに、「『羅生門』も『山月記』も『こころ』も『舞姫』も、「エゴイズムはいけません」といういかにも道徳的なメッセージを教えることができる教材」として、「打ってつけ」であったと述べる。[20] 小森陽一も戦後の国語教育を批判し、三章で引用したように、「天保」という年号の背景に、「内乱に至る権力闘争が」あったという「歴史性」を、「人間性の欠落」という「物語」によって隠蔽してきたと言う。[21] この解釈を基に小森は、『大人のための国語教科書』で、「舞姫」「羅生門」「こころ」「永訣の朝」とともに、「山月記」の「教師用指導書」の内容も問題にしている。[22]

これらの批判は「「山月記」の授業」に関わる批判であるが、教材そのものについての批判もある。フェミニズムの立場から金井景子は定番教材の主人公が男性中心であることを問題にしている。[23]

生徒が、李徴に対して、「どうしてこんなに頑張っちゃうわけ？　不思議だよね、下りちゃえばいいのに」と反応したことを例示し、女性の視点から教材選択が必要であることを説いている。

以上のように、国民教材となった「山月記」は一九九〇年代以降、多くの批判を受けてきた。批判の多くは、「山月記」の読みが道徳的な内容主義に陥り、画一的な授業を今まで繰り返してきたことに対して向けられている。国民国家形成の過程が排除の構造を内包している[24]以上、国民教材「山月記」の授業が国家に適応するための思考の様式を作り出し、それ以外の思考方法を排除してきたことは疑えない。

しかし、これまで私たちが明らかにしてきたように、「山月記」の教材史から見えてくるのは、批判すべきことだけではない。そもそも、「山月記」の教材化は学習者の読書経験を広めようとする努力からなされたものであり、民主化を模索する中での採用である。また、増淵恒吉は小説指導の必要性を訴え、生徒の話し合い活動を組織して「山月記」の授業を行っていた。そして、現代文（「山月記」）の読解指導は、それまでの古典訓詁注釈主義に偏っていた授業の見直しから生じたという側面があった。何より、高校教師や中島研究者の中には、高校時代に「山月記」を読んで感動したことをきっかけに現在の職業に就いた者もいる。この陰では国語教師の努力があったに違いない。

例を挙げれば数えきれないが、以上のように「山月記」が社会的に貢献してきた面もある。批判だけを行い、「山月記」と高校国語教育が果たしてきた役割を切り捨てることには慎重でなくてはならない。全てを切り捨てず、追究し続けるものが何であるかを吟味していく必要があるだろう。

批判の外的要因

それにしても、なぜ、ここまで批判が繰り返されるようになったのか。内的な要因としては、先にも述べたように「山月記」が国民教材として注目され、論者たちが標榜する方法論の標的にされたことが挙げられる。外的な要因としては時代状況がある。

一九七〇年代以降は、ポストモダン化が進展拡大していく、「大きな物語の衰退」の時代と言われている。思想、経済、政治等の一元的な原理が衰弱し、多元的な個々の価値観が尊重されていく時代である。よく耳にする話で、またか、と思った読者もいると思われるが、触れないわけにもいかない。東浩紀《あずまひろき》が「ポストモダン」を「大きな物語」と関連づけて分かりやすく説明しているので、その話を聴くことにしよう。

ポストモダン化は、社会の構成員が共有する価値観やイデオロギー、すなわち「大きな物語」の衰退で特徴づけられる。一八世紀の末から一九七〇年代まで続く「近代」においては、社会の秩序は、大きな物語の共有、具体的には規範意識や伝統の共有で確保されていた。ひとことで言えば、きちんとした大人、きちんとした家庭、きちんとした人生設計のモデルが有効に機能し、社会はそれを中心に回っていた。しかし、一九七〇年代以降の「ポストモダン」においては、個人の自己決定や生活様式の多様性が肯定され、大きな物語の共有をむしろ抑圧と感じる、別の感性が支配的となる。そして日本でも、一九九〇年代の後半からその流れが明確になった。(25)

規範意識や伝統の力が薄れてゆき、価値観が多様化する様子は、社会的なレベルで、学校において顕著に現れたと言える。八〇年代は、いじめ、不登校、校内暴力などこれまで問題にされなかった様々な教育問題が噴出した。

一九八四（昭和五九）年に放映された、「うちの子にかぎって」は、当時の多様化した子どもたちの価値観を鮮やかに描いてみせている。主人公は、田村正和演じる石橋先生であるが、一話の中で登場する時間が長いのは先生ではなく、子どもたちである。それは、「金八先生」のような従来の学園ドラマに見られた、教師中心の学校観から、多様化した子ども中心の学校観への転換であった。このドラマは、教師の価値観を一方的に伝えていく指導では、学校が立ち行かなくなってきた様子を映し出しているのである。視聴者はその様子を現実にあることとして笑いをもって素直に受け入れていたのである。このような現状の中で、従来の指導の在り方に反省がなされていくのは当然だろう。

さらに「大きな物語の衰退」を経済的なレベルで実感させたのが、一九九〇（平成二）年の、バブルの崩壊である。「山月記」への批判が開始された一九九〇年代は、バブルが崩壊し、「失われた一〇年」に向けて日本経済の下降が始まる時期である。安定成長期が終焉を迎え、リストラや就職氷河期を現前に突き付けられた人々は、必ずしも「学校で一生懸命勉強し、まじめに働けば豊かになる」とは限らないことを実感していくのである。そうなると、自己規律能力がなく切磋琢磨に努めなかったという理由だけで李徴を人間失格としてきた従来の読みに対して、疑問が出てきても不思議ではない。人々は、経済成長という大きな物語に疑いの目を向け、まじめに労働してお金をためることが全てでないことに気づきはじめたのである。「山月記」への批判が一九九〇年代に集中したのは、一元的な主題やお説教の授業が通じない時代状況と無関係ではないだろう。

批判に打ちのめされた「山月記」だったが、教材として消えることはなかった。なぜならば、新たな読みを構築しようとする試みが活発になっていったからである。「山月記」に別の命を吹き込んだのは、語り論や読者論であった。

3 「語り論」による「読み」の系譜

「語り論」の展開

道徳的内容重視のものではない授業としては、どのようなものが模索されたのか。一九九〇年代から始まる「語り」を鍵にした読みの系譜を辿ってみよう。

「語り論」は少々難しい理論だが、作家論や作品論から見ると斬新な着想に思える。「語り論」とは、簡単に言えば、物語内容がどのように語られているかを問題にし、さらには、その語り方（仕組み・仕掛け）が聞き手や読み手に及ぼす影響を考察するものだ。「山月記」で争点となっているのは、地の文の語り（「隴西の李徴は〜」）と李徴の語りとの関係である。そこに、袁傪という聞き手や読者がどう絡んでいるのかが問題となっている。

　蓼沼正美《たでぬままさみ》は「『山月記』論——自己劇化としての語り」の中で、授業の経験を基に、「学習の手引き」や「指導書」を例に挙げ、教材観が「差異化されることなく、まさしく唯一絶対なものとして「国語」教育の中に定着している」（傍点、原典ママ）と批判した。[26] その後、李徴の語りが正確に自己を分析できていたかどうかを検討し、「自己を対象化する言葉を語りながらも、なお劇的に自分を仮構せずにはいられない」「悲劇」を「山月記」は物語っている、とした。李徴が語ることで悲劇的に自己認識していくという蓼沼の論は、因果律で読んできたこれまでの読みを覆すこととなった。木村《きむら》一信《かずあき》が「『山月記』研究史を画すると言っていい論文であり、今後、この「語り」への論及を避けては作品を論じられない」とまで評価したように、[27]「山月記」研究において、以後、語りの構造分析の「指標」となった論考である。

　宮脇真彦の教材論は、主題の探求や作者の紹介が圧倒的多数をしめる教材研究群の中で、異彩を放っていた。[28] 宮脇はこれまでの「共感」の授業に疑問を持ち、主題中心の授業を否定。代わりに、「山月記」は「李徴・袁傪の対話のドラマ」であると言う。袁傪を李徴の対話者と捉え、袁傪から李徴への働きかけを考察し、語り構造の解明を試みている。最後は、「袁傪との対話が李徴を虎に変身させてゆくというべきなのだ」（傍点、原典ママ）と結論づけた。「山月記」に「動的な構造」を見出した論文である。

　田中実にとって、文学作品の教材価値は、「個々の読み手のなかに生じた作品の構造性、〈ことばの仕組み〉を解き明かしつつ」読み手の「内面の発掘を可能に」することにあった。[29]彼の「山月記」論、「〈自閉〉の咆哮」[30]でも「ことばの仕組み＝語り」に着目している。蓼沼、宮脇の「語り手」は李徴の語りが焦点であったが、田中は「小説の〈語り〉」（地の文の語り）と「李徴の〈語り〉」との二つの文脈があるとした。前者が後者に同化し、一人称の語り手李徴の一方的な「自己内対話」に吸収されるところに、小説の語りの構造がきわだって表れている、と述べる。その上で、「対話」がない「自閉」した李徴にとって必要であったのは、「自己倒壊」するための、「了解不能の《他者》の力」だったと結論を導いている。以後、言及されることの多い論文である。

丹藤博文《たんどうひろふみ》は、「学習の手引き」から作者の意図、作品の主題に収斂される画一的な取り扱われ方を指摘し、増淵の授業を挙げ、「『山月記』の取扱い方は、教材として四〇年以上の伝統がありながら大きな変化はな」いとする。[31]また、「何を」といった、内容主義への偏りを批判し、教材としての「作品の行為性を明らかにする」、「いかに」に注目する必要があるとして、「〈物語内容〉がいかに語られているか、語り（物語行為）はいかに物語をあらしめようとしているか」を問題にするために、「語りの構造」に着目する。持論を展開した後、「山月記」における悲劇は、李徴が「虎となり果てた時点における自己分析・認識でさえも、自己を変革していくような行為性にいたらなかった」ことにあると言う。その上で、「山月記」の教材価値を「李徴の自己解体が自己解体として容易に成立していない困難さに立ち合う点」にあるとしている。結論は田中に類似していると言えるが、「山月記」の教材価値や「語り」に着目する意義を明示した点が特徴である。

これまで、批判の対象は「学習の手引き」や「指導書」であったが、渥美孝子《あつみたかこ》は、「教科書というメディアにおいて、「読み」の方向性を媒介・誘導するものは、「学習の手引き」にとどまらない」として、教科書に掲載されている「虎の絵」を一例として取り上げ、これが「「見えざる声」のドラマという『山月記』の側面を見えにくくさせ」ていると述べる。(32)「変身譚としての『山月記』に展開されているのは、変身によって身体と自己との関係を不明瞭に抱え込んでしまった李徴が、その身体を語る言葉を見出していく過程」と捉え、「詩人としての名声をかち得ることのできなかった男は、詩に執着した男として、その名を物語の中につなぎとめられることになった」と、〈語り手〉〈地の文の語り〉の変容が「李徴を「詩人」として認定していく仕掛けでもあった」と結論づけている。

近年のものでは、高木信《たかぎまこと》が、田中実の「〈自閉〉の咆哮」の読みを訂正し、「成長」や「進化」があったとする「道徳的な読み」を拒み、読者が、李徴の語りを信じ込んでしまう仕組みを解明した。(33)「語り手（甲）」〈地の文の語り〉と「李徴の語り」とを挙げ、後者が「〈真実の語り〉であると認めてしまうシェーマが」あり、「袁傪の身振りに同化して読む読者は、袁傪＝語り手（甲）とともに、李徴の語りに情緒的反応を示さざるをえなくなる」と言う。

この他にも、多くの論者が語り論を展開した。(34)特に、日本文学協会の国語教育部会では精力的に田中実の理論を継承していこうとする動きがある。語り論をどのような方法で学習者に示せるかが問題であったが、近年、小山千登世(35)や川嶋一枝(36)が教室現場からの実践報告をしている。

相対化の学習へ

教材論を批判発展させた、多様な語り論はどれも興味深い読みである。この語り論の成果は、教科書の「学習の手引き」にも表れており、袁傪の役割についての設問が近年増加している。袁傪が李徴の語りの聞き役である、という語り構造の解明があったからこその変化だろう。

しかし、当然であるが、語りの構造もそれを読む者の立場によって異なって理解される。「山月記」の語り論が決着を見せず、日々更新されていくのはこのためであり、語りの構造といえども解釈の枠組みから逃れられない。

松本修は、「山月記」の語りの構造は読者の独自性に開かれている、と主張する。[37] 読み手の相違が「語り」を相対的なものにすると言うのである。[38] 松本は、田中、三谷邦明、丹藤、渥美の「山月記」論を検討し、「語り」を「解釈装置」として扱い、「一つの読みを強制する」ことは「新たな権威の登場」になるとして、危惧を抱いている。

また、作品志向の語り論から実際的な学習活動が論じられることはまれである。語り論文のウエイトは明らかに作品分析に置かれている。読みを喚起する、行為性に着目した文体の解明も、実際の読み手、つまり学習者がどのような活動をすればよいのかが示されなければ、松本が言うように、教室内の新たな権威または新たな「読解」として機能する危険性がある。語りの構造を絶対者として、文学作品や文学研究などの権威に教師や生徒が奉仕してしまうのであれば、それはこれまでの主題型の読解指導と同じである。それを避けるためにも、語りを軸にした「山月記」の授業を、どのような方法で学習者に示せるのか、今後一層の実践研究が求められている。文学作品を読む醍醐味は作品世界に読み手が入り込み、登場人物と対話し、彼らとともに喜び悲しむことにある。語りの分析は、まずこの読みの成立のために用いられる必要がある。

4　読者論や単元による「山月記」の授業

「山月記」と読者論

主題主義を否定し、語りの構造も含めた学習活動の在り方を提示したのは、読者論であった。読者論の導入は、「山月記」を単一に扱う、正解到達型の主題指導の解体に寄与した。

これまでも、外山滋比古《とやましげひこ》『修辞的残像』[39]『近代読者論』[40]や前田愛『近代読者の成立』[41]など読者論の立場からの仕事はあったが、国語教育でどのように実践できるかが課題であった。七六年、ヤウスの『挑発としての文学史』や、八二年、イーザーの『行為としての読書』が紹介、翻訳された。特に後者の理論は、国語教育に本格的な読者論を導入する契機となったのである。

一九八五年九月「読者論導入による授業の改革」で、芥川研究者の関口安義は、正解到達方式を批判し、多義的な読みからなる創造行為の必要性を説いたが[42]、文学教育でも読者論は進展を見せた[43]。中でも、田近洵一は、「ひとりひとりの文学との触れ合いを保証し、主体的な読みを育むようなものでなければならない[44]」として、文学教育の内実を感動体験の成立とし、読書行為論で読みの成立の解明に努めた[45]。また、府川源一郎は、言語の本質を対話性と捉え、読みの行為の中で様々な層の対話体験が読み手に成立することを目指した[46]。「読み手同士が対話し合って新しい読みの空間を創造[47]」する読みの交流は、次に述べる、石垣の「山月記」の授業でも実践されている。八〇年代から九〇年代を中心になされた読者論に立つ文学教育は、西尾・荒木の「問題意識喚起の文学教育」に始まる文学教育を批判的に継承し、理論的に磨きをかけ、授業で実践してみせたのである。

　読者論的な立場から「山月記」の報告をいち早く行ったのは、石垣義昭《いしがきよしあき》「文学作品における〈読み〉[48]」である。確かに石垣の報告は、丹藤博文が指摘した[49]ように、「悲劇の物語」を前提とし、これまで行われてきた道徳読みの枠組みをそのまま受け継いでいる。

　しかし、これまでの「山月記報告」と明らかな違いがある。それは、端的に言うと、文学体験を読みの成立としている点である（石垣は「文学体験」という言葉を使用していないが、便宜上この言葉で呼ぶことにする）。石垣は文学体験を作品の虚構構造と、読者のイメージとの対話の間で営まれる行為と捉えている。読みを喚起する虚構構造を説明する概念として、「語り手」と「視点」を挙げ、「山月記」の仕掛けを論じてみせている。

　府川が言うように、文学体験は「読み手が文体を潜り抜けるという行為自体の中[50]」にある。文学体験を重視する立場であれば、普遍的な作者の意図や「解答」や「正解」は存在し得ない。また、作品を実体として捉え、それを解釈分析することで、客観的な主題に到達できるとする構成主義の読解作業にも反省を促すことになる。要するに石垣は、三〇年前、西尾実が「生徒が「山月記」なら「山月記」の読者としての、めいめいの鑑賞ができているか、どうか。これがまっさきの問題だ[51]」と言っていた、学習者個々の読みの問題に向き合おうとしたのだ。

石垣は、読後感想文の意義を自己との対話にあるとし、初発の感想を書かせ、各々の体験内容を検討している。また、学習者は二次感想文を書き、教室内で発表し、読みを交流している。

鋭い読みもあれば、おおらかな読みもある。読み落としもあれば、誤読もある。そこに笑いが生まれ、緊張が生まれる。誰のどのような読みも受け止めつつ、互いに学び合う関係をどうつくるか。それがあって初めて感想文も生きたものとなってくる。

友人の読みと対比することによって、自分の読みとのズレ（差異点）や重なり（共通点）を発見する。そのようにして自己の客観化がなされる。それは作品と自己との接点を問い直すことである。それは新たな、そしてより確かな自己の発見であり、友人の発見である。

読解指導は「山月記」を三〇年間拘束し続けてきたが、石垣の報告はそこから救出する糸口を示してみせたのである。

「石垣報告」以降の試み

とは言え、石垣の報告内容は必ずしも具体的であったとは言えず、読者論に立つ「山月記」の授業がどのようなものなのかは正直、見えにくい。しかし、石垣以降、読み手や学習者を重視した「山月記」の授業報告が少しずつなされてきている。読者論の系譜のものや、話し合いを重視した取り組みをいくつか次に紹介するので理解に役立てていただきたい。

牧本《まきもと》千雅子《ちかこ》は、作品論や授業実践報告の整理を丁寧に行い、「学習課題集」の設問を分析・検討した。[52]その上で「読者論」を意識した授業実践例を二つ報告している。一つ目の報告の特徴は、「学習者の疑問を取り入れて作成された学習プリントに沿って、発問、話し合い、書くことを中心に読みを深め」たことであり、二つ目の報告では、「李徴が虎になることは避けられたか」という設問についての個々の意見を「座席表形式」のプリントにまとめ、「学習者の初発の感想、疑問、解決したい課題を整理し、話し合いの柱と」して、生徒の意見の変容を観察している。生徒同士の読みの交流による認識の変容に迫った報告である。

渡辺《わたなべ》通子《みちこ》は学習者の現状を押さえた上で、これまでの講義中心、読みの伝達、正答探しの硬直化した授業から「解放」させる手立てとして、「生徒をひとりの読者として保証し、教室から読みを発信させていく」ことを主張する。[53]渡辺は「山月記」の授業には二つの方法論上の課題があるとしている。一つは、「より多くの生徒にこの教材を出会わせていくための方法」である。これについて、テキストの導入にあたる、難解な冒頭部分の抵抗をなくすため、ビデオや視聴覚メディアを用いることを勧めている。もう一つは、「これまでの読みの系譜をさらに深化・発展させていく方法」である。これに対しては、読むことを楽しませる仕掛けとして「『山月記』カルタ」や「『山月記』双六づくり」などの「大胆な」授業を提案している。単純に楽しむだけでなく、「課題を解決していくうちに、厳しく深く本文の叙述に立ち向かっている自分を発見するという授業づくりを心がけたい」と述べている。

次に、主義主張は異なるが、「話し合い」を積極的に取り入れた報告を紹介する。三浦和尚《みうらかずなお》は『高等学校国語科学習指導研究』で「生徒同士が対話するという、より主体的な読解、鑑賞」を目標にした話し合いの授業を報告している。[54] 特徴として指摘しておきたいのは、書き込みプリントを使用した話し合い活動である。手順は、①気に入った表現を各生徒に書かせ、それを、②友人にコメントしてもらい、③教師が整理してプリントにまとめ、④そのプリントを基にして話し合いを展開する、という流れで、幾重にも読みを交流している。生徒は授業について、「いろんな人の意見を読んで、多くの見方ができる話で、とても楽しかった」という感想を書いている。教師の思い入れや読みの押しつけを拒絶し、対話でもって生徒の読みを広げることを目的とした取り組みである。

井上雅彦は「ディベートを用いて文学を〈読む〉学習指導の体系的な理論と方法を示し、その検証を行」うことを目的に「山月記」のディベート授業を構築しようとした。[55]「簡易ディベート」（指導者の指名にもとづき、一斉授業の中でディベートのような意見の絡み合いを実現させるもの）では、論題を「李徴はこの後、人間に戻ることができるか」と設定し、「論題検討のための観点」を三つ用意している（「虎になった原因は改善されたのか」「場面設定（月、夜明け）が象徴するもの」「作品末が「再びその姿を見せなかった」ではなく「見なかった」と表現された意図」）。この観点があることで学習者の「意見の絡み合いを容易に」すると言う。

高等学校で敬遠されがちな音声言語活動を全面に押し出した「山月記」の授業は、他に類を見ない、貴重な実践である。

以上のように一九九〇（平成二）年以降、「山月記」においても多様な読みが認められ、読解以外の言語活動に光が当てられるようになったのである。

高校国語教育の課題

一方で、この頃から小・中学校では、文学作品を精読しない言語活動中心の授業や、子どもの読みを羅列しただけに終わる授業が問題視されることになる。さらには、正解到達主義批判はダメで、正解到達主義批判を批判するべきだ、というややこしい議論も登場する。思うに、これらの問題は是非の問題ではなく、学習のめあてと照らし合わせた手段のバランスに関する問題である。しかし、もっと重要な問題は、高等学校でこのようなことが問題とならなかったことにある。川嶋一枝が言うように「いまだ高校では正解主義が主流である」[56]のではないだろうか。実態把握には調査が必要であるが、読みの多義性・多様性が認められるようになったとはいえ、高校では、学習者一人ひとりに読みが定位されるのではなく、一つの黒板に指導書の言葉が刻み込まれているように思われる。

「山月記」の実践報告の数は、以前と変わらず作品分析が多く、学習者の読みや言語活動を重視したものは少数であるし、教師用指導書には付録に示した通り、依然と「主題」の項目がある。小・中に比べ、高校ではいつからか時間が止まっているようなのだ。

しかし、様々な議論はあるが、対話や話し合いの授業は、他者との関係が希薄化し、コミュニケーション能力が衰退したと言われる「虚構の時代」において、重要な課題となっている。社会の現状を多角的に考察した、高木まさきは『「他者」を発見する国語の授業』の中で次のように述べている。

> 子どもたちが他者との関わりを避け、「対話」する言葉を喪失しつつあるとするならば、言葉を扱う国語の授業は、そうした問題を真正面から受け止め、彼らと問題を共有していく覚悟が必要だろう[57]。

大きな物語が衰退し、自己が浮遊しかねない状況の中で、他者との対話的関係の中に自己を位置づけることは重要な意味をもつ。このようなことばの教育を追究していくことが今、私たちに求められているのである。

注

（1）阿武泉監修『読んでおきたい名著案内・教科書掲載作品13000』日外アソシエーツ、二〇〇八年四月、六頁。

（2）清水節治「小説教材の不易と流行」「高校通信」第一六巻第六号、教育出版、一九八二年六月、七頁。

（3）「〈座談会〉文学と教育における公共性の問題――文学教育の根拠――」「日本文学」第五二巻第八号、日本文学協会、二〇〇三年八月、三〇頁。

（4）「〈座談会〉現代のビッグ教材を問いなおす――山月記・こころ・舞姫――」「国語科通信」第七三号、角川書店、一九八九年六月、二―九頁。

（5）例えば、盛岡芳樹は「導入教材について」（「国語通信」第三二五号、筑摩書房、一九九二年三月、二六頁）の中で、兵庫県高等学校教育課程研究会国語部会が教師に対して行った調査結果（一九八五）で、二年生の人気教材として「山月記」がトップであり、その代表的な理由が「怪異なストーリーの中から人間の心理を鋭く描いており、人間のあり方について考えさせられる。格調高い漢文調」であったと言う。

（6）桝井英人『「国語力」観の変遷――戦後国語教育を通して――』溪水社、二〇〇六年三月、三〇二―三〇七頁。

（7）平岡敏夫「安定教材をめぐって」「国語教室」第五八号、大修館書店、一九九六年五月、八頁。

（8）前掲、清水「小説教材の不易と流行」七・八頁。

（9）苅谷剛彦『大衆教育社会のゆくえ』中央公論新社、一九九五年六月。

（10）会田康子「表紙のことば・学ぶ顔」「国語フォーラム」第六七巻、秋季号、小学館サービス、一九九二年一〇月。

（11）例えば、臼井吉見『教育の心』毎日新聞社、一九七六年一月、一六六―一七二頁。

（12）府川源一郎『消えた「最後の授業」言葉・国家・教育』大修館書店、一九九二年七月、二〇八頁。

（13）I・イリッチ『脱学校の社会』東京創元社、一九七七年一〇月。

（14）P・アリエス『〈子供〉の誕生　アンシャン・レジーム期の子供と家庭生活』みすず書房、一九八〇年一二月、一二二頁。

(15) 柄谷行人『日本近代文学の起源』岩波書店、二〇〇八年一〇月。
(16) B・アンダーソン『増補　想像の共同体』NTT出版、一九九七年五月。
(17) 石原千秋「教科書の中の「山月記」」「海燕」第一〇巻第一〇号、福武書店、一九九一年一〇月。
(18) 小野友子「「山月記」論序説――制度としての教科書――」「国学院大学大学院　文学研究科論集」第二二号、国学院大学大学院　文学研究科論集編集委員会、一九九五年三月、六二―七〇頁。
(19) 船橋一男・伊藤文子「教科書教材『山月記』論・その1――長期安定教材と読みの〈制度化〉をめぐる問題――」「埼玉大学紀要教育学部」第四八巻第二号、埼玉大学教育学部、一九九九年九月。
(20) 石原千秋『国語教科書の思想』筑摩書房、二〇〇五年一〇月。
(21) 小森陽一『〈ゆらぎ〉の日本文学』日本放送出版協会、一九九八年九月（勝又浩・山内洋編『中島敦『山月記』作品論集　近代文学作品論集成⑩』クレス出版、二〇〇一年一〇月、三五六―三八〇頁より）。
(22) 小森陽一『大人のための国語教科書――あの名作の〝アブない〟読み方！』角川書店、二〇〇九年一〇月。
(23) 「〈座談会〉『女子高生のための文章図鑑』誌上編集会議」「国語通信」第三二六号、筑摩書房、一九九二年四月、五頁。
(24) 今村仁司『近代性の構造』講談社、一九九四年二月。
(25) 東浩紀『ゲーム的リアリズムの誕生――動物化するポストモダン2』講談社、二〇〇七年三月、一七―一八頁。
(26) 蓼沼正美「『山月記』論――自己劇化としての語り」「国語国文研究」一九九〇年一二月（勝又浩・山内洋編『中島敦『山月記』作品論集　近代文学作品論集成⑩』クレス出版、二〇〇一年一〇月、二五三―二七二頁より）。
(27) 上田博・木村一信・中川成美編『日本近代文学を学ぶ人のために』世界思想社、一九九七年七月、一四六―一五一頁。
(28) 宮脇真彦「対話劇としての「山月記」」「国語科通信」第七五号、角川書店、一九九〇年二月、二四―二七頁。
(29) 田中実『読みのアナーキーを超えて　いのちと文学』右文書院、一九九七年八月、二四一頁。

(30) 田中実『小説の力――新しい作品論のために』大修館書店、一九九六年二月、一六三―一九四頁。
(31) 丹藤博文「『山月記』あるいは自己解体の行方」田中実・須貝千里『〈新しい作品論〉へ、〈新しい教材論へ〉3』右文書院、一九九九年六月、一四四―一六〇頁。
(32) 渥美孝子「中島敦「山月記」・外形と内心・語りの構図」田中実・須貝千里『〈新しい作品論〉へ、〈新しい教材論へ〉3』右文書院、一九九九年六月、一二四―一四三頁。
(33) 高木信「〈語り／騙り〉としての『山月記』――「欠ける所」と漢詩への欲望、あるいは李徴は「変化」したか？」鈴木泰恵・高木信・助川幸逸郎・黒木朋興編『〈国語教育〉とテクスト論』ひつじ書房、二〇〇九年一一月、二二三―二五五頁。
(34) 引用頻度が高いのは、前田角藏「自我幻想の裁き――『山月記』論」「国語と国文学」第七〇巻第一〇号、東京大学国語国文学会、一九九三年一〇月、四二―五四頁、三谷邦明「中島敦『山月記』の虚構構造――言説分析の視点から――」「日本文学」第四五巻第七号、日本文学協会、一九九六年七月、六八―七〇頁、山本欣司「後悔の深淵――「山月記」試論――」「日本文学」第四七巻第一〇号、日本文学協会、一九九八年一二月、一九―二八頁、柳沢浩哉・森田真吾「『山月記』の修辞的分析――「臆病な自尊心と、尊大な羞恥心」の修辞とその狙い――」「人文科教育研究」第二七号、人文科教育学会、二〇〇〇年八月、一―一六頁等である。
(35) 小山千登世「他者に向けて教室を開く――『山月記』袁傪を可視化する志向」「日本文学」第五九巻第三号、日本文学協会、二〇一〇年三月、二一―一五頁。
(36) 川嶋一枝「「〈語り得ぬこと〉がある」と語る――『山月記』の教室から――」「日本文学」第六一巻第三号、日本文学協会、二〇一二年三月、二一―一三頁。
(37) 松本修「文学教材のナラトロジー〈第4回〉話法と読者――「山月記」」「月刊国語教育」第一八巻第一一号、東京法令出版、一九九九年一月、七五頁。
(38) 松本修「ナラトロジーの役割――「山月記」を具体例として――」「読書科学」第四四巻第二号、日本読書学会、二〇〇〇年七月（松本修『文学の読みと交流のナラトロジー』東洋館出版、二〇〇六年七月より）。
(39) 外山滋比古『修辞的残像』みすず書房、一九六八年一〇月。
(40) 外山滋比古『近代読者論』みすず書房、一九六九年二月。
(41) 前田愛『近代読者の成立』岩波書店、二〇〇一年二月。
(42) 関口安義「読者論導入による授業の改革」「教育科学国語教育」一九八五年九月（関口安義『国語教育と読者論』明治図書出版、一九八六年二月より）。
(43) 上谷順三郎『〈国語科授業改革双書〉(9) 読者論で国語の授業を見直す』明治図書出版、一九九七年三月、八四・八五頁。
(44) 田近洵一『現代国語教育への視角』教育出版、一九八二年八月、二七六頁。
(45) 田近洵一『シリーズ・国語教育新時代　創造の〈読み〉――読書行為をひらく文学の授業』東洋館出版、一九九六年八月。
(46) 府川源一郎『文学教材の〈読み〉とその展開――教材研究から授業実践へ――』新光閣書店、一九八五年一月。
(47) 前掲、府川源一郎『文学教材の〈読み〉とその展開――教材研究から授業実践へ――』二二頁。
(48) 石垣義昭「文学作品における読み」日本文学協会編『日本文学講座12文学教育』大修館書店、一九八八年三月、五五―七四頁。
(49) 丹藤博文「教材『山月記』を読み直す」「読書科学」第四三巻三号、日本読書学会、一九九九年一〇月、九五―一〇四頁。
(50) 府川源一郎『文学すること教育すること――文学体験の成立をめざして――』東洋館出版、一九九五年八月、一〇頁。
(51) 西尾実「文学教育における鑑賞の問題」「日本文学」第五巻一一号、日本文学協会、一九五六年一一月、三三頁。
(52) 牧本千雅子『ひびきあう高校国語教室を求めて』友月書房、二〇〇二年九月。

(53) 渡辺通子「「山月記」(中島敦)の授業実践史」田中宏幸・坂口京子編『文学の授業づくりハンドブック 第4巻――授業実践史をふまえて――』溪水社、二〇一〇年三月、一六四―一八六頁。
(54) 三浦和尚『高等学校国語科学習指導研究――小説教材の取り扱いを中心に――』溪水社、一九九二年七月、一九六―二一三頁。
(55) 井上雅彦『ディベートを用いて文学を〈読む〉――伝え合いとしてのディベート学習活動――』明治図書出版、二〇〇一年三月。
(56) 川嶋一枝「事件は現場で起こっている――「正解主義」を越えるために」「月刊国語教育」第二九巻第一〇号、東京法令出版、二〇〇九年一二月、一二頁。
(57) 髙木まさき『「他者」を発見する国語の授業』大修館書店、二〇〇一年六月、二八・二九頁。

第六章

「山月記」の音声言語とナショナリズム

1　「山月記」受容の新しい展開

メディアミックスへ

近年、中島研究は一層の蓄積としかるべき整理がなされた上、思わぬ方向に拡大を見せている。二〇〇一年一〇月から二〇〇二年二月にかけて、『中島敦全集』が発行された。全集はこれまで、筑摩（一九四八）、文治堂（一九五九―一九六一）、筑摩（一九七六）、ちくま文庫（一九九三）と四回出版されており、今回の全集は五度目となる。この全集では、中島敦の著作はもちろん、原稿類、ノート、手帳、日記、断片、書簡なども収録された。これに先だって、齋藤勝『中島敦書誌』（和泉書院、一九九七）は中島研究に大いに貢献した。文献目録の種類は「研究書／評伝」「新聞雑誌」以外にも「教材研究」「検定教科書」にまで及んでおり、作家研究、作品研究だけでなく、教材研究も『中島敦書誌』に負うところが多い（当然、本書もその一つである）。また、二〇〇一年には『中島敦「山月記」作品論集　近代文学作品論集成⑩』が発行され、これまでの膨大な「山月記論」が新たに二三編に選択、整理された。教材論も掲載されており、基本論文集として多くの研究者、教師に読まれ、参考にされている。

太宰ほど騒がれなかったが、二〇〇九（平成二一）年は中島敦生誕一〇〇周年の年として、多くの書物が発行された（表1）。

年	月	題名	作者・筆者・編者	出版社
2001	10	中島敦全集1	中島敦	筑摩書房
2001	10	中島敦『山月記』作品論集　近代文学作品論集成⑩	勝又浩・山内洋	クレス出版
2001	12	中島敦全集2	中島敦	筑摩書房
2002	1	求道者の文学　中島敦論	清水雅洋	文芸社
2002	2	中島敦全集3	中島敦	筑摩書房
2002	2	「山月記」をよむ	群馬大学教育学部国語教育講座	三省堂
2002	5	中島敦全集別巻	高橋英夫・勝又浩・鷺只雄・川村湊	筑摩書房
2002	9	評伝・中島敦　家学からの視点	村山吉廣	中央公論新社
2002	10	中島敦『弟子』の創造	村田秀明	明治書院
2002	11	中島敦　父から子への南洋だより	中島敦（著）川村湊編	集英社
2004	10	中島敦の遍歴	勝又浩	筑摩書房
2005	3	中島敦論	渡邊一民	みすず書房
2006	4	芥川龍之介と中島敦	鷺只雄	翰林書房
2007	11	南海漂蕩　ミクロネシアに魅せられた土方久功・杉浦佐助・中島敦	岡谷公二	冨山房インターナショナル
2009	1	KAWADE 道の手帖　中島敦		河出書房
2009	6	大人読み『山月記』	増子和男・林和利・勝又浩	明治書院
2009	6	狼疾正伝　中島敦の文学と生涯	川村湊	河出書房新社
2009	10	中島敦「山月記伝説」の真実	島内景二	文藝春秋
2009	11	中島敦「古譚」講義	諸坂成利	彩流社
2009	12	中島敦とその時代	山下真史	双文社出版
2009	12	世界文学のなかの中島敦	ポール・マッカーシー	せりか書房
2010	5	中島敦と中国思想―その求道意識を軸に	孫樹林	桐文社
2011	3	新しい中島敦像　その苦悩・遍歴・救済	閻瑜	桜美林大学北東アジア総合研究所
2012	5	夏雲『山月記』中島敦と、その母	武内雷龍	海象社
2012	11	李陵・司馬遷	中島敦	中島敦の会

表1　中島敦関連主要図書一覧（2000～2012）

山下真史《やましたまさふみ》は『中島敦とその時代』（二〇〇九）で「山月記」を「古譚」の一篇として捉え、そのモチーフを時代状況とともに論じている。諸坂成利《もろさかしげとし》も同様に「山月記」を「古譚」との関係で論じており、今後は「古譚」の観点から「山月記論」が発展すると思われる。

教科書との関係で中島敦や「山月記」を扱ったものに、島内景二の『中島敦「山月記伝説」の真実』（二〇〇九）や川村湊の中島敦論、『狼疾正伝』（二〇〇九）がある。川村にはこれ以前にも、『中島敦父から子への南洋だより』（二〇〇二）、『海を渡った日本語――植民地の「国語」の時間』（青土社、一九九四）があり、中島が関係した、国語と植民地の問題を取り上げている。また、ポール・マッカーシーの『世界文学のなかの中島敦』（二〇〇九）は、世界の文学・思潮の中で中島敦を取り上げており、世界的な視野で論じている。他方で、積極的に「山月記」を楽しもうとする『大人読み『山月記』』（二〇〇九）や、「山月記」を音声言語教材として扱おうとする、『「山月記」をよむ』（二〇〇二）などの存在も見逃せない。

注目すべきは、中島作品が文学ジャンルを超えて受容されるようになったことである。「山月記」は漫画という新しいメディアによって生まれ変わろうとしている。小田切進《おだぎりすすむ》監修、司敬《つかさけい》作画の『文芸まんがシリーズ　山月記・李陵』（二〇一〇）が「文芸まんがシリーズ」の新装版として復刊。また、津寺里可子《つじりかこ》が描いた『マンガ版山月記』（二〇一二）は袁傪の人物像を鮮やかに描き出し、漫画の特性を活かした完成度の高いリメイク作品となっている。子どもに人気のアプリの「なめこ」が登場する『なめこ文學全集　なめこでわかる名作文学』（二〇一三）の第二巻では、「山月記」をなめこたちが演じている。高校生や大人が読んでも十分楽しめるのではないだろうか。

さらに、野村萬斎《のむらまんさい》が構成・演出した「敦　山月記・名人伝」（二〇〇五）は、能狂言の手法を駆使した舞台芸術として好評を博したことは私たちの記憶に新しい。

研究の視点や方法が多角化・多様化し、新たな受容が展開されると同時に「山月記」自体も原作を離れ、創造性を発揮できるメディアへと歩みはじめたのである。

新たな「古典」としての「山月記」

「山月記」は国語教室でも新たな局面に行き会うことになる。これまで国語教育界で日の当たる場所を通ってきた文学教育が、その根拠を問われることになったのである。

一九九九（平成一一）年度版学習指導要領では、「言語の教育としての国語教育の立場」を明確に示し、領域構成は「A話すこと・聞くこと」「B書くこと」「C読むこと」及び〔言語事項〕の三領域一事項に改められた。この指導要領の一つの性格を端的に表しているのは、「読むことの指導」において「読解・鑑賞」や「主題」の語が一切使われなくなったことである。この指導要領は、一九九八（平成一〇）年七月に出された教育課程審議会答申を受けて作成されたものであり、審議会では「読むことの指導」について、次のような意見が出されていた。

特に、文学的な文章の詳細な読解に偏りがちであった指導の在り方を改め、自分の考えをもち、論理的に意見を述べる能力、目的や場面などに応じて適切に表現する能力、目的に応じて的確に読み取る能力や読書に親しむ態度を育てることを重視する。

従来の指導が文学の読解指導に偏っていたことや国語教育でコミュニケーション能力の育成が必要とされていたことは事実であった。しかし、この言説は、極限的には「脱文学教育」の方針として理解され、文学教育に携わってきた人たちの戸惑いはひととおりではなかった。

例えば、二〇〇〇年五月の「月刊国語教育」誌上では「逆風の中の文学教育」という挑発的な題名で特集が組まれている。これは、「「生きる力」重視の国語科学習指導改善の流れの中での文学教育の再評価を考え」ることを目的とした企画であり[1]、執筆者は皆、「文学作品は、豊かな想像力を育て、言葉の世界を広げる最高の教材である」と「共通して述べて」いる（編集後記）。しかし、論者たちは教育課程審議会の答申の文言、「文学的な文章の詳細な読解に偏りがちであった指導の在り方を改め」を強く意識して発言しており、その上で、学習指導要領が目指す「生きる力」「心の教育」「伝え合い」などの言葉と結びつけて文学教育を論じようとしていた。ここから見て取れるのは、「読解指導に偏りがちであった」という言説や学習指導要領が目指す「生きる力」「心の教育」や「伝え合い」といった言葉が関係者へ浸透していく様子である。そのため論者たちが文学教育の居場所をなんとか「生きる力」の中に確保しようとしているように見えてしまう。

また、二〇〇三年八月の「日本文学」では「文学教育の根拠」が特集され、これまであって当たり前だったはずの文学教育の、その存在意義が問われている。

このような文学教育に対する厳しい風潮との因果関係は定かではないが、少なくとも私たち国語教師は、ここ数年、高校生にとって近代文学作品が身近なものでなくなりつつあることを感じている。

毎日新聞社が実施している読書世論調査（二〇一二）で、高校生が「一ヶ月間に読んだ本」として上位に挙げられたのは、『もし高校野球の女子マネージャーがドラッカーの『マネジメント』を読んだら』『涼宮ハルヒの驚愕』『王様ゲーム』『謎解きはディナーのあとで』『神様のカルテ』『告白』等である。(2)ドラマ・映画化された作品やライトノベルが好まれる傾向にあり、教室でアンケートを取ったとしても同様の結果になるだろう。このことを否定するつもりは全くない。言いたいのは、近代文学作品が読まれなくなった現状である。漱石や芥川の作品を挙げる生徒はクラスに一人いるかいないかであり、まして、中島敦の名前が挙がることはめったにない。集英社が『遠野物語』や『夢十夜・草枕』の文庫本の表紙に人気漫画家のイラストを採用したのは、そうすることで若者の需要を掘り起こそうとしたからであり、(3)そうでもしなければ、見向きもされないと思ったのかもしれない。漱石作品をはじめとする岩波文庫を読むことが教養の目安とされた時代(4)に比べると、高校生と近代文学との距離は確実に広がっていると言える。

現在の高校生の感覚からすれば、「文学界」掲載から七〇年を経た「山月記」は、ある意味で「古典」なのである。

世相を映し出すのはここでも教科書である。

大修館書店の『新編現代文』（二〇〇八）を開くと、「山月記」が生徒の実態を考慮して教材化されていることが見て取れる。この教科書の特徴は、分かりやすさを優先して編集していることである。本文の前には「あらすじ」が置かれ、意味の取りにくい部分には口語訳が付されている。ルビも多めに付されており、李徴の詩の部分は「書き下し文、原文、大意」で構成されている。これらの配慮は古文教材に対する配慮と同質のものであり、「山月記」が実質的に「古典」となったことを物語っている。

文学教育がゆらぎを見せる中で、新たな「古典」となった教材「山月記」はどこに行こうとしているのだろうか。

2　音声言語教材「山月記」の可能性と問題

音声言語教育の「山」と「谷」

増田信一によると、音声言語教育の消長は、三つの山と二つの谷に分けられる[5]。この起伏の中で「平成時代」は「第三の山」の「音声言語教育の最重視」の時期にあたる。これまで見てきたように、戦後経験主義時代に話し合いが重視されて以降は、高校においては読解指導が中心となり、「読む・書く」以外の教育はなおざりにされてきた。その後、音声言語指導がようやく重要視されてきたわけである。その背景として山元悦子は次のように述べている。

　国際時代を迎え、異なる文化背景を持つ人々と話し合いながら協同で物事を進めていくコミュニケーション能力が今日強く求められていることがあげられる。自分の主張を、言葉ではっきりと相手に伝える言語能力の必要性である。(6)

　この見解は、一般的な認識を示していると言えるだろう。時代の要請とともに音声言語教育は徐々に進展を見せていたのである。一九八九（平成元）年度版学習指導要領は、昭和五三年度版の内容をおおよそ踏襲しているが、「話し方や話合いの活動を充実させるようにすること」と記載され、現在に至る音声言語の潮流を胚胎していた。一九九九年には高橋俊三《たかはししゅんぞう》編の『音声言語指導事典』が刊行されている。このことは、「研究の進展・深化の一つの証」(7)であり、学問としての基礎、つまり、理論化・体系化する準備が整ったことを意味していた。そして、一九九九（平成一一）年度版学習指導要領では、「伝え合う力」が目標に掲げられ、「話すこと、聞くこと」が指導内容の初めに位置づけられたのである。このように、音声言語教育の消長という観点から現在の国語科教育を見ると、確実な進歩を遂げているのである。

　ただし、平田美保子は教育現場において「小中学校の音声言語教育の歴史にある「山」と「谷」は、高等学校には波及せず、高等学校の「話すこと、聞くこと」の指導が一貫して不振であった」ことを明らかにしている。[8]その原因の一つとして、「小・中学校で盛んに音声言語教育が行われると、高等学校がそこで不足した「読み書き能力」をカバーする役割を背負わされること」があったと述べている。「話すこと、聞くこと指導の不振」は、「山月記」の実践報告でも言えることである。現在においても、音声言語教材として「山月記」を捉える視点は希薄である。五章で紹介した井上雅彦の実践は音声言語指導の一例であったが、高等学校においては希少な取り組みと言える。

しかし他方で、少数派といえども、音声言語指導の潮流は「音読・群読」の教材として「山月記」を取り込むことになる。新たな古典、「山月記」による音読の授業が奨励されはじめたのである。『「山月記」をよむ』（二〇〇二）、『音読破山月記』[9]（二〇〇五）、『古典を楽しむ』[10]（二〇〇八）などはその代表だろう。確かに、以前から「山月記」は音読に適した教材と言われてきていた。[11]しかしそれは学術的な裏付けがあったわけではなかった。近年みられる「山月記」を「音読・群読」しようとする現象においては、身体との関係で声（朗読・音読）が捉えられ、「音読・群読」する意義が論じられるようになってきている。この現象は「山月記」の教材史にとって、特筆すべき出来事である。

確かに身体と教育の問題は、竹内敏晴の『ことばが劈かれるとき』[12]などでも話題となり、多くの理論や実践に取り入れられていった。しかし、ここ最近の音読重視の主張には、同じ身体との問題を扱っていたとしても、抑圧された身体を治療するといったベクトルとは逆に向いているものもあることに注意が必要である。

次に「音読・群読」の可能性と問題点を指摘し、「山月記」をめぐる問題を考察しよう。

「音読・群読」の可能性

高橋俊三の「「山月記」の抱く言葉の世界――朗読ということ――」で始まる『「山月記」をよむ』[13]は、一三人の筆者が各々の専門分野から「山月記」論を展開している。この本には付録として高橋俊三による朗読CDが付いており、音声言語を重要視したものとなっている。「山月記」による声の指導が理論化された初めてのテキストと言える。

高橋は「山月記」が朗読に適した教材であると言う。「山月記」は「朗読するに耐えうる文体をもって」おり、「音声化することによって、朗読することによって、読み手・聞き手の前に、その世界を如実に開き、巧みな言葉の世界を広げる」と見ている。さらに高橋は、高校入試後の中学三年生に「山月記」を朗読すると、「彼らは、深く感動する」と述べ、その効果の理由を次のように語っている。

「山月記」は、読み解くに難しい作品だとされている。高校の教科書に取り上げられ、数時間の授業を重ねても教えきれないといわれている。その作品が、なぜ中学生の大方にわかられるのだろう。しかも、原文を見ずに、一回聞くだけでである。そこには、理解度の深浅ということがあると認められなければならないのかもしれないが（私は、深浅の問題ではないと思いたいが）、真剣なまなざしになるまでに共鳴する原因を作ったのは、音声の力だと思う。私の読み方の巧拙を言おうとしているのではない。声の言葉の力だと思う。

高橋は、読み解くのではなく、「声の言葉の力」によって言葉の世界を広げようとしているのである。どうだろうか。彼の主張から何か見えてくるものはないだろうか。

「音読・群読」の可能性と問題点を考えるために、この高橋の主張とは別に、音声言語を重視した報告を二つ参考に挙げてみよう。一つは『「山月記」をよむ』の最後に掲載されている、中村敦雄《なかむらあつお》の「「山月記」をどうやって救出するか?」であり、もう一つは片桐史裕《かたぎりふみひろ》「高校生のグループ対抗・群読コンテスト(14)」である。

「山月記」の教材観と音読を行う目的が端的に書かれている箇所から、三人に共通する点を二つ指摘したい。

まず一つは、学生には「山月記」は難解である、と認識していることである(「読み解くに難しい作品」〈高橋〉・「生徒諸君の直面するギャップ」〈中村〉・「難解な語句にすんなり入り込めない」〈片桐〉)。難解な教材への出会いのために音声言語を利用しているのである。

もう一つは、黙読に対峙するものとして音読の価値を置いている点である(「黙読でもよいのだが、声を忘れると同時に、言葉を楽しむことをも忘れてしまう」〈高橋〉・「文字言語による解釈に終始する「授業の常識」を脱し」〈中村〉・「内容を分析や解釈するよりも」〈片桐〉)。

「山月記」の冒頭部分の難解さは指摘されて久しい。その漢語使用率の高さは、教材化された当初から教師や学習者を悩ませてきた。今日まで私たち教師は、この部分を分かりやすくするため、苦心して様々な工夫を凝らしてきたのである。先に例示した『新編現代文』や渡辺通子の取り組みは見てきた通りである。教材との出会いを保証したり、教材に接近しやすくしたりすることは、授業をする以上、必要不可欠なことである。音読や群読を取り入れることによって、学習者は「山月記」のリズムを体感し、楽しんで読み進めることができるだろう（もちろん、難解と感じる「山月記」を教える必要があるのか、という議論は別である）。作品と出会うために、声に出して読むことは有効な手段と言える。

また、中村敦雄は、「声に出す」ことで「山月記」を「救出」する、と言っているが、これは、文字文化に拘泥した李徴を音読で（声で）救ってやる、という挑戦的な意味と、固定化した「山月記」の授業を改善する、という歴史的反省の意味が込められている。「山月記」を単独の作品として扱ってきたこれまでの指導からの方向転換であり、「山月記」指導の可能性を広げた提案である。

問題となるのは二つ目の「黙読に対峙するものとして音読の価値を置いている点」である。高橋俊三は『講座　音声言語の授業』[15]の中で朗読と群読による効果を整理し、理論の構築に努めている。朗読による効果の一つとして、「黙読で得るよりも原初的で根元的な感動が得られる」ことを挙げている。ここには、彼を代表として、音読を主張する者に共通して見られる、黙読に音読を対立させ、音読の優位性を確保しようとする姿勢がある。この音読対黙読の問題を突き詰めていくと、デリダが批判するロゴス中心主義の問題やオングの声か文字かの形而上学的な問題にいきつく。この、声か文字か、音読か黙読かが「山月記」でも問われることになったのである。

その問題点

「山月記」を「声に出して読む」最近の流行に反対する意見がある。諸坂成利は『中島敦「古譚」講義』の中で「書物」における黙読の優位性を説く立場から反論する。[16] 彼は、「中島の作品は、やはり黙って詳しく読む必要がある」と述べる。アウグスティヌスの『告白』から本を黙読している場面を引用し、これを感動的な場面として評価した上で、書物や日本語を声に出して読むことを否定している。

諸坂が妥当なことを述べているかどうかは別途検討が必要であるが、彼が主張するように、黙ってじっくり読むことによって得られる感動が、「活字文化の嫡出子[17]」である、近代の読者に存在するのは確かである。音読派が言う、声を出すことによってのみ「根元的な感動が得られる」とする論は妥当性を欠いていることになる。これは、文学研究者からの批判であるが、教育の場で群読することの危うさを指摘している意見も参照する必要がある。私たちが何気なく行っている音読や群読に問題があると言うのだ。

大津雄一は「何のために――『平家物語』群読の危うさ」で、教室で『平家物語』を群読する際には、群読が内包するものと『平家物語』が内包するものの、二層の危うさがあると指摘している。[18] 大津は「声を出して読むことによって、たとえ若干意味はわからなかろうと、その作品あるいは言葉の「本質」や「真理」や「美」を体感することができるという確信」や「黙読で得るよりも原初的で根元的な感動が得られる」という言い回しに根拠があるわけでなく、その「感動」とは、「声を発する

快感の累積と教室全体が一体化して盛り上がったことからくる高揚感」ではないかと述べ、

皆で一体となって声を出すことの楽しさを否定はしない。しかし、そこで得られるという「原初的で根元的な感動」の内実を吟味することなく、「言霊信仰」とでもいうべきプリミティヴィズム、あるいはロマンティシズムのもとに、生徒たちに朗読や群読を強いることには違和感を抱く。ありえないことと思いたいが、出会うべき本質が、「国民精神」や「武士道」や「日本国民の優秀さ」などというものに、いつ置き換えられるかもしれないのである。

と朗読や群読の意義を認めた上で、それが危険なナショナリズムに結びつきかねない点も指摘している。兵藤裕己《ひょうどうひろみ》は、この「声」がナショナリズムに結びつく構造を、『〈声〉の国民国家・日本』の中で指摘している。(19)「浪花節」が「大衆」をして「あるナイーブな「国民」精神の共同体をつくりだし「国民的暴力としての戦争に荷担させた」と、国民国家形成から一九四五（昭和二〇）年の敗戦に至るまでの背景を、「大衆」に馴染んだ「声の文学」という視点から論じている。

「山月記」は軍記物ではない。しかし国民教材となった「山月記」を教室で音読・朗読・群読するのであれば、教師は、その学習効果とともにその危うさにも敏感でなければならないだろう。「山月記」を声に出して読む指導が、作品との出会いを保証し、新しい授業をつくり出す可能性があるのは間違いない。ここで注意を要するのは、ようやく芽生えてきた「読むこと」以外の活動を適切な道に向けてやらなければならないということである。音読に限った話ではないが、隙があれば、教材に権威的なものが入り込んでくることに対しては、警戒する必要がある。音声言語指導が高等学校で停滞していた分、発展的な研究や実践とともに、一層の批判的な研究や実践が求められているのである。以上のように考えるのは、次のような現状を憂慮してのことである。現状を述べ、今日的課題を提示して、この章を終えたい。

3　近代学校教育が抱えるジレンマ

「日本語」ブームの背景

『「山月記」をよむ』が出版された、二〇〇〇年前後には「日本語」ブームが発生している。一九九九年に大野晋の『日本語練習帳』、二〇〇一年には齋藤孝『声に出して読みたい日本語』[20]がベストセラーになった。日本語ブームの代名詞とも言える齋藤の論は、ナショナリズムを声を通して身体に染み込ませる方向性で展開されている。確かにフーコーが言うように学校は規律・訓練の場であり、「教育」が「従順な身体」を作り出している面は否定できない。しかし、齋藤はこのことを問題視するのではなく、積極的に推進しようとしているのである。ここでの問題は、齋藤の考え方よりも、むしろ、本書がベストセラーになり、「身体に日本語を染み込ませる」という気味の悪い露骨な思想を多くの人が受け入れたことだろう。

この読者層の心性を説明する背景として、図式的ではあるが、グローバリゼーションとその反動によるナショナリティが指摘できる。五章でも述べたが、「大きな物語」が衰退していく中、一九八九（平成元）年ベルリンの壁が崩壊し、冷戦終結にともなって、アメリカを中心とする資本主義経済が広がった。そのためアイデンティティの空白を埋めようとする意識が、人々をして「日本語」を志向させせたと考えられるのだ。一九九九（平成一一）年の国旗国家法や奉仕活動・愛国心教育の提案、そして、二〇〇六（平成一八）年、教育基本法の「改正」に至る、一連の右傾化は、グローバリゼーションに対する国家レベルでの対応である。

浮上するナショナリズム

日本語を音読させる問題は、新学習指導要領の下で新たに古典教育や漢文教育が行われることになった小学校で顕著な形で現れている。指導要領で「親しみやすい古文や漢文、近代以降の文語調の文章について、内容の大体を知り、音読すること」のように、頻繁に古文・漢文の学習が音読と結びつけられているのは「親しむ」ためや「読んで楽しむ」[21]ためだけではないだろう。「伝統的な言語文化の事項」として、古文・漢文が「我が国の伝統や文化」の学習にすり替えられていることを[22]考えれば、音読の重視はナショナリズムと無関係ではない。身体的感情的な基盤に根差した音声言語を利用し、子どもたちに共同の感覚をもたらすことで国民的帰属意識を形成しようとしているのである。

この問題に私たちはどのように向き合えばいいのだろうか。領土をめぐる問題や憲法改正論議など、数年前に比べ国家に関する問題は切迫したように思える。もちろん、日本語の豊かさや多様性を知ること自体に問題があるわけではない。むしろ言語文化への関心を深めることは国語の重要な役割の一つである。また、「伝統」を否定したとしても「伝統」は必要とされ続けるだろう。ギデンズが言うように「人間生活に連続性を与え、その様式を定めるのが伝統だから[23]」である。

個を尊重し、学習者の主体性を育もうとしてきた教育が、実は、国家の期待に倣った人間をつくり出すための方策であるという、近代学校教育が抱えるジレンマ構造に私たちは直面している。「山月記」教材化から音声言語指導に至るまで、本書がこれまで扱ってきた様々な矛盾の多くはこの問題から生じている。

古文、漢文、それから新たな「古典」となった「山月記」をどのように扱うべきかが今、問われている。そして同時にこの問いは、私たちの教材観だけでなく、教育観、歴史観や人間観に対する問いである。すなわち、世界とどう関係するかという問題であるのだ。

注

(1)「編集室から」「月刊国語教育」第二〇巻第二号、東京法令出版、二〇〇〇年五月、一〇四頁。

(2)『読書世論調査二〇一二年版』毎日新聞東京本社広告局、二〇一二年三月、六八―七九頁。

(3)前掲、『読書世論調査二〇一二年版』四〇頁。
(4)竹内洋『教養主義の没落』中央公論新社、二〇〇三年七月。
(5)増田信一『音声言語教育実践史研究』学芸図書、一九九四年一〇月。
(6)森田信義・山元隆春・山元悦子・千々岩弘一『国語科教育学の基礎　改訂版』溪水社、一九九八年一〇月、一八三頁。
(7)吉田裕久「序　話すこと・聞くことの教育研究史の概観と本章の課題」全国大学国語教育学会『国語科教育学研究の成果と展望』明治図書出版、二〇〇二年六月、八五頁。
(8)平田美保子「高等学校国語科におけるコミュニケーション教育」(修士論文)二〇〇三年三月。
(9)齋藤孝『音読破山月記』小学館、二〇〇五年四月。
(10)日本群読教育の会+毛利豊編著『《群読》実践シリーズ古典を楽しむ』高文研、二〇〇八年一一月。
(11)中野孝次「中島敦「山月記」を読む」『国語教材を読む(第二集)』風信社、一九八一年四月、二四―三五頁。
(12)竹内敏晴『ことばが劈かれるとき』思想の科学社、一九七五年八月。
(13)群馬大学教育学部国語教育講座編著『「山月記」をよむ』三省堂、二〇〇二年二月。
(14)片桐史裕「高校生のグループ対抗・群読コンテスト」日本群読教育の会+毛利豊編著『《群読》実践シリーズ古典を楽しむ』高文研、二〇〇八年一一月、三八―四二頁。
(15)高橋俊三『講座　音声言語の授業(全5巻)第4巻　音読・朗読・群読の指導』明治図書出版、一九九四年六月。
(16)諸坂成利『中島敦「古譚」講義』彩流社、二〇〇九年一一月、一一七―一七五頁。
(17)前田愛『近代読者の成立』岩波書店、二〇〇一年二月、三八〇頁。
(18)大津雄一「何のために――『平家物語』群読の危うさ」大津雄一・金井景子編著『声の力と国語教育』学文社、二〇〇七年三月、一九―三八頁。
(19)兵藤裕己『〈声〉の国民国家・日本』日本放送出版協会、二〇〇〇年一一月。

(20) 齋藤孝『声に出して読みたい日本語』草思社、二〇〇一年九月。
(21)『小学校学習指導要領解説　国語編』文部科学省、二〇〇八年三月、九三頁。
(22) 上手裕子「新学習指導要領における漢文教育――漢文の「訓読」「音読」問題の視点から――」「金城学院大学論集　社会科学編」第七巻第一号、二〇一〇年九月、八一―九六頁。
(23) A・ギデンズ『暴走する世界――グローバリゼーションは何をどう変えるのか――』ダイヤモンド社、二〇〇一年一〇月、九四頁。

終章

問題解決の糸口

モノローグ

私たちの「山月記」考察の旅は、次の仮説を立てることから出発した。

「山月記」が「古譚」から切り離され、そのまま教室で読まれ続けているのは、「古譚」の枠組みではなく「山月記」の枠組みで読むことが、教師の期待にかなうからではないのか、と。その期待は、「読解」や「人間性」の追究にあったことを「山月記」の受容を追うことで突きとめた。国民教材「山月記」は、その開かれたテキストを、教師や社会の期待に沿って読むことで誕生したのだった。「読解」や「人間性」の追究は主題到達型の指導によって行われ、その主題内容である、「お説教」は資本主義の精神と親和関係にあることを三・四章で指摘した。「山月記」の授業は、学習者の心の中に資本主義社会を支えるエートスを作り出し、日本の高度経済成長を精神面で後押ししてきたのであった。狭い意味での「読解」は、教室内での優位性を確保しようとする教師の心性と経済界が要請する学力観や大学入試を背景に確固とした牙城を築いたのだった。現在、批判を受けつつも高等学校ではこの型の授業が主流を占めている。

私たちはこの他にも、「山月記」が各時代の諸相を映し出してきたことを見てきた。学習者の言語領域を広げようとする戦後教育の民主化や戦前の思考様式を受け継いだ良書主義（二章）。主体の生活から教育を構想しようとする生活主義と技術訓練をその旨とする能力主義（三・四章）。価値観が多様化するポストモダン社会（五章）。音読を利用したナショナリズム（六章）等である。

この中で本書が問題としてきた、「目録主義」「主題到達型授業」「我が国の伝統や文化」等の根底に見られたのは、ある種の思考の様式であった。それは、国家、経済、為政者、教師たちのモノローグ、つまり、他者との関係を顧みずに、自ら信じた真理を伝えようとする「伝達型の思考」である。この問題の深層には、外部によって生徒の内部を規定しようとする近代学校のジレンマ構造があった。

一方で、私たちはこの問題を解決し、民主的な教育を実現させるための糸口も発見してきた。以下に私たちにできる問題解決の手掛かりをしたためておきたい。ただし、これらの問題は、教師にだけ背負わされた問題ではない。学校、地域、社会、国家の問題であり、具体的には、生徒、教師、カリキュラム、教科書、指導書、大学入試、模擬試験等の相互の関係や多忙化する教育現場の実態などが重層的に絡み合っている。したがって、以下に示すのは、「山月記」の授業という視点からの一つの提案であることを言い添えておく。

ダイアローグと読書

では、民主的な教育を実現させるにはどうすればいいのか。

戦前の思考様式から抜け出すため、フレイレの「対話」概念のように[1]、教育に広義の「対話型の思考」を取り入れてはどうだろうか。国家社会の固定化した理想を実現するために教育があると捉えるのではなく、教育を対話的な相互作用から生じる動的な営みと考えるのである。教室の場においては、学習者と教師との対話、学習者同士の対話、教材との対話の行為自体が学びを生み出していると理解するのである。そこでは、すばらしい出会いだけでなく、対立やズレやすれちがいもある。それらを含めて教育として捉えるのである。

教材論のレベルで言えば、「山月記」を教師の期待する価値観から一方的に教え込むのではなく、「山月記」の行為性（教材価値）と学習者との相互関係（対話）から、学習の在り方を構想するのである。ここで重要視したいのが、学習者一人ひとりの生活に立った、読書・文学・言語体験の充実である。

二章で見てきたように、教材「山月記」は、戦後民主化の文脈から誕生したものだった。すなわち、学習者の興味・必要を中心にした言語経験を与える方向性から選ばれた教材だったのだ。学習者の立場を尊重し、読書経験を広く豊かにするために「山月記」を扱うことは、民主的な取り組みと言えるだろう。

したがって、読解のために「山月記」を教えるのではなく、学習者の読書生活を豊かにするという観点から、「山月記」で読書指導をしたり、文字・言語の仕組みを学んだりすることも認められるべきである。

実践的な取り組みとして例を挙げれば、「山月記」をきっかけにして「古譚」へと読みを繋いでみたらどうだろうか。「古譚」としての枠組みで読むことで、悲劇性や人間性の物語に回収されない読み方ができる。その上、「古譚」四篇は「文字禍」をはじめとして、ことばの問題を考える格好の教材となる。

以前、「山月記」の授業後に「文字禍」を読み、感想を書かせた。ある学習者は、「小さい頃から「文字」というものをあまり意識せずに存在して当たり前のものだと認識し、読み書きをしてきました。しかし、「文字禍」を読んで、文字に対する考え方が変わった気がします」と書き始め、結末は「文字への強い執着と引きかえに、大切なものを失ってしまった博士の最期が、とても空しく感じられました」と締めくくった。ここでは「文字禍」を読んだことで、言語に対する認識が変化したことが語られている。それが、たとえ「文字に対する疑い」であったとしても、ことばに対する新しい見方が広がっている。

この後、文字や言語をテーマに「山月記」を読み直すこともできるだろうし、学習者の興味に沿って文字や言語に関する他の教材を探すこともできる。昨今の評論教材で、「言語論的転回」を題材としたものがある（例えば、鈴木孝夫「ことばと文化」）が、いくら説明しても単なる相対主義として理解されてしまう場合でも、「文字禍」を読めば、「ことばがものをあらしめる」ことを実感的にイメージできるかもしれない。このように「古譚」へと読書を広げることは、言語体験でことばを学ぶきっかけをつくることができる。

また、六章で触れたように、近年、「山月記」は文学の領域を超えた広がりをみせていた。他メディアとの出会いは言語文化や言語生活の理解に役立つはずである。野村萬斎の「敦　山月記・名人伝」はDVDに記録されており、これを教材として用いることで、文学だけでなく、能・狂言といった芸術文化への興味や関心を広げることができるだろう。または、『マンガ版山月記』と言語のみの「山月記」とを比較することで、学習者が表現メディアの違いや図と言葉との関係を学ぶことができる。このことは、自らの読書生活の中でどのようなメディアを選択するかという身近な問題にも繋がってくる。

以上の取り組みは、メディア・リテラシー、PISA調査や新学習指導要領等の方向性とある面、同じくするものであり、「山月記」の広がりは、学習者のことばへの興味や関心を広げてくれるだろう。

文学・言語体験

しかし、私たちが文学作品を読むのは、読書領域を広げたり、言語の働きを知ったりするためだけではない。作品世界を体験し、楽しいから読むのだ。この文学体験には、教育が抱えるアポリアを解決する可能性がある。

私たちは本の世界に参加しているとき、文章の動きに身を委ねている。非日常の世界の登場人物たちと戯れ、会話を交わし、出来事を体験する。

本の世界から潜り出てきたときには、私たちの中には新たな世界が広がっているのである。読書の行為それ自体が創造的な営みであり、この創造的な営みの中には、教師や社会による「お説教」は存在しない。

このようにことばの仕掛けに反応し、想像の世界を広げられるような文学（言語）体験は、教育が抱えるジレンマ構造を解体する手掛かりを与えてくれるのである。創造性は、教育者が教材を通して被教育者にメッセージを伝えることで成り立つのではなく、学習者が教材と対話することで、教材の場において生成するからである。

したがって、西尾実が言っていたように、「「山月記」の読者としての、めいめいの鑑賞ができているか、どうか。これがまっさきの問題」なのである。文学体験が読み手一人ひとりの創造的な営みであるのならば、当然であるが、多様な読みは認められなくてはならない。教師の仕事は、学習者一人ひとりの文学体験が成立しているかどうかを見定め、そのための手立てを講じることとなる。六章で見てきたように、「山月記」の世界に参加するために、難解と思われる冒頭部分を音読で体感しようとする取り組みや、李徴の語りの聞き役である袁傪についての知識を深めることは、作品世界のイメージを膨らませ、読みの成立を助けるという意味で重要な取り組みと言える。

また、他者との話し合いは、どのように読みが成立しているかを確認できる機会となる。教師と学習者との対話だけでなく、学習者同士の読みの交流によってもそれは行われる。様々な文化的・社会的背景を持つ学習者が、教室空間で行う読みの交流は、自らの読みを相対化し、位置づけ、なおかつ深めることに繋がるだろう。対話で学習者の読みを広げる実践的な取り組みは、五章で紹介してきた。

したがって、学習者の読みの成立を、見定め、豊かなものにするためにも教師がことばの仕組みを

理解・研究することは非常に重要となる。ここに、近年の、ことばの仕組みに着目した文学研究の成果が役立てられる。(2)

今日的課題と私たちの世界

しかし、文学体験が重要な位置を占めるならば、どのような教材を提示するか、が問われなければならない。作品を教師の思い入れで教えることは、これまで問題にしてきた伝達型の思考である。このことは「近代古典」となった「山月記」をどうするか、という今日的課題でもある。

問題解決の助けとなるのは、四章で取り上げた益田勝実の意見である。益田は「現代国語」と「古典」が切断されたことにより、そこに、相互流通関係がなくなることを危惧していたのだった。「山月記」を所与のものとして、つまり、権威的な「古典」として「教えるべきもの」として捉えることで、その内容の読み取りが目的化してしまえば、これまでの主題到達型の指導と同じ問題を抱えることになる。

「古典」として崇めるのではなく、「山月記」を相対化させて、無数にある教材の一つとして捉える視点が欲しい。そして、学習者の生活意識との関わりで、「山月記」とぶつかることが大切である。「山月記」を学習の場にすることで私たちの生活に何が起こるのか。あるいは何も起こらないのか。

「山月記」は読書経験を広げ、深めるために、広く資料が求められた時代に採用された教材であった。生徒の生活に役立てるための一資料として採用されたのだった。それでは、現在において、「山月記」は、一人ひとりの言語生活を豊かにするために、どのような教材価値があるのか。教えることを自明とせずに、アクチュアルな問題として、それぞれの教室で考えてゆけば、「山月記」において民主的で創造的なやり取りができるだろう。
世界は私たちの教室から変えていくのだ。

注

（1） P・フレイレ『伝達か対話か――関係変革の教育学――』亜紀書房、一九八二年一〇月。

（2） ことばの仕組みの理解は学習者の表現活動に活かすこともできる。どのように語ることが、聞き手の共感を得られるのか、を考えさせてもいい。そうすることで、学習者像は、道徳主題の受容者から、表現できる発信者へと立場を変えることになる。

付録

1 「学習の手引き」調査結果〔(1) 設問別頻度率の推移／(2) 頻出設問ランキング／(3) 主な設問と解答例／(4) 希少設問一覧／(5) 「現代文B」に見る新年度の傾向〕

2 教師用指導書「山月記」の「主題」一覧

3 授業実践のヒント20選

付録1　「学習の手引き」調査結果

（1）設問別頻度率の推移

ある問いが、どのくらいの割合で教科書に設けられているかを学習指導要領の適応期別に調査した。パーセンテージで示した指数は、設問の数を「山月記」が掲載された教科書の冊数で割ったものである。グラフを見ることで「山月記」の「学習の手引き」にも変化があることが分かる。

①「作者の意図・主題」「構成の分析」

「作者の意図・主題」は三期（一九六三―一九七二年度）には五〇％以上の教科書で問われ、五期（一九八二―一九九三年度）でピークを迎える。その後、六期で減少している（授業批判や教育課程審議会答申の影響か）。

「構成の分析」は「この小説を、構成の上からいくつかの段落に分けて、その内容を箇条書きに要約しておこう」（筑摩　四期）といった設問であり、「読解指導」隆盛の四期（一九七三―一九八一年度）で九割以上の教科書で問われている。

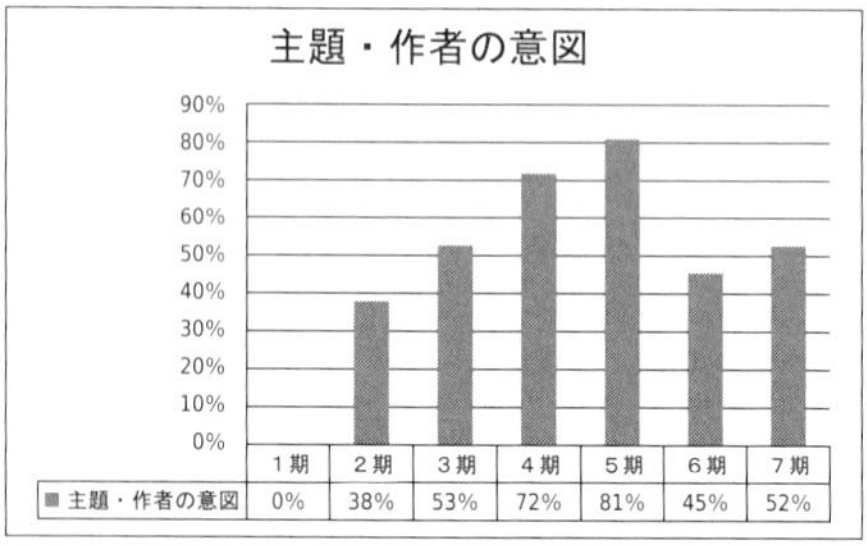

	1期	2期	3期	4期	5期	6期	7期
主題・作者の意図	0%	38%	53%	72%	81%	45%	52%

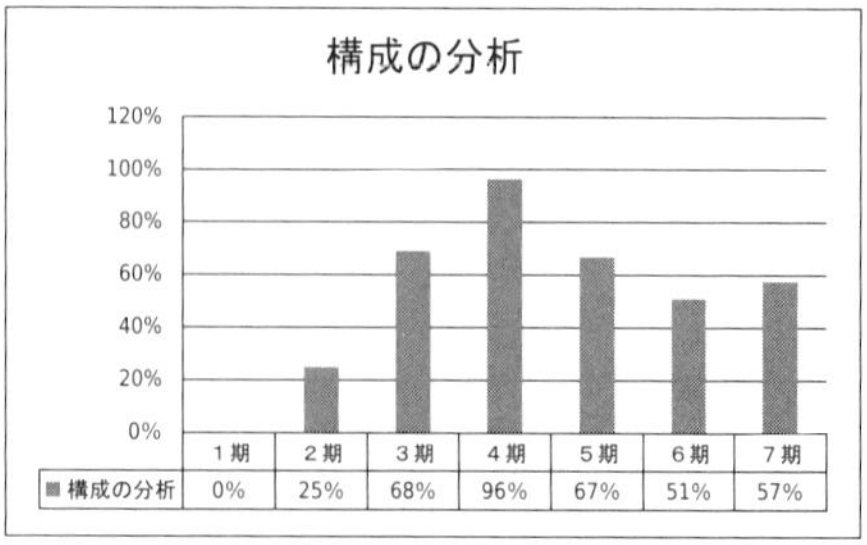

	1期	2期	3期	4期	5期	6期	7期
構成の分析	0%	25%	68%	96%	67%	51%	57%

②「話し合い活動」「漢詩（訳・意味）について」

「～を話し合ってみよう」といった「話し合い活動」を取り入れた設問の割合は言語経験主義時代の一期（―一九五一年）が一〇〇％であり、三期（一九六三―一九七二年度）で一二六％となっている（一〇〇％を超えているのは、一冊の教科書の中で、一つ以上話し合い活動を含んだ問いが設けられていることを示す）。この理由は、四章でも触れたように、「現代国語」時代に「話すこと」の指導が目指されたためと考えられる。

昔は、李徴の詩を現代語訳させる設問がしばしば見られた。当時、現代文を古典解釈の延長で扱っていたことを示す、一つの証である。この設問は、時代を経るにつれて減少し、六期（一九九四―二〇〇二年度）以降見られなくなった。

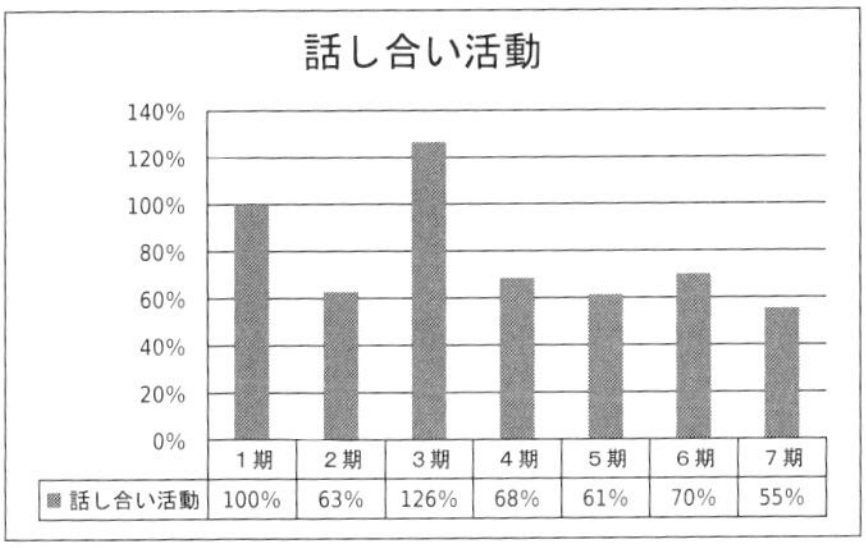

	1期	2期	3期	4期	5期	6期	7期
話し合い活動	100%	63%	126%	68%	61%	70%	55%

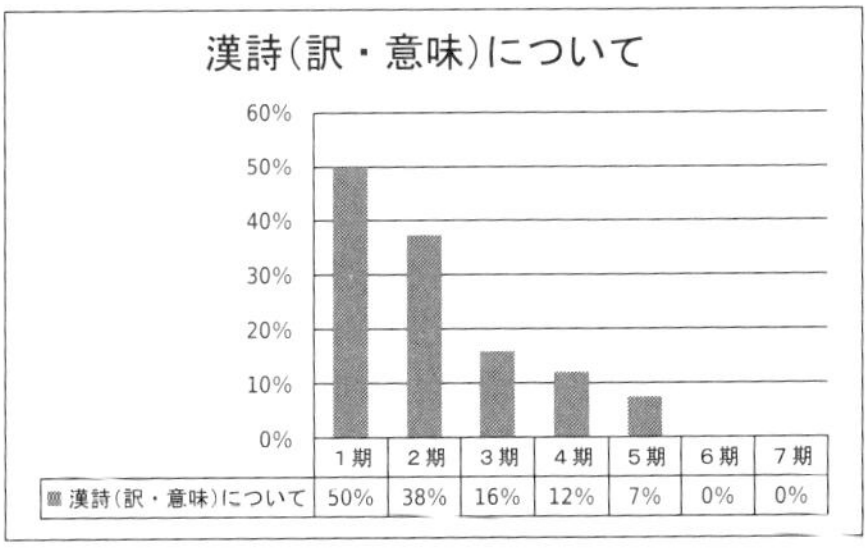

	1期	2期	3期	4期	5期	6期	7期
漢詩(訳・意味)について	50%	38%	16%	12%	7%	0%	0%

③「自然描写の効果（月）について」「袁傪の役割について」

近年増加している設問に、「月」の描写の効果や袁傪の役割を問うものがある。特に袁傪の役割が重要視されるようになったのは文学研究の成果であり、文学研究の読みが「学習の手引き」に反映されたと考えられる。

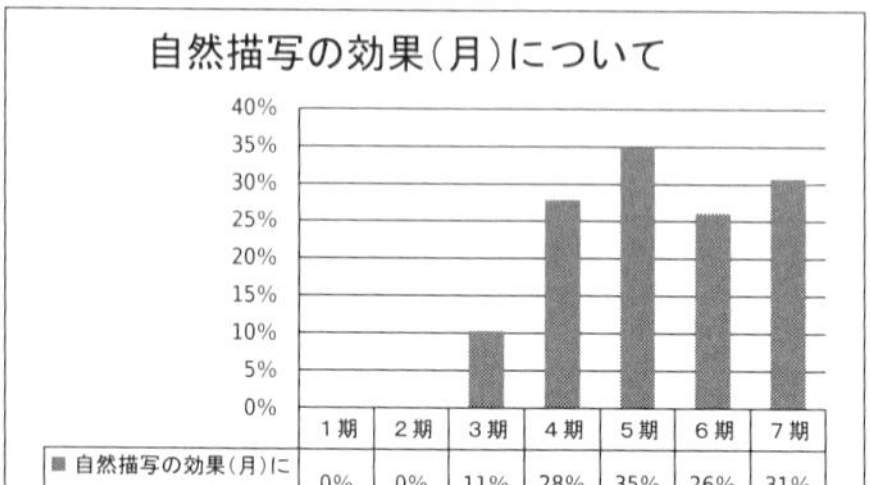

	1期	2期	3期	4期	5期	6期	7期
■ 自然描写の効果（月）について	0%	0%	11%	28%	35%	26%	31%

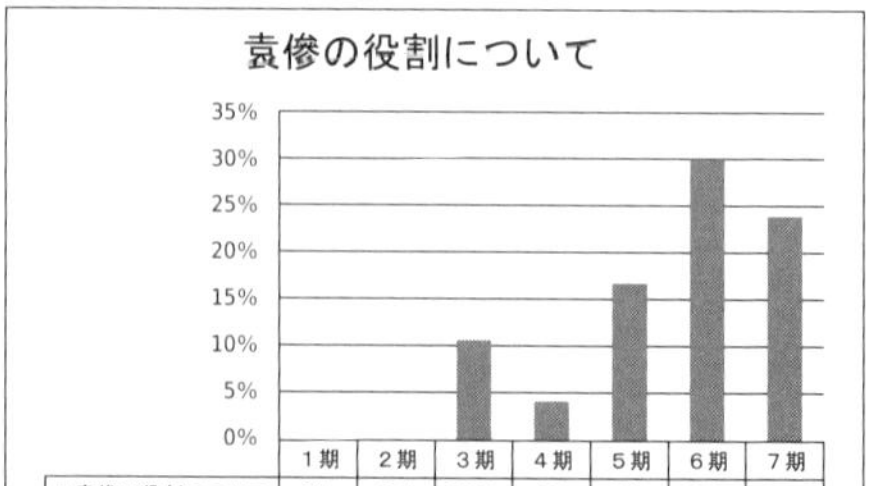

	1期	2期	3期	4期	5期	6期	7期
■ 袁傪の役割について	0%	0%	11%	4%	17%	30%	24%

（2）頻出設問ランキング

①内容編

これまでに教科書に掲載された「学習の手引き」の設問内容を分類し、カウントした。内容に関する設問の中で圧倒的に多かったのが「李徴の心理や内面」に関するものだった。次に続くのは、「李徴の思考・性格・人柄」「虎になった原因・理由」に関するものである。

学習指導要領の適応期（一―七期）で比較すると、一・二期のものは、漢詩を現代語訳させたり、李徴と袁傪との友情関係に言及したりと、様々な問いが設けられていたが、三期以降、「作者の意図」、「李徴の心理・内面」や「虎になった原因・理由」に設問が集中する。近年のものでは、「自然描写の効果（月）」についてや「袁傪の役割」に関するものが問われるようになってきている。

順位	設問内容	実数
1	李徴の心理・内面について	210
2	李徴の思考・性格・人柄について	188
3	虎になった原因・理由について	184
4	作者の意図について	98
5	自然描写の効果（月）について	55
6	虚構（人間が虎に変身すること）の効果について	48
7	袁傪の役割について	38
8	指示語の確認	35
9	作品の主題について	23
10	自然描写の効果について	19
11	変身について	18
12	漢詩（訳・意味）について	14
13	李徴の悲劇・孤独感について	13
13	「山月記」の題名について	13
15	小説（短編・長編）について	12
16	袁傪と李徴の関係について	8
17	李徴が詩人を選んだ理由について	7
18	作者（中島敦）について	6
18	現在の嘆きと恐怖について	6
20	李徴にとっての詩の意味	5
20	作品のモチーフについて	5

1期（1951年度使用）

順位	設問内容	実数
1	李徴の思考・性格・人柄について	3
2	袁傪と李徴の関係について	1
2	漢詩（訳・意味）について	1
2	虎が象徴するものについて	1
2	李徴の心理・内面について	1
2	虎が象徴するものについて	1
2	嘆きの原因について	1

2期（1952−1962年度使用）

順位	設問内容	実数
1	李徴の思考・性格・人柄について	3
1	漢詩（訳・意味）について	3
1	指示語の確認	3
1	作品の主題について	3
2	嘆きの原因について	2
2	虎が象徴するものについて	2
2	虎になった原因・理由について	2

3期（1963−1972年度使用）

順位	設問内容	実数
1	李徴の心理・内面について	24
2	李徴の思考・性格・人柄に関すること	8
3	作者の意図について	6
4	指示語の確認	5
4	虎になった原因・理由について	5
4	虚構（人間が虎に変身すること）の効果について	5

4期（1973−1981年度使用）

順位	設問内容	実数
1	李徴の心理・内面について	48
2	李徴の思考・性格・人柄について	32
3	虎になった原因・理由について	24
4	作者の意図について	15
5	虚構（人間が虎に変身すること）の効果について	10

5期（1982−1993年度使用）

順位	設問内容	実数
1	李徴の心理・内面について	62
2	虎になった原因・理由について	59
3	李徴の思考・性格・人柄について	50
4	作者の意図について	37
5	自然描写の効果（月）について	19

6期（1994−2002年度使用）

順位	設問内容	実数
1	李徴の思考・性格・人柄について	55
2	虎になった原因・理由について	51
3	李徴の心理・内面について	45
4	作者の意図について	22
5	指示語の確認	18

7期（2003−2012年度使用）

順位	設問内容	実数
1	虎になった原因・理由について	43
2	李徴の思考・性格・人柄について	37
3	李徴の心理・内面について	29
4	作者の意図について	18
5	自然描写の効果（月）について	13

②指示箇所編

内容とは別に、設問の中で指し示されている箇所の数をカウントした。最も多かったのはやはり、「欠けるところ」である。「「どこか（非常に微妙な点において）欠けるところがあるのではないか、」とあるが、「李徴」の告白からその理由を考え、話し合ってみよう」（旺文社　五期）といった設問である。続いて、「臆病な自尊心」と「尊大な羞恥心」、「我々生き物のさだめ」の順となっている。本書四章で指摘したように、これらの部分の指摘は、主題や作者の意図に導くための布石となっていると考えられる。

1〜7期（1951〜2012年度使用）

順位	設問箇所	実数
1	「欠けるところ」	100
2	「臆病な自尊心」と「尊大な羞恥心」	94
3	「我々生き物のさだめ」	81
4	「飢え凍えようとする妻子」	38
5	「おれの中の人間の心がすっかり消えてしまえば」	34
6	「おれは詩によって〜伍することも潔しとしなかった」	28
7	「人間はだれでも猛獣使いであり」	21
8	「時に、残月、光冷やかに」	17
9	「ついに発狂した。」	12
10	「詩人になりそこなって虎になった哀れな男」	11

（3）主な設問と解答例

教科書の「学習の手引き」と教師用指導書の「解答例」が実際どのように記載されているのかを見ていきたい。「山月記論」で激しく論じられ、本書でも論じてきた、「虎になった原因・理由について」、「欠けるところ」と、「臆病な自尊心と尊大な羞恥心」の三つを取り上げた。

〈設問ランキング第3位〉
虎になった原因・理由について

【学習の手引き】

「李徴」は自分が「虎」になったのはなぜだと考えているか。その理由を述べている部分を、本文中から抜き出してみよう。

（『精選　現代文〔改訂版〕044』筑摩書房）

李徴は、自分が虎になった理由をどのように考えているか、まとめてみよう。

（『高等学校　改訂版　標準現代文047』第一学習社）

【指導書の解答例】

①「理由も分からずに押しつけられたものをおとなしく受け取って、理由も分からずに生きていくのが、我々生きもののさだめだ。」

②「おれの場合、この尊大な羞恥心が猛獣だった。虎だったのだ。これがおれを損ない、妻子を苦しめ、友人を傷つけ、果ては、おれの外形をかくのごとく、内心にふさわしいものに変えてしまったのだ。」

③「本当は、まず、このことのほうを先にお願いすべきだったのだ、おれが人間だったなら。飢え凍えようとする妻子のことよりも、己の乏しい詩業のほうを気にかけているような男だから、こんな獣に身を堕とすのだ。」

（『筑摩書房版　精選現代文改訂版　学習指導の研究』筑摩書房）

最初は、なぜ「虎」になったのかわからないと言い、「生き物」の運命によるものと思っていたが、次には、自身の性情の中に理由が求められている。「臆病な自尊心」と「尊大な羞恥心」とが一つになった性情のゆえに「虎」になったのだと言っており、それはさらに「才能の不足を暴露するかもしれないとの卑怯な危惧と、刻苦をいとう怠惰」と捉え直されている。最後に、「己の乏しい詩業」の方を、妻子のことよりも気にかけている、そうした心に相応しく獣になってしまったのだと言っている。
（『高等学校　改訂版　標準現代文　指導と研究』第一学習社）

【分析】

教師を魅了する謎解き、「虎になった原因・理由」に関する設問である。以前は、「李徴はどうしてとらになったのだろうか。」（『高等国語　四訂版』三省堂）のように「李徴の告白」の中で理由が語られたという事実が無視されていたが、近年の「学習の手引き」の傾向では、上記のように「李徴」がどう認識しているかが問われるようになっている。五章で紹介したように「語り論」では、李徴が虎になった原因・理由を説明するのではなく、李徴が虎になった原因・理由を語るようになった、その行為に対して議論がなされていた。この議論を踏まえたのだろうか、李徴の「告白内容の変化」を整理させる設問も出てきている（『高等学校　現代文　改訂版032』三省堂）。この場合、指導書の解答例には、「内面と外見との因果関係の物語を李徴は発見し得た」（『高等学校　現代文　改訂版　指導資料』三省堂）という解説がなされている。

その一方で、「中島敦の人生観を考えるうえで、彼自身の内面の声と言えるものであり」といった「作者のレベル」で解説する傾向も根強く残っている（『筑摩書房版　精選現代文改訂版　学習指導の研究』筑摩書房）。

〈指示箇所の頻出設問ランキング第1位〉
欠けるところ

【学習の手引き】

「第一流の作品となるのには、どこか（非常に微妙な点において）欠けるところがあるのではないか、」とあるが、「欠けるところ」とはどのようなものと考えられるか。
(『新現代文　改訂版039』大修館書店)

「袁傪」が「李徴」の詩を、「どこか(非常に微妙な点において)欠けるところがある」と感じたのはなぜか、想像してみよう。
(『現代文〔新訂版〕045』筑摩書房)

【指導書の解答例】

①李徴の性情や人間性の問題によるもの。臆病な自尊心と尊大な羞恥心、自嘲癖、そして、妻子のことを後回しにする人間性の問題などが作品に影響を及ぼしていると考えられる。②師や詩友と交わって切磋琢磨に努めることをしなかったことによるもの。他者による批評を受けなければ、その作品はどうしても独りよがりで、完成度の低いものになりがちであり、李徴の詩にもそのような欠陥があると考えられる。③名声欲によるもの。純粋に詩そのものを大切にするよりも、自分の力を認めさせたい、自尊心を満足させたい、という思いが李徴に強く存在したとすれば、そのような思いが作品に影響を及ぼしていると考えられる。
(『新現代文　改訂版〈現文039〉指導資料Ⅰ』大修館書店)

袁傪が李徴の詩に「欠けるところ」があると感じた原因として、李徴のゆがんだ性格、李徴の人間性の欠如、李徴の怠惰による詩の完成度の低さなどが想定できるだろう。
(『筑摩書房版　現代文新訂版　学習指導の研究』筑摩書房)

【分析】

「山月記論」の火種、「欠けるところ」をめぐる解釈である。この部分の扱い方については指導書間においても対立が生じている。「「欠けるところ」について推測し、話し合うのは十分、意義のあることであろう。」(『新現代文　改訂版〈現文039〉指導資料Ⅰ』大修館書店)のように「欠けるところ」に積極的に関わろうとする立場と、「一体何が欠けているかについては、一切不明である。生徒に考えさせるのは自由であるが、安易に正解（そんなものはない）を示さないように。」（『精選現代文030』指導資料　東京書籍）、「明確な理由は示されない。袁傪はただ漠然とそう感じたのである」（『新版　現代文034』　教授資料　教育出版）のように「欠けるところ」から解答を得ようとすることに疑問を呈する立場との対立である。

しかし、各社一応の解答例は示しており、袁傪の鑑賞力の確かさを前提に、李徴の性格や行動に問題を帰する解答が用意されている。上記のように「人間性の欠如」とする解答が多くの指導書に書き記されているのである。

ただし、「正解は存在しない」とする立場が出てきたことや、「さまざまな発想が発表されることを期待したい」（『新現代文　改訂版〈現文039〉指導資料Ⅰ』大修館書店）、「作品の文脈から生徒個々に考えさせ、さまざまな読みを提示することで、それについて話し合わせたい」（『現代文　改訂版035』教授資料　教育出版）のように学習者の多様な解釈を認める方向を示すようになったことは、評価すべき変化だろう。

〈指示箇所の頻出設問ランキング第2位〉
臆病な自尊心と尊大な羞恥心

【学習の手引き】

「わが臆病な自尊心と、尊大な羞恥心」とあるが、それぞれどういう意味か、説明してみよう。
（『展開　現代文　改訂版050』桐原書店）

「臆病な自尊心と、尊大な羞恥心」とはどのような心情か、考えてみよう。
（『現代文　［新訂版］045』筑摩書房）

「臆病な自尊心と、尊大な羞恥心」は李徴の具体的な行動としてどのように描かれているか、本文から抜き出してみよう。
（『新版　現代文034』教育出版）

【指導書の解答例】

臆病な自尊心＝自尊心が傷つくのを恐れるあまり、臆病になり、他者を避ける心。

尊大な羞恥心＝羞恥心が強すぎるため、わざと尊大な態度をとって他者を避ける心。
（『展開現代文改訂版【指導資料】　第一分冊　総論／Ⅰ部①』桐原書店）

李徴の言葉を分析すれば、「臆病な自尊心」とは自らの才能を信じながらも一方で才能の不足を露呈することを恐れるような心情を表し、「尊大な羞恥心」とは才能の限界を感じながらも素直にそれを認めようとせず、わざと尊大な様子でふるまうことを示している。
（『筑摩書房版　現代文新訂版　学習指導の研究』筑摩書房）

「進んで師に就いたり、求めて詩友と交わって切磋琢磨に努めたりすることをしなかった。かといって、また、おれは俗物の間に伍することも潔しとしなかった。」「己の珠にあらざることを惧れるがゆえに、あえて刻苦して磨こうともせず、己の珠なるべきを半ば信ずるがゆえに、碌々として瓦に伍することもできなかった。」
（『新版　現代文　教授資料』教育出版）

【分析】

「山月記」授業の難所、「臆病な自尊心」と「尊大な羞恥心」を説明させる設問である。

「欠けるところ」に対する各社指導書の傾向とは異なり、解釈の細部に違いはあるものの、「「臆病な自尊心」と「尊大な羞恥心」は表裏一体のもの」（『現代文新訂版　学習指導の研究』筑摩書房）といった、「臆病な自尊心」と「尊大な羞恥心」を同質のものとする解釈に落ち着いている。

(4) 希少設問一覧

「学習の手引き」の中にはユニークな設問もある。興味深いものを拾ってみたので参考にしていただきたい。

設問内容	出版社名(使用年度)
二人の友情のよく現われている部分を指摘する。	二葉(1951)
この文の読後感をまとめて、それを討論せよ。	三省堂(1951)
袁傪は、このあと、二度とこのとらに会わなかったことと思われる。小説で奇異な事件を扱う場合、二度とその事件が起こらないように書くことがある。また、浦島の龍宮訪問をはじめ、理想境・異境の物語には、たいてい、再訪問の手段が断たれている。こうした扱い方について論じてみよう。	秀英出版(1953)
物語の真実性を読者に信じさせるために、作者はどのように緻密な構成をとっているか。	中央図書出版(1960)
李徴の「即席の詩」を現代語に訳してみよ。どういう点が詩としてすぐれていると考えられるか。またこの詩に接して、「人々はもはや、事の奇異を忘れ、粛然として、この詩人の薄幸を嘆じた。」とあるが、人々はどのような感銘をえたのであろうか。	好学社(1965)
この小説の構成について、漢詩の「起・承・転・結」と関連させて考察してみよう。	明治書院(1965)
「李徴の声が答えて言う。」の答えの内容は、どこからどこまでか。なぜ、そこに「　」がつけられていないのだろうか。	筑摩書房(1964)
一文の長さと、この文章のもつ味わいとの間に、何か関係はないであろうか。	教育図書研究会(1971)

李徴のことばの部分のすべてに「　」を付けてみよ。	東京書籍(1974)
この作品の表現やことばについて研究レポートを書く。	教育出版(1977)
李徴にとって、詩作することと官職につくこととはどのような関係にあるのか。	光村図書(1977)
文中から、「時に、残月、光冷ややかに」のような文語的表現の例を選びだし、適当なことばを補ってそれらを現代の普通の言い方に直してみよう。また、それらの表現効果についても考えよう。	旺文社(1977)
中島敦の「李陵」「名人伝」などを読んで、作者への理解と小説への関心を深めてみよう。	角川(1986)
この作品では、次のような技巧が使われている。その箇所を指摘しよう。　対句的表現・比喩・倒置法	角川(1995)
この作品の中で虎の鳴き声の形容はどのように変わってきているか、順に抜き出してその鳴き声を説明しよう。	三省堂(1999)
1　声に出して読む　2　グループで読み合う　3　みんなの前で音読する。	大修館書店(2004)
「詩人面」「自嘲癖」「お笑い草」などの例に倣って、次の語が付く慣用的な言葉を集めてみよう。(1)……面　(2)……癖　(3)……草	明治書院(2005)
李徴の言葉に「　」をつけながら、本文を通読してみよう。	東京書籍(2008)
中島敦の作品を一つ選んで、読んでみよう。	三省堂(2008)

(5)「現代文B」に見る新年度の傾向

新課程に対応した二〇一四(平成二六)年度用教科書(「現代文B」)の「学習の手引き」は、おおよその流れとしては旧課程のものを踏襲している。しかし、その中でも各社により明確な違いも現れている。例えば、言語活動例として、「山月記」を読んで話し合う際の具体例を別ページに示したもの(『精選現代文B』東京書籍)、李徴の告白内容の変化を語り口とともに考察させるもの(『新編現代文B』教育出版)や「科挙」と「進士科」について調べさせるもの(『精選現代文B』筑摩書房)などが新たに登場している。

また、各社オリジナルな「手引き」や「扉」も巧みに配置されている。「小説の中の会話」に着眼して読むことを解説した「読解の窓」(『現代文B』筑摩書房)。「学習の手引き」に取り組むための手順を説明した「学習のポイント」(『新編現代文B』教育出版)。変身譚をテーマに読書活動につなげようとする「文学への扉」(『精選現代文B』東京書籍)等である。この他、読書生活の重視を反映させ、「名人伝」「弟子」など写真入りで中島関連図書を紹介している教科書も見られる(『現代文B』数研出版・『現代文上巻』『精選現代文』大修館書店)。

これまでと比べ、各社の個性が打ち出された教材「山月記」となっている。教科書の変化とともに授業内容がこれからどのように変化していくのかが注目される。

付録2　教師用指導書「山月記」の「主題」一覧（二〇一二・二〇一三（平成二四・二五）年度）

＊主題該当箇所を掲載した。指導書のほとんどは「主題」に説明や解説を加え、「主題」の提示は一例に過ぎないことが併記されている。教科書名の下の数字は教科書番号、〔改〕は改訂版を表す。

<table>
<tr><th>発行者名</th><th>教科書名</th><th>主題</th><th>備考</th></tr>
<tr><td rowspan="3">東京書籍</td><td>新編現代文
029</td><td rowspan="2">1―A　「臆病な自尊心」「尊大な羞恥心」という内面性のために、人と交わらず孤高の内に詩作に耽った結果、周囲の人間に加え自分自身までも苦しめ、ついには虎に変身しながらも詩への執着を捨て切れない李徴の生涯の悲哀。（二〇〇字以内）
1―B　自尊心の高さゆえ、官吏の道を捨て詩人を志した李徴は、度重なる人生的挫折の中で、内面の特性「臆病な自尊心」「尊大な羞恥心」を肥大させ、自身を追い詰めてついに虎に変身してしまうが、なお詩に対する執着を捨て切れず、わずかに自らの欠点に気づいた時〔とき〕にはもはや時間は残されていなかったという、詩人の執念と悲哀。（一五〇字以内）
2―A　近代人のもつ、自尊心と羞恥心という自我と性格のため、挫折の中で周囲を傷つけ自らを追い詰め、虎へと変身していく悲劇を通して描かれる、人間のどうしようもない内的な苦悩と宿命的な悲哀、運命と存在の不条理。（一〇〇字以内）</td><td rowspan="2">〔　〕内は「新編現代文」。「1―A」「2―A」の「1」「2」は、「山月記」のとらえ方の別を表している。「1」は、「主人公の存在を、芸術という世界に強く結び付けてとらえる見方。」「2」は、「主人公の存在を、人間の生という普遍的な問題からとらえる見方。」である。</td></tr>
<tr><td>精選現代文
030</td></tr>
<tr><td>現代文1
031</td><td>「臆病な自尊心と、尊大な羞恥心」という性情のために虎と化し、理不尽な生を生きねばならない男の悲劇を通して、芸術に執着する者の宿命的な苦悩を描いている。（八〇字程度）</td><td></td></tr>
</table>

発行者名	教科書名	主題	備考
東京書籍	現代文2 051		「山月記」の採録なし
三省堂	高等学校現代文〔改〕032	隴西《ろうせい》の李徴《りちょう》は、優れた才能の持ち主で、若くして進士に合格し、官吏となった。しかし、性格が狷介《けんかい》で、自負心の強い彼は、賤吏《せんり》の生活に甘んずることができず、官を辞して詩人となった。だが、文名は容易に揚がらず、生活苦のため、やむなく一地方官吏としての生活に戻った。鬱々《うつうつ》とした日々を過ごすうち、ある夜、旅先で突然発狂して行方不明となってしまった。その翌年、勅命を奉じた観察御史《ぎょし》の袁傪《えんさん》が商於《しょうお》の地を通った時、人食い虎《とら》に遭遇した。あわやと思われた時、虎は急に叢《くさむら》の中に身を隠してしまい、そこから「危ないところだった」と人の声がした。その声はかつての友人李徴のものであった。袁傪は虎となった李徴の告白を聞く。李徴は、自分が虎になった際の事情を語り、理由もわからずに押しつけられた運命を生きる恐ろしさと、人間性が獣性の中にしだいに消えていく苦悩を訴える。そこで、記憶している自作の詩の伝録を依頼し、即席の詩を朗吟する。ついで李徴は、自分が虎になったのは臆病《おくびょう》な自尊心と尊大な羞恥《しゅうち》心という性情のためであると告白し、残した妻子の生活のことを袁傪に頼む。最後に虎となった自分の姿を再び一行の前にさらして姿を消してしまった。（四九四字）	「主題」はないが「大意」として上記のものが記載されている。
	新編現代文〔改〕033	博学才穎《さいえい》であるも、性狷介で自負心の強い官吏であった李徴は、詩人たらんとするが挫折し、ついに発狂して姿を消す。李徴の友人であった袁傪が、商於の地を通った時、虎となった李徴に遭遇し、李徴の語る、虎となった事情・人間性の喪失・詩への執着・変身の要因としての己の性情・妻子のことについて聞くのであった。（一四七字）	

出版社	教科書	主題	備考
教育出版	新版　現代文 034	詩人としての名声を求めて挫折し虎になってしまった人物の虚構に託して、才能への過剰な自負と不安のために破滅した知識人の悲劇を描く。（六四字）	
教育出版	現代文〔改〕035	詩人としての名声を求めて挫折し虎になってしまった人物の虚構に託して、才能への過剰な自負と不安のために破滅した知識人の悲劇を描く。（六四字）	
教育出版	精選現代文〔改〕036		「山月記」の採録なし
大修館書店	現代文1〔改〕037	虎に変身した男を通して、押しつけられた運命を生きるしかない人間存在の不条理、過剰な自意識に苦しむ近代人の切なさ、芸術に執着する者の限り〔の〕ない苦悩〔労〕、自嘲という性癖をもちつづける哀しみ、などを描いている。（一〇〇字）	〔　〕内は「現代文1」。
大修館書店	新現代文〔改〕039	虎に変身した男を通して、押しつけられた運命を生きるしかない人間存在の不条理、過剰な自意識に苦しむ近代人の切なさ、芸術に執着する者の限り〔の〕ない苦悩〔労〕、自嘲という性癖をもちつづける哀しみ、などを描いている。（一〇〇字）	〔　〕内は「現代文1」。
大修館書店	現代文2〔改〕052		「山月記」の採録なし
大修館書店	精選現代文〔改〕038	自負心が強い李徴は、官吏を辞して詩家となろうとするも、それは成功せず、ついに発狂して、姿を消す。翌年、李徴の友人であった袁傪は、虎に変身した李徴に会い、話を聞く。李徴は袁傪に、虎に変身したのはさだめであると述べ、詩の伝録を依頼する。また李徴は、自分の性情が自分を虎に変えたと語り、最後に妻子のことを袁傪に依頼するが、その直後、妻子のことを後回しにする人間性の問題ゆえに獣になったのだと自嘲する。（二〇〇字以内） 詩家になろうとして果たせなかった李徴は、ついに虎に変身する。その李徴は、偶然会った旧友に向かい、生き物のさだめ、人間の心の喪失、自分の性情、人間性の問題などについて語り、その悲しみを訴える。（一〇〇字以内）	「主題」はないが「要旨」として上記のものが記載されている。

<table>
<tr><th>発行者名</th><th>教科書名</th><th>主題</th><th>備考</th></tr>
<tr><td>大修館書店</td><td>新編現代文〔改〕053</td><td>主人公の李徴は、博学で才能に優れていたが、自負心が強く、官吏を辞して詩家として名を成そうとする。しかしそれは成功せず、再び地方官吏となるが、李徴の自尊心は傷つき、ついに発狂して、行方不明になってしまう。翌年、李徴の友人であった袁傪が、旅の途中、人食い虎に襲われかかったが、それは虎に変身した李徴だった。李徴は袁傪に、虎に変身したいきさつを語り、それはさだめであると述べる。そして、李徴は袁傪に、自分の詩の伝録を依頼し、今の思いを詩に述べる。その後、李徴は自分に「臆病な自尊心」「尊大な羞恥心」というべき性情があり、それが自分を損ない、人を傷つけ、自分の外形を虎の姿に変えたのだと語る。最後に李徴は、妻子のことを袁傪に依頼するが、その直後、妻子よりも詩の伝録を先に依頼するような男だから獣に身を堕とすのだと自嘲する。そして袁傪に、旅の帰途にはここを通るなと警告し、自分の姿を見せて咆哮するや、袁傪たちの視界から消えていった。
　詩家になろうとして果たせず、ついには虎に変身した李徴が、偶然会った旧友に向かい、生き物のさだめ、人間の心の喪失、自分の性情、人間性の問題などについて語り、その悲しみを訴える作品である。</td><td></td></tr>
<tr><td rowspan="4">明治書院</td><td>新精選現代文 041</td><td rowspan="3">1　内なる猛獣である己の性情を飼い慣らせなかった結果、破滅に至る人間の悲劇。
2　過剰な自己意識により自己の破滅に至る近代人の病弊。
3　運命の悪意に翻弄される人間存在の不条理。
4　身を滅ぼしてもなお詩作に執着せずにはいられない詩人の不幸。</td><td rowspan="3"></td></tr>
<tr><td>新精選現代文1 042</td></tr>
<tr><td>高校生の現代文 043</td></tr>
<tr><td>新精選現代文2 054</td><td></td><td>「山月記」の採録なし</td></tr>
</table>

右文書院	現代文013	主人公李徴は若くして高等官試験に合格し、官吏の道を歩み始めるが、自己の信念を貫き、退官して詩作に専念する。しかし文名は揚がらず、果ては虎に変身してしまう。そうした己の運命について自己分析するに、結局、自己の内部に巣くう「臆病な自尊心と、尊大な羞恥心」が変身の要因であったことに思い至る。が、そういう心は全ての人間に等しく存在するものであり、作者は李徴の自己分析を通して人間の苦悩を描いたものである。（一九九字）	
	新選現代文027		「山月記」の採録なし
筑摩書房	精選現代文（改）044	傷つきやすい過剰な自意識を持った人間が、詩という芸術への妄執にとらわれ、不条理な運命によって虎に変身し、苦悩と悔悟の中で人間性を失ってゆく悲劇の物語。（七五字）	
	現代文新訂版045		
	展望現代文028		「山月記」の採録なし
第一学習社	高等学校（改）現代文046	・詩人としての才能を自負するあまり、周囲との関係における人間性を失ってしまった者の悲劇性 ・詩人としての才能の故に、本来の自身を見失って、運命に翻弄されて人間性を失ってしまった者の悲劇	
	高等学校（改）標準現代文047	・矛盾をはらんだ近代的な性情の故に、人間性を解体した者の悲劇性 ・詩人としての個性と、人間としての普遍性と、人間を越えた運命との葛藤による悲劇性	

発行者名	教科書名	主題	備考
第一学習社	高等学校〔改〕新編現代文 048	才能に恵まれた李徴は自恃心が強く、詩人として名を馳せることを夢見て、詩作に専念するが文名は揚がらず、生活苦のため日常生活に甘んじるが、当然満足できず、ついに虎になる。最初は願望を達成できない運命を嘆くが、真の原因は、才能の有無に懐疑を抱くあまり、周囲の人と切磋琢磨せず、不安を隠すため尊大に振る舞う「臆病な自尊心」「尊大な羞恥心」という、孤独でひとりよがりな性情が自己を破滅に追い込んだ悲劇であった。（二〇〇字） 詩への才能を自負しつつ、懐疑心から逃れられない李徴が、日常生活にも満足できず、不安と羞恥心から周囲との協調性を欠き、孤独でひとりよがりな性情のために、肥大した自我の中に本来の自己を見失ってしまう悲劇。（一〇〇字）	
桐原書店	探求 現代文〔改〕049 展開 現代文〔改〕050	① 運命観……人間存在の不条理 ② 人間観……自我意識の苦悩 ③ 芸術観……芸術至上主義への懐疑 ④ 執着心……人間愛の欠如	

付録3　授業実践のヒント20選

解説

【選択基準】

選択の対象は、一九五一年から二〇一三年にかけて発表された教材論や実践報告である。その中から、本書で論じてきた、「学習者の読みの成立を助ける」という観点から、独創的で、学習活動が想像でき、教師の実践のヒントとなりそうなものを任意に選んだ。管見では、「古譚」の括りで「山月記」を読んだ実践報告はなかったため、選んだものは全て「山月記」単体で扱ったものとなっている。

また、作品を解釈・分析しただけの「山月記論」などは除いた。本書で既に紹介したものも紙幅の都合上、割愛している。

【分類方法】

分類は、活動内容を読みの行為別にして、次の①〜⑥とした。

①興味・関心から出発し、教材との出会いを助ける取り組み（出会い）
②ことばを発見したりその仕組みに反応したりして、意味を創り出す取り組み（意味の把握）
③イメージを膨らませることで、想像の世界を創り上げる取り組み（イメージの形成）
④読みの交流を行うことで、自らの読みを発見・相対化し、意味づける取り組み（相対化・位置づけ）
⑤創作活動を取り入れることで、創造的な読みを表現・発信する取り組み（創作）
⑥批判的に読むことで、作品自体を相対化する取り組み（批判）

読みを成り立たせるには、テキストと出会い、読むための構えができているかどうかが前提となる。「山月記」で言えば、漢語使用率の高い冒頭部分で学習者が読むことを拒絶してしまっては何もならない。この部分を学習者にどのように出会わせるか、といったことが問題となる。（①）

また、学習者がテキストの世界に入り込むためには、テキストに仕掛けられた様々なことばの仕組みに反応し、意味を創り上げ、想像の世界を膨らませることができるかどうかが鍵となる。例えば、李徴の告白を臨場感をもって聞くには、袁傪とともに「草中の声」に耳を澄ませる必要がある。そのためには、語りの構造を理解するだけでなく、李徴が告白するに至るまでの状況を把握したり、李徴や袁傪の人物像を想像し、広げたりすることが重要となるだろう。(2)(3)

さらに、個人の読みは、他者との関係性の中で位置づけることができれば、自己の殻を抜け出し、より深く、広がりをみせる。新たな読みが学習者の中に定位するような読みの交流の場を組織することが求められる。(4)

また、読みの行為自体が創造的な営みであるが、創造的な読みを表現・発信する機会を設けることで、意味世界が目に見える形で創出されることになる。(5)

最後に、メディア・リテラシーの方法論のように、「山月記」を相対化し、他作品や社会的文脈の中に位置づけていく批判的な読みの授業も、これからの「読解力」に必要な取り組みになってくることを付け加えておきたい。(6)

【留意事項】

実際、読みの学習は右の分類のように整然と分けられものではなく、様々な活動が複雑に絡み合って行われる。個々の教室では、枠組みに収まらない豊かな授業が行われているはずである。

「授業実践のヒント20選」の分類は、見分けやすくするために、恣意的に区分けしたものであることを理解していただきたい。

また、右記のことを実践すれば、必ず読みが成立するわけではないし、そもそも、学習者の実態や教室を取り巻く状況・環境との関係を抜きにしては授業そのものが成立し得ない。ここに挙げた報告の多くは報告者それぞれの問題意識に貫かれたものであり、だからこそ、充実した学習や作品が現出していると言える。

それぞれの教室における授業実践のための、「一つの手掛かり」として活用していただけたらと思う。

①興味・関心から出発し、教材との出会いを助ける取り組み

1　村田伸宏　〈聞くこと／書くこと〉

中学生は「山月記」をどう聴くか

（『「山月記」をよむ』三省堂　二〇〇二年二月）

文字テキストを読むのではなく、朗読を聴いて、感想を書かせている。対象の中学生は群馬大学教育学部附属の三年生である。登場人物の説明後、高橋俊三が朗読を行っている。生徒たちは「手に原文を持っていない。授業者の朗読する姿を見つめながら、声と言葉を耳から聞くのみである。」

聴いた後の感想がいくつか紹介されている。

（前略）李徴は、自分を狷介な人だと言っていたが、私は決してそうは思わなかった。彼は頭が良く、自分の夢である詩人を目指すため、しかたなく周りの人との触れ合いを自分自身で禁じたのではないだろうか。私たちは今受験生であるが、この話は、今の私たちに共通する点がないだろうか。一つの大きな目標に向かってひたすら突き進むのはよいが、いつでも周りの人や家族のことを考えて行動することの重要さを私たちに訴えていると思った。

筆者は、生徒の感想について、「自分の現在の姿やこれからの生き方と照らし合わせて聴いていたという姿勢は共通している」と述べる。文字テキストを読んでいないにもかかわらず、学習者はストーリーを把握した上で感想を書いている。音声によって立ち現れる世界をどうとらえればよいのか。今後一層の研究が求められる。

2　菅原利晃　〈読むこと〉

「山月記」の授業―そのときの李徴の心は人か虎か―

（「国語教室」大修館書店　二〇一一年六月）

生徒の興味・関心を出発点にした実践報告である。

生徒の興味は「李徴の心が人になったり、虎に

なったりする点」にあると筆者は言う。この初発の感想を参考にして、次の二つの問いを提示している。

1　最初の場面で袁傪に躍りかかったときの、李徴の心は人か虎か。
2　最後の場面で茂みから虎の姿を見せたときの、李徴の心は人か虎か。

ワークシートに意見を書かせている。その後、話し合いを展開している。生徒は、叙述に即して根拠を示し、明確な意見を出し合っている。さらに、意見交換の場では大いに議論がなされた、と言う。問い「1」について、生徒の意見で多かった順は、「1虎、2人、3両方・半分ずつ・混合、4その他」。問い「2」では、「1人、2虎、3その他、4両方・半分ずつ・混合」である。

筆者は、「この学習を通して、生徒は「山月記」全体を見通したり、本文をじっくりとこだわりをもって読んだりすることができた」と授業を振り返っている。

「人が虎になる出来事」として読むことは、テーマや方法論を求めがちな私たちに、小説を読むことの楽しさを思い出させてくれる。

3　中野孝次　〈読むこと〉

中島敦「山月記」を読む

（『国語教材を読む（第二集）』風信社　一九八一年四月）

内容を分析理解させるのではなく、文体を味わうことに主眼をおき、そのための方法を三つほど提示している。

1　音読・読誦により漢文訓読調を味わうこと

「音読するにふさわしく、音読に堪える」のが「山月記」であり、繰り返し読み味わうことを勧めている。

2　熟語や言い回しなどの表現に着目すること

格調の高さを生み出している熟語（「粛然として」「薄倖を嘆じた」「交わりを断つ」等）に注意を向け、習熟させる必要性を説いている。

3　暗唱させること

筆者は「山月記」を「丸ごと全部暗記させるにふさわしい古典的名文である」と高く評価し、テストで、暗記したものを原文で書かせる（六〇〇字）ことも提案している。

筆者は、「山月記」を読む際には、表現に着目することで李徴の哀しみを受け取ることが一番大事、と述べている。

読書百遍の復権とも言えるが、この背景には「詳細な読解指導」が主流だった当時の国語教育があったことを理解しておく必要がある。暗唱は楽しみながらできる工夫を施し、学習の意義を明確にして臨みたい。

②ことばを発見したりその仕組みに反応したりして、意味を創り出す取り組み

4　田村忠士〈読むこと〉

「山月記」と血液型

（「月刊国語教育」東京法令出版　一九八二年八月）

人物の性格を把握させるために、李徴の血液型を考えさせた授業である。

「主人公李徴の性格は一体何型なのか、各自考えながら私の朗読を聞くように」と指示を出し、教師が朗読。その後、李徴の性格を表す語句を指摘、板書させ、再度、李徴の言動から血液型を考えさせている。

A型と判断した生徒は、その理由を「A型の人間は他人の目を非常に意識する。「尊大な羞恥心」は他人の目を意識しない人間には生まれない。彼が職業を変えたのは妻子のことを思う思いやりの心、つまり自分の行為が他人にどのように映るかを考慮した結果にほかならない」からだと述べている。

B型とした生徒は、「他人の目が気にかからず、感情のみで動く人間だから、昨日の言動と今日の言動が平気で変えられる。この点から見てB型人間だと想定する」としている。

ちなみに、約九割の生徒が李徴はA型であると判断したらしい。

血液型を判断するためには、語り手が描く李徴像だけでなく、李徴自身の語りや行動の細部にまで注意して読み取らなくてはならない。「李徴はどんな性格か」と直接質問するのではなく、学習者の興味にそった問い掛けによってテーマに迫ろうとした報告である。ただし、血液型と性格との相関は定かではないため、授業の際にはその点への十分な配慮が必要である。

5 大西忠治編著　丸山義昭著〈読むこと〉

『実践資料12か月主要文学作品教材分析ノート高校篇①山月記』

（『実践資料12か月主要文学作品教材分析ノート高校篇①山月記』民衆社　一九八八年一二月）

この本では、科学的な読みを目指す「読み研」方式による、詳細な教材分析が行われている。その中から、興味深いところを一つだけ紹介する。

「構造よみ」で、李徴と袁傪という二人の性格を対比的に押さえ、「形象よみ」の段階で、出身地の風土や特質を調べている。

・「隴西」
この地方の気候はステップ気候で遊牧地。人々の気質は攻撃型。土地柄、教育熱心。「李」姓の発祥地で、官僚エリートの祖先を輩出した土地。李徴の性格形成や人生行路にこの「隴西」は大きい影響を与えている。

・「陳郡」
湿潤な気候で農耕地。粟など豊富にとれた。人々は農耕民的性格で気質は温和・穏健。

「隴西」を李徴の出身地とするかどうかについては議論があるが、人物を対比し、地名の背景にこだわることで、「山月記」を遊牧民と農耕民の物語として読みなおすことも可能になる。

6

「山月記」と日本語文法

小林英樹 〈読むこと〉

(『「山月記」をよむ』三省堂　二〇〇二年二月)

日本語のルールから「山月記」にアプローチすることを提案している。実践報告ではないが、以下の指摘は、ことばの発見から読みを深めることにつなげることができるだろう。

筆者は、李徴の語りの中で倒置法が使われている次の箇所を取り上げ、主語、目的語、動詞の語順ではなく、目的語を後ろにしたことに着目している。

ああ、全く、どんなに、恐ろしく、哀しく、切なく思っているだろう！　おれが人間だった記憶のなくなることを。

「日本語では、通常、動詞の直前にある情報が最も重要な情報になる」ことを証明した上で、「おれが人間だった記憶のなくなることを」という情報(＝何を思っているか)よりも「思っている」の直前、「恐ろしく、哀しく、切なく」(＝どう思っているか)の方を中島は伝えたかったのだと指摘する。

はっと気づかされる指摘である。表現効果に着目することで、李徴の言葉の意味を深く読み取ることができる。このように、言葉にこだわり、さまざまな角度から分析できる視点を持っていたい。

7

第2講　重厚なことば―近代文語文体

石黒圭 〈書くこと〉

(『よくわかる文章表現の技術Ⅴ―文体編―』明治書院　二〇〇七年一〇月)

実践報告ではなく、文体を作るための「漢文脈」の実例として「山月記」を取り上げている。筆者は、漢文脈を用いる効果として、「読み手の目を惹く」こと、「専門的な内容を表すのに向いて」おり「重厚な文体」になること、現代口語の中で用いると、「目立つために印象に残りやすく表現のアクセント」となること等を指摘している。

また、「漢文脈」にも段階があるとしており、以下の三つを例示し、「山月記」は「『三酔人経綸問答』ほどは難しくなく」、「漢文脈の色彩が薄いと見ることも可能」と述べている。

中江兆民『三酔人経綸問答』
豪傑の客曰く、然らば則ち、若し兇暴の國有りて、我の兵備を徹するに乗じ、（後略）
中島敦『山月記』
隴西の李徴は博学才頴、天宝の末年、若くして名を虎榜に連ね、（後略）
夏目漱石『門』
（前略）夫の留守の時は、ただひとり箸を執るのが多年のならわしであった。（後略）

中島の文体を単純に「漢文脈」と括るのではなく、段階の中に位置づけている点が意義深い。

文体の効果を実感させるために、「山月記」から特有の表現を抜き出し、現代口語文の中で表現してみても面白い。

③イメージを膨らませることで、想像の世界を造りあげる取り組み

8　猪飼由利子〈書くこと／読むこと〉

「山月記」（中島敦）の実践—教育課程審議会の審議のまとめの改善方向に沿って—

（「月刊国語教育」東京法令出版　一九九九年六月）


「読解を中心とする授業ではなく」、「心にしみいるような体験」をさせることを目的としてなされた実践である。

指導過程を17段階設けている。教材の製本作業から始まり、ＶＴＲや朗読テープの視聴、感想の交流、「山月記日記」や「山月記その後」を書く活動まで行われている。それぞれの段階ができたら「合格印」を与え、学習意欲を保つための工夫が凝らされている。興味深いのは「山月記日記」を書かせる活動である。「あなたが李徴だったらどんな日記を書くでしょう。関西弁で書いてみましょう」という指示を与え、書かせたものを発表させている。日記を書かせる場面として、

・退職し、詩作にふけった時代
・文名あがらず、生活苦の時代
・再び地方官吏になった時代
・発狂直前

を例示しており、李徴の内面を推し量るための手立てが講じられている。生徒の感想として、「みんなも楽しみながらできた」「本当の意味での授業だ」「今回の方が内容を理解しやすかった」等、授業に対する肯定的な感想が挙がっている。

9 イメージ形成の核としての映像／相乗積の相関にある言語と映像

草部典一　〈読むこと〉

（「文学・教育」明治図書出版　一九七〇年一一月／一九七一年五月）

読み手が作品のイメージをつくりやすくするために映像を用いることを提案している。筆者によると、映像は「読みの過程をはやめるとともに深めていくものとなる」という。

いくつかスライド写真が紹介されており、それらは、李徴と対面している時の袁傪や虎となった李徴が袁傪一行におどりかかっているシーンのものである。興味深いのは、そのスライド写真が、ただの写真ではなく、光と影のシルエット映像であり、読み手が自由にイメージできるようにと配慮されていることである。筆者は「映像は人間のイメージを限定し、固定・呪縛してしまうもの」という意見に反対し、「映像はイメージをふくらましていく核となり、読みの過程をはやめるとともにふかめていくものとなる」と主張する。

言語と映像との関係を考察した論考であり、先駆的なメディア論である。視覚的映像の補助的な導入は、学習者の読みの成立を助けるための有効な手立てになりそうだ。

10 作品世界の〈映像化〉の試行

小島宏樹　〈読むこと／話すこと〉

（「実践国語研究」明治図書出版　二〇〇〇年九月）

「山月記」の「映像化」を意識させ、読みのイメージ化を図った実践である。「登場人物」のキャスティングと、「場面」の映像化を考えさせている。キャスティングについて、内容把握後、次のような設問を板書している。

あなたが、プロデューサーであったら李徴と袁傪は誰に演じさせるか。
その理由（どの部分で、キャスティングを決定したのかをきちんと説明すること。何かドラマの演技を挙げて、本文と結びつけても良い）

ちなみに、キャストとして挙がったのは、李徴は「木村拓哉」をはじめとする「美男系アイドル」であり、袁傪については「かなり難航する」（中居正広や片岡鶴太郎）という。李徴を「木村拓哉」にする理由としては、
・冒頭の《豊頬の美少年の俤》
・《虎》となるイメージ
・一途なところ
を挙げている。話し合いでは、理由をめぐって活発なやりとりとなったという。学習者の興味を引きながら、登場人物や場面を具体的にイメージ化するのに役立つ設問である。

11　鮎澤浩二　〈読むこと〉

私の教材研究—発展学習一案「山月記」のその後を考える—李徴の妻子はどうなったか—

（「月刊国語教育」東京法令出版　二〇〇七年八月）

「妻子」の立場を想像させ、「妻」の視線から李徴の性格・心理を読み取る授業である。「どうして李徴に妻子がいるのか?」という生徒の初発の感想を出発点にして、次のような質問事項からなるワークシートに回答させている。

1　李徴の妻子は、この一年余り、どのような生活をしていたと思いますか。
2　李徴の妻は、夫である李徴をどう思っていると想像できますか。次のそれぞれについて考

えよう。
（1）李徴の妻に愛情があるとすれば……。
（2）李徴の妻に愛情がなくなっているとすれば……。
3　李徴の妻にとって李徴という人間はどのような存在であったと考えますか。
4　（もし）李徴と一緒に生活するようになったら、どうしますか。（君ならどうする！）

生徒の意見としては、質問「2」であれば、「詩作に励む李徴に対して不安はあるものの、体を気づかっている。」や「李徴のことは忘れて、これからの自分たちの生活を考える。子供のために一生懸命働いている」というのがある。

妻子の視点から見ることで、生活者としての李徴がどのようだったかを考えさせている。李徴の「人間性」について、「妻子」の立場からの検討が期待できる。

12　丹藤博文〈読むこと／書くこと〉

教材「山月記」を読み直す
（「読書科学」日本読書学会　一九九九年一〇月）

袁傪の視点で読むことで、高校生にとって身近な問題、「自己と他者との問題」を前景化することをねらった授業である。「山月記」の枠組みを「悲劇」と見なさずに、語り手と李徴が一体となって「悲劇」を演出しようとすることを問題化している。

八時間の授業を七つの課題で構成。課題に取り組む前の一・二時間目に「劣等感について」（岸田秀『新編国語Ⅱ』教育出版）を読み、解説している。そうして自己と他者との関係や無意識の問題を精神分析学的知見から考えさせるための下準備を行っている。

注目すべきは、六時間目「課題五」の「この小説の表現や語りの特徴をあげてみよう」と「課題六」の「李徴が虎になったことについて、（1）李徴はどうとらえ、（2）袁傪はどのように感じていたか、まとめよ」である。表現や語りに着目し、「李徴と袁傪との認識のずれ」を確認させている。

　生徒のまとめの感想を生徒の現実の姿と照らし合わせて考察。李徴に「何か言ってやれなかった」袁傪への批判や、李徴は「本当は虎になりたくてなったのではないか」とする読みを挙げ、前者の読みについて、「自己を相対化しながら読む視点を確保しつつある」とし、後者については「袁傪の視点に立って読むことで、かつての李徴的な自分に出会ったのであり、他者の立場から自己をとらえることができたのであろう」と分析している。

　ぜひ全文で読みたい論考である。

13　古田雅憲　〈読むこと〉

さし絵を読む、さし絵で読む——中世文化研究からみた教科書「山月記」——

（『「山月記」をよむ』三省堂　二〇〇二年二月）


　さし絵と言葉との「相互交渉」によって「山月記」を創造的に読むことを提案している。

　小説（「山月記」）にさし絵（虎の絵）を付す是非を検討し、それが、読みを「抑制する」危険性があることを案じつつ、一方で、「読み手のイメージを活性化する」機能があると述べ、さし絵を活用することを説く。

　さし絵は、あらゆる読み手に対して、物語を多様に読み解くための心の準備・意識の活性化を促すのである。

「自らの想い描いた虎のイメージとはまた違ったさし絵に接」する経験も重要だと言う。なぜならば、「自分の読みを再検討し、ひいては自分自身を相対的に見つめる視点を手に入れることができる」からである。［絵］と［ことば］とを相互に読み比べる行為は、「絵解き」の場になぞらえることができ、「読み手が［ことば］と［絵］とを行きつ戻りつしながら認識を深め」ていることになる、と言う。

　学生に教科書のさし絵を見せた後、「これってなんだと思う？」「ここは何処だと思う？」「この虎は何を見ていると思う？」などの問い掛けをとおして、文章と対照しながらイメージを喚起し、創造的な解釈を導き出している。

④読みの交流を行うことで、自らの読みを発見・相対化し、意味づける取り組み

14　行平照夫〈読むこと／書くこと〉

〈山月記〉の授業記録　第一段と第五段を中心にして

（「国語フォーラム」小学館サービス　一九九一年四月）

グループでの話し合いと学習者の意見を活用した授業である。生徒の興味を持続させるため、通読をせず、「みんなで一緒に読んでいく」ことが行われている。生徒が書いたものをそのつど活字にして次時の教材として配付することが徹底されている。

書かせた課題は、1．李徴に対する感想、2．内容に関する事項（李徴が詩に執着するのは、なぜだろう。臆病な自尊心、尊大な羞恥心とは、どのような心理か。各人に臆病な自尊心、尊大な羞恥心のような心理があるか。）3．授業後の感想、である。授業後の感想は、「感想文集」として全員のものをまとめて配付している。

ある生徒の「授業後の感想」には、

初め、私は李徴という人間が好きではありませんでした。（中略）しかし、だんだん読み進んでいくうちに、初めとは印象が変わってきました。李徴は、臆病な自尊心や尊大な羞恥心のために、人にきらわれてしまうような人になってしまったのだということが……。（後略）

のように、登場人物に対する印象の変化が記されている。「感想文集」について、筆者は「生徒にとっては記名入りなので、あの人がこんなことを考えているという意味で、他の級友達に対する新しい認識もあったようだ」と述べている。読みの交流による作品や友人に対する認識の変化を期待した授業である。

⑤創作活動を取り入れることで、創造的な読みを表現・発信する取り組み

15

池尻英二〈書くこと〉

「山月記」についての珍問珍答

（「月刊国語教育」東京法令出版　一九八二年七月）

李徴が自己分析した箇所を、俳句、短歌、詩の形式に書き換えさせたものと、「山月記」に別の題名をつけさせたものと二種類の報告である。次のような作品を創作している。

俳句

月の照る　山の頂　虎の声

かなしみの涙は夜露となりにけり

短歌

みなのもの見ては恐れる我が姿また泣きぬれるこの夕べかも

山月の照らす姿は虎なれどぬれる心は人情なりけり

「山月記」の題名

「李徴」「李徴―ある月の夜」「虎になった李徴」「哀しみの人喰虎」「自尊心と羞恥心」「悲しき自恃」「自業自得」「ある日虎に」「虎の涙」

この他にも数多く紹介されている。作品の面白さもさることながら、学習者がつけた題名を見ることで、何を中心にして「山月記」を読んでいるかが察せられる。

16

梶原久美子〈書くこと〉

山月記における作文指導の試みより

（「国語フォーラム」小学館サービス　一九八六年一〇月）

「山月記」を題材とした作文指導である。授業後、主題を深めることを目的として、三つの課題（1.感想文　2.論文　3.創作）を選択させている。

「3.創作」では、「山月記」に書かれていない部分を想像して書かせており、袁傪の立場から李徴をとらえた次のような生徒の創作（「創作　新「山月記」―獣―」）が紹介されている。

私は李徴を憎んでいた。彼と私は同期に進士として登第し、共に若くしてその才を認められ、将来を大いに嘱望されていた李徴はその頃から、人を見下すかのように孤高を保っていたが、その彼も私のことだけは、どうやら対等の存在と認めていたらしく、そのように扱った。（中略）私は見たかったのだ。あの李徴が、遂に膝を屈してその誇り高い頭を「俗物たち」の前に垂れるところを。他の同僚たちのように奇妙な優越感や嗜虐的な喜びを味わいたかったわけではない。ただ私は確かめたかった。（後略）

李徴の側と袁傪の側の物語を並べれば、立体的な「山月記」が創造される。私たちの教室でも「袁傪による李徴の回想」という設定で様々な「山月記」を楽しみたい。

17　松村美奈　〈読むこと／書くこと〉

〈実践報告〉創作的な活動を行う学習指導―中島敦『山月記』の発展的学習を例に―

（「愛知大学大学院愛知論叢」愛知大学大学院愛知論叢編集委員会　二〇〇九年三月）

創作活動を通して想像力豊かに「李徴像を自分なりに膨らませる」学習を展開している。ワークシートを用いながら内容を読み取った後、グループ（四～五人）で李徴の告白部分をリライトさせている。リライトの形式は、「オリジナル週刊誌」、「新聞記事独占スクープ」、「告白日記」など学習者に身近なメディアである。

作業手順は、1、題名をつける。2、李徴の生い立ちや、虎に変身した時の気持ち・様子などを説明する。3、なぜ虎になってしまったか、李徴自身が考えている理由を本文のポイントをおさえて説明する。4、「あの人は今！！」と題して、李徴のその後の様子を自由に勝手に想像して書くこと、の順となっている。「3」について、インタビュー形式の例を以下のように提示している。

〔今話題の李徴虎へ本誌独占インタビューに成功！〕

記者→李徴さん、今の姿になってしまった本当の理由をどうお考えですか？（中略）

李徴虎→う〜ん、曖昧なことは言いたくないんだよね。でも…

（彼はうつむきながら何故虎になったのかを次のように語ってくれた…）等

できあがったリライト作品は学習者の解釈が加わり、ユニークなものとなっている。

18 「山月記」を読んでその紹介文を書く

小俣岳　〈読むこと／書くこと〉

（「実践国語研究」明治図書出版　二〇〇二年一一月）

「山月記」を読み、その紹介文を書く活動である。活動の目的は、「山月記」本文から様々な情報を集め、整理し、表現することで、生徒の読書意欲を喚起することにある。

書くための方法として、「紹介文」が「誰に、何を、何のために紹介するか」を想定することが「必要不可欠な要素であること」を伝え、紹介内容は「①作者、②あらすじ、③どこが面白かったか」に「焦点を絞って書くように指示」している。

書きやすさを考慮し、紹介相手は、「『山月記』を読んだことのない、年のあまり離れていない高校生の友人」とし、紹介目的は、「ぜひ一度読むことを勧める」ことを想定させている。

手順は、読み取り学習の後、項目を立てたワークシート（①あらすじ、②李徴の生き方について私はこう思う、③特に印象に残った部分とその理由、④読み終わった後の感想）に箇条書きさせた後、紹介文を四〇〇〜六〇〇字で書かせている。なお、書いた紹介文は学習者同士で相互に評価し、「特に良く書けているものを選び、発表」させている。

指導要領に沿った学習の目的がはっきり示されており、なおかつ、あらかじめ「自己紹介文」を書かせるなど、段階を踏んだ手立てが施されている。

19 森見登美彦（書くこと／読むこと）

「山月記」（『新釈走れメロス他四篇』祥伝社　二〇〇七年三月）

小説家、森見登美彦による「山月記」の書き換え小説である。

小説を書くことに執着した斎藤秀太郎が天狗となる話である。言葉の力を過信した斎藤が演じる悲劇が語られている。「李徴の悲痛な独白の力強さ」を活かしたという文体は、「文名は揚がらず、生活は日を逐うて苦しくなる」「久闊を叙した」等々、「山月記」の言い回しも巧みに取り入れられており、原文さながらの迫力を感じさせる。京都を舞台にウィットに充ちた世界を楽しむことができる。

森見は文庫版（『新釈走れメロス他四篇』祥伝社二〇〇九年一〇月）の「あとがき」で次のように述べている。

自分で書き直すつもりで名作を読むようにすると面白い。

自分ならばこの名作をどのように書き直すだろうか。その小説のどんなところが捨てがたいか、この登場人物はどんな人間に置き換えられるか、その小説のどんなところが現代にも通じるのか。百人の人間が書き直せば、太宰治の「走れメロス」を中心にして、百人のメロスが百通りの方角へ駆け出すだろう。

「山月記」独特のリズム、語り、プロット、表現等を利用して、表現活動や創作活動に結びつけたい。

⑥批判的に読むことで、作品自体を相対化する取り組み

20 メディア・リテラシーの方法で読むことの考察―国語科教科書にある文学教材を用いて―

上松恵理子〈読むこと〉

（「読書科学」日本読書学会　二〇一〇年八月）

メディア・リテラシーで「山月記」自体を相対化して読もうとする試みである。筆者はシルバーブラッドの方法を用いて、文学作品と教科書教材という二つの観点から「イデオロギー」「編集」「構図」を読み取ることで「文化上の役割を検討」している。

「イデオロギー分析」では、李徴と中島との関係、「羅生門」と「山月記」の比較、安定教材としてのプロセスを考察している。李徴は中島の投影であり、「羅生門」と「山月記」を比較すると、どちらも古典を題材にし、心情を描いている点は共通する一方で、「羅生門」では「情景描写や登場人物の行動」が細かく描かれている点が異なっているということ。そして、「山月記」が教師に「近代古典」として支持されていることを指摘している。

「編集」「構図」の読み取りでは、各教科書会社の「山月記」の編集方法を比較することで、教科書会社のメッセージがオーディエンス（学習者）へどう影響するかを考察している。

学習効果として、「複眼的に作品の周縁性を捉え」、「作品に接する審美眼・鑑賞眼を獲得し、主体的に作品を解釈することができるようになる」と述べている。

この方法論を学習の場にどう取り入れるのかが課題として残るものの、教師が上記のような視点で教材研究を行うことは重要であり、昨今注目される「批判的な読み」の方法としても有効と思われる。

あとがき

本書は、それまで勤めていた高校を休職し、横浜国立大学でまとめた修士論文、「中島敦「山月記」の教材史研究」を教師の立場から書き直したものである。この「あとがき」では、題材を「山月記」の教材史にした事情を説明しながら、本書に対する思いを記しておく。

中島の「山月記」を選んだのは、何より、中島文学に魅力を感じていたためである。読んで楽しいということもあるが、「文字禍」を代表として中島作品に通底して読み取れる、「文字・言葉に対する疑念や不信」は、言葉の力を過信し、力説する現在の国語教育にこそ必要な視点に思われた。「古譚」として「山月記」を読むことを提案することは、「ことば」の教育を別の角度から見直すことができると思ったのだ。

教材の歴史を取り上げたのは、私に高等学校の歴史に対する問題意識があったからだった。横浜国立大学に進学した理由もここにある。普段何気なく行っている習慣化された授業（「課題学習」や「読解指導」等）がどのような経緯で誕生し、高校国語教育界に定着したのかを探ることは歴史の中へ教師としての自分を位置づけていく試みに違いなかった。研究活動を通して、これまでの、自分の授業を反省すると同時に、自己を発見していく緊張と喜びを感じた。ここで断っておきたいのは、本書が普遍的な真実を述べているわけではない、ということだ。本書で描かれた歴史は私の問題意識に彩られた物語とも言える。同じ資料を用いても、私以外の誰かが論じれば別な歴史が描かれただろう。また、本書が対象とした資料は「書かれたもの」であり、「書かれなかったもの」については対象から外れている。文字に残されていない問題や、優れた授業実践や教材論等が全国各地に存在していたはずである。それらについて触れられなかったのは私の力不足による。もちろん、本書では文献という狭い範囲ではあるが、できる限り事実に近づこうと努力をしてきた。本書で描いてきた問題史を、同時代に生きる私たちの問題として共有し、その解決のための叩き台としていただければ幸いである。

「山月記」を社会・文化的な文脈から扱ったのは、指導教官である府川源一郎先生の『消えた「最後の授業」』に触発され、このような本を書いてみたい、と強く願ったためである。スリリングな内容もさることながら、国語教育の領域を越え、文学・教育・歴史・社会・文化研究等の幅広いフィールドを渡り歩ける魅力があった。私には手に余るものであったが、目標とする先生のまねごとができたことはまたとない体験になったし、修士論文の審査会で、先生方から本の形にまとめることを薦められたときは、本当に嬉しかった。

横浜国立大学で学んだ二年間は幸せな時間だった。学校制度や授業に対する疑問を抱えて転がり込んだ私を府川先生は温かく受け入れてくださった。先生には今でも叱られてばかりいるが、長編の会への参加や、全国大学国語教育学会での学会発表、本書の刊行にいたるまで、長い目で面倒を見てくださり、言葉にならないほど感謝している。高木まさき先生と出会えたことも幸運だった。先生には何度も励ましの言葉をかけていただいた。研究に躓き、途方に暮れたとき、気がつくと先生の研究室のドアを叩いていたものだった。先生のアドバイスはいつでも的確で、文字通り、視界が開ける思いがした。本書は先生の指導がなければ、決して読者の手に届くことはなかったはずである。

また、一柳廣孝先生には、お弁当箱のような私の論文を最後まで読み通し、その上、励ましの言葉と示唆に富む意見までしていただいた。三宅晶子先生、岡田充博先生、古田恵美子先生、青山浩之先生からは授業で多くの教えを賜っただけでなく、研究者としての心構えも教えていただいた。院生の仲間にも恵まれ、話し込んで終電を逃すことがたびたびあった。とても楽しい時間だった。

そして学部時代、お世話になった中川成美先生がかけてくれた言葉は今でもしっかり覚えている。先生が紹介してくれていた重要な文献を読み直し、今回の研究に臨んだ。学士論文の時よりも少しは成長したと感じている。

今回本書を、数多くの名著を世に送り出している大修館書店から刊行できたことは喜びに堪えない。伊藤進司課長には、出版事情の厳しい折に、本書の企画に踏み切ってくださったこと、まずもって感謝申し上げたい。担当編集者の林雅樹氏には、若輩者の私に対しても懇切丁寧に対応していただいた。冬の間のリライト作業時には、その都度、こまめにコメントしてくださった。そのコメントを励みに、最後まで書き通すことができた。本書の題名から各章の見出し、構成、付録に至るまで、本づくりに関する多くのことを提案、教示していただいた。信じて頼れる編集者と一緒に仕事ができたことは、私にとって望外の喜びだった。

最後にこの場を借りて。二年前、釜石高校で行った「山月記」の授業は、私の乏しい授業歴の中で、数少ない楽しい授業になった。あの時のみんなにありがとう、と言いたい。

二〇一三年六月

佐野　幹

「李陵」 41, 42, 50, 51, 62, 66
「レ・ミゼラブル」 72
「檸檬」 30
「狼疾記」 168, 169, 174
『狼疾正伝』 234

【わ行】

「我が国の伝統や文化」 12, 247, 253
『わが西遊記』 62
鷲田清一 30
渡辺通子 221, 242
『われわれの国語』 33

【ま行】

毎日出版文化賞　14, 20, 43, 44, 46, 47, 49, 50, 52, 53, 62, 65, 67
「舞姫」　11, 14, 202, 203, 209
前田愛　218
前田英樹　149
牧本千雅子　221
「枕草子」　87
益田勝実　94, 95, 96, 97, 98, 104, 111, 112, 113, 114, 126, 161, 162, 258
増田信一　70, 238
増淵教室　85, 88, 91, 94, 131
増淵恒吉　14, 80, 82, 83, 84, 85, 86, 88, 91, 92, 93, 94, 95, 96, 97, 98, 99, 100, 101, 102, 103, 104, 107, 109, 110, 112, 113, 114, 115, 116, 117, 118, 119, 120, 121, 122, 123, 125, 126, 127, 128, 129, 130, 131, 132, 210, 215
マッカーシー，ポール　234
松本修　217
マルクス　45, 112
『マンガ版山月記』　234, 256
『万葉集』　96, 98, 161
「木乃伊」　18, 23, 41, 53
三浦和尚　222
「水の東西」　30
三谷邦明　217
見田宗介　127
湊吉正　87
宮崎健三　180
『宮沢賢治全集』　47
宮本百合子　52
宮脇真彦　214, 215
村上春樹　30
「名人伝」　41
メディア　11, 80, 207, 216, 221, 232, 234, 235, 255, 256
メディア・リテラシー　256
「文字禍」　18, 19, 22, 23, 24, 41, 255
『もし高校野球の女子マネージャーがドラッカーの『マネジメント』を読んだら』　237
モノローグ　253
森鷗外　11, 36, 66
森正蔵　44
諸坂成利　234, 244
問題意識喚起の文学教育　97, 106, 219
「文部時報」　37, 63

【や行】

ヤウス　218
山崎正和　30
山下真史　234
山田悠介　70, 71
山元悦子　239
弥吉光長　65, 66
『夢十夜・草枕』　237
吉川幸次郎　50, 51
よしもとばなな　30

【ら行】

「羅生門」　11, 14, 202, 203, 205, 209
李景亮　19, 102
良書主義　46, 47, 252

難波喜造　158
南原繁　118
新美南吉　62
『新美南吉童話名作選』　62
西尾実　40, 94, 95, 97, 100, 104, 106, 109, 112, 126, 192, 194, 219, 220, 257
『西田幾多郎全集』　47
『日配時代史』　45
「日本語」ブーム　246
『日本語練習帳』　246
人間主義　204
人間性欠如説　14, 127
人間性の欠如　14, 81, 82, 83, 90, 102, 107, 114, 116, 119, 120, 121, 127, 128, 132, 168, 170, 178, 187, 188
人間性の不条理　208
人間存在の不条理（性）　168, 180, 182, 184, 192
能力主義　85, 93, 95, 114, 115, 116, 124, 125, 126, 132, 143, 146, 151, 191, 204, 253
野村萬斎　235, 255

【は行】

橋本英吉　36
橋本進吉　94
バブルの崩壊　212
浜本純逸　97, 149
林房雄　21
『播州平野』　52
東日本大震災　10, 191
『光と風と夢』　23, 41, 42, 51, 66
PISA　142, 144, 256
飛田多喜雄　131
『日比谷高校百年史』　86
兵藤裕己　245
平岡敏夫　204
平田美保子　239
広津和郎　21
『風知草』　52
「夫婦」　41
深川恒喜　63, 64
深田久弥　21, 22, 23
府川源一郎　62, 208, 219
フーコー　246
藤井信男　147, 164
船橋一男・伊藤文子　165, 166, 209
「ふぶきの一夜」　96, 97
フレイレ　253
『プロテスタンティズムの倫理と資本主義の精神』　125
「文学界」　12, 13, 20, 21, 22, 23, 24, 42, 237
文学体験　219, 256, 257, 258
『文芸まんがシリーズ　山月記・李陵』　234
分銅惇作　163, 179, 180, 190
『平家物語』　244
平成元年度版学習指導要領　239
平成一一年度版学習指導要領　235, 239
「変身」　20, 25
ポストモダン　211, 253
「惚れさせる国語教育」　116

高橋俊三　239, 241, 242, 243
竹内敏晴　240
竹内好　95, 96
武田泰淳　83
武田麟太郎　21
太宰治　232
他者　120, 215, 224, 257
『「他者」を発見する国語の授業』
224
田隅三生　88
田近洵一　56, 85, 93, 94, 114, 124, 218
『脱学校の社会』　208
蓼沼正美　214, 215
田中実　214, 216, 217
谷崎潤一郎　52
田村正和　212
丹藤博文　215, 217, 219
『筑摩書房の三十年』　51
『中等国語』（三省堂）　39
『中等国語』（文部省）　34, 36
『挑発としての文学史』　218
司敬　234
「ツシタラの死」　22
津寺里可子　234
「弟子」　34, 40, 41, 42
定番教材　11, 12, 14, 202, 203, 204, 209
ディルタイ　106
デリダ　243
「頭中将のすずろなるそら言」　87
『遠野物語』　237
時枝誠記　94, 100, 107, 108, 109, 115, 116, 149, 150, 151, 152, 153, 154, 157, 164, 165
読者論　106, 213, 218, 219, 221
読書行為論　219
読書週間　47
「図書一覧」　62, 63, 65, 66, 67, 70, 72
『図書の選択』　65
外山滋比古　218

【な行】

内藤一志　101
『中島敦「古譚」講義』　244
『中島敦「山月記」作品論集　近代文学作品論集成⑩』　232
『中島敦「山月記伝説」の真実』
234
『中島敦書誌』　232
『中島敦全集』　14, 20, 24, 41, 42, 43, 44, 47, 50, 52, 53, 59, 66, 103, 232
『中島敦　父から子への南洋だより』
234
『中島敦とその時代』　234
中野好夫　52
中村敦雄　242, 243
中村光夫　42
ナショナリズム　21, 245, 246, 247, 253
『謎解きはディナーのあとで』　237
夏目漱石　11, 36, 71, 151, 237
『夏目漱石全集』　47
滑川道夫　65
なめこ　234
『なめこ文學全集　なめこでわかる名作文学』　234

『「ごんぎつね」をめぐる謎』　62
近藤唯一　37, 40

【さ行】

「最後の授業」　208
齋藤孝　246
齋藤勝　232
坂本一郎　65
鷺只雄　174
佐々木充　18, 24, 174
『細雪』　52
佐藤泉　119
『「山月記」をよむ』　234, 240, 241, 242, 246
「山椒魚」　113
CIE　38, 39, 40, 64
GHQ　38, 44, 45
志賀直哉　36
資本主義の精神　252
『資本論』　45
島内景二　33, 234
島木健作　36, 116
島崎藤村　36
清水節治　205
『修辞的残像』　218
「主題・構想・叙述」　94
『小説の教え方』　180
昭和五三年度版学習指導要領　202
昭和三五年度版学習指導要領　95, 146, 147, 149, 167
昭和三〇年度版指導要領　171
昭和二六年度版学習指導要領　54, 55, 58, 61, 65, 66
昭和二六年度版小学校指導要領　62
新学習指導要領　247, 256
新教育　72
『新国語（ことばの生活）』　33
『新国語六』　30
『新国語（われらの読書）』　33
「人虎伝」　19, 20, 25, 89, 102, 103, 104, 106, 168, 169, 186
『新版現代国語三　教授用指導書』　168
『新編現代文』　238, 242
鈴木敬司　121, 122, 126
鈴木孝夫　255
『涼宮ハルヒの驚愕』　237
スティヴンスン，R・L　51
「生活」　94, 95, 96, 99, 100, 101, 102, 104, 109, 110, 111, 112, 122, 125, 258
生活主義　253
生活単元　95, 99, 100, 101, 102, 109
『世界文学のなかの中島敦』　234
関口安義　218
世羅博昭　92, 93, 94, 99, 122
『旋風二十年』　44
『想像の共同体』　208

【た行】

大衆教育社会　205, 206
対話　82, 192, 214, 215, 218, 219, 220, 222, 224, 253, 254, 257
対話体験　219
対話的関係　224
高木信　216
髙木まさき　203, 224

釘本久春　33, 41, 42
熊谷孝　165
久米井束　70
倉澤栄吉　147
グローバリゼーション　247
桑原武夫　50, 51
経験主義　54, 55, 56, 92, 95, 97, 126, 146, 166, 238
系統主義　126, 132, 143, 146
「月刊国語教育」　236
言語過程説　94, 107, 115, 149, 150, 165
「言語教育か文学教育か」　100
言語経験　54, 67, 69, 72, 254
言語経験主義　91, 162
言語生活　146, 147, 150, 160, 163, 193, 255, 259
言語生活主義　94, 95, 106, 115
言語体験　254, 255
『言語と文学二下』　113, 175
『言語と文学別記二下』　102
言語能力主義　115, 116
言語文化　99, 100, 160, 248, 255
『現代国語』　33
『現代国語三　三訂版』指導書　170
『現代国語２』　167
『現代国語二　改訂版』　175
『行為としての読書』　218
『講座　音声言語の授業』　243
幸田国広　143, 160, 161
『高等学校国語科学習指導研究』　222
『高等国語』（三省堂）　67
『高等国語二上』（三省堂）　30
『高等国語』（文部省）　34, 36
高度経済成長　127, 146, 191, 204, 252
「幸福」　41
『声に出して読みたい日本語』　246
『〈声〉の国民国家・日本』　245
『国語』　33
『国語科教材研究』　86
『国語学原論』　149
『国語科文学教育の方法』　118
『国語教育学の構想』　95
『国語教科書の戦後史』　119
『告白』（アウグスティヌス）　244
『告白』（湊かなえ）　237
国民教材　11, 12, 14, 202, 207, 208, 210, 211, 245, 252
国民文学論　94, 95, 97, 98, 101, 109, 118
「こころ」　11, 14, 151, 202, 203, 205, 209
「悟浄出世」　41
「悟浄歎異」　41
「古譚」　13, 18, 19, 20, 21, 22, 23, 24, 25, 41, 53, 142, 202, 204, 234, 252, 254, 255
『古典を楽しむ』　240
『ことばが劈かれるとき』　240
『言葉とその文化』　95
「ことばと文化」　255
『〈子供〉の誕生』　208
小林秀雄　21
小森陽一　81, 120, 121, 122, 209
「ごんぎつね」　62

小沢秋広　19
オースティン　108
小田切進　234
『大人のための国語教科書』　209
『大人読み「山月記」』　234
小野友子　209
小山千登世　216
オング　243
『音声言語指導事典』　239
『音読破山月記』　240

【か行】

解釈共同体　207
『改訂　高等文学三』　119
垣内の解釈学　107
学習の手引き　15, 19, 72, 91, 143, 166, 214, 215, 216, 217
「学燈」　129
「欠けるところ」　14, 81, 82, 83, 84, 85, 89, 90, 102, 107, 109, 110, 112, 114, 116, 125, 126, 127, 128, 130, 151, 168, 169, 178, 187, 188, 208
カストリ雑誌　46, 71
課題学習　85, 88, 89, 90, 91, 92, 93, 94, 95, 101, 102, 107, 108, 109, 111, 112, 122, 123, 124, 128, 130, 131, 132
片桐史裕　242
語り論　213, 217
学校教育法　32, 64, 117
『学校図書館の手引』　64, 65
金井景子　209
カノン　162
カフカ　20
『神様のカルテ』　237
「かめれおん日記」　168
柄谷行人　208
『カラマーゾフの兄弟』　154
苅谷剛彦　205
河上徹太郎　22, 23
川上弘美　30
川嶋一枝　216, 223
川端康成　21
川村湊　167, 234
「考へ方」　129, 130
感動体験　219
『消えた「最後の授業」』　208
期待される人間像　191
「狐憑」　18, 23, 41
ギデンズ　248
木村一信　214
「牛人」　41
教育基本法　39, 116, 117, 118, 119, 120, 247
「教科書検定に関する新制度の解説」　38
「教科用図書検定要領」　36
教材価値　12, 25, 31, 41, 67, 68, 69, 215, 254, 259
教材単元　95, 100
『共産党宣言』　45
近代合理主義の精神　125, 126, 128
近代古典　162, 258
金田一京助　39
『近代読者の成立』　218
『近代読者論』　218
キーン，ドナルド　21

索　引

○人名・書名・事項を併せて50音順に掲げた。
○表記等、多少のゆれのあるものを、一項目にまとめた場合がある。

【あ行】

アウグスティヌス　244
「赤がえる」　116
秋山虔　162
芥川龍之介　11, 36, 51, 66, 71, 237
芦沢節　34
東浩紀　211
『敦　山月記・名人伝』　235, 255
渥美孝子　216, 217
荒木繁　96, 97, 98, 112, 113, 161, 219
アリエス　208
有島武郎　97
アンダーソン，ベネディクト　208
安定教材　11, 204, 205, 206
阿武泉　155
生きる力　236
池山弘司　151
イーザー　218
石垣義昭　82, 219, 220, 221
石川巧　130
石原千秋　209
「伊豆の踊り子」　86
井上雅彦　222, 240
イリイチ　208
ウェーバー，マックス　125
「うちの子にかぎって」　212
宇野浩二　21
「生れ出づる悩み」　86, 97
『海を渡った日本語――植民地の「国語」の時間』　234
「盈虚」　41
「永訣の朝」　209
エートス　114, 125, 127, 252
『王様ゲーム』　70, 71, 237
大河原忠蔵　165
大きな物語　211, 212, 213, 224, 247
大津雄一　244
大野晋　246
大村はま　100
岡野他家夫　43, 49
岡部一雄　104
「臆病な自尊心」と「尊大な羞恥心」　167, 180

[著者略歴]
佐野　幹（さの　みき）
1976年，神奈川県横浜市に生まれる。
立命館大学文学部文学科卒。高校教諭を経たのち，横浜国立大学大学院教育学研究科修了。岩手県立釜石高等学校等を経て，現在，宮城教育大学准教授。全国大学国語教育学会，日本国語教育学会，日本読書学会，長編の会等に所属。

「山月記《さんげつき》」はなぜ国民教材《こくみんきょうざい》となったのか

NDC375/311p/19cm

初版第1刷――2013年8月10日
第4刷――2019年10月1日

著者――佐野幹《さのみき》
発行者――鈴木一行
発行所――株式会社大修館書店
〒113-8541　東京都文京区湯島2-1-1
電話03-3868-2651（販売部）03-3868-2291（編集部）
振替00190-7-40504
[出版情報] https://www.taishukan.co.jp

装丁者――鈴木衛
印刷所――壮光舎印刷
製本所――ブロケード

ISBN978-4-469-22232-6　Printed in Japan